예(禮)란 무엇인가

__SNS 시대를 이해하기 위한 창

001

서강수밸류총서

SNS 시대를 이해하기 위한 창

예(禮)란 무엇인가

김근 지음

서강대학교출판부

서강수밸류총서[001]

예(禮)란 무엇인가

SNS 시대를 이해하기 위한 창

초판 1쇄 발행 | 2012년 3월 1일
2쇄 발행 | 2016년 12월 27일

지 은 이 | 김근
발 행 인 | 유기풍
편 집 인 | 우찬제
발 행 처 | 서강대학교출판부
등록 번호 | 1978년 9월 28일 제313-2002-170호

주 소 | 서울특별시 마포구 백범로 35(신수동)
전 화 | (02) 705-8212
팩 스 | (02) 705-8612

ISBN 978-89-7273-201-3 04040
ISBN 978-89-7273-200-6(세트)

값 16,000원

* 서강수밸류총서는 (주)수밸류 대표 김상수(81, 경제) 동문이 조성한
수밸류출판금고의 지원으로 제작됩니다.

나의 심신이 의지하는

세 여인

어머니 이숙자 여사

아내 최영복

며느리 염정은에게

이 책을 바친다.

책머리에

한국에서는 왜 계급 투표가 잘 이루어지지 않을까

우리는 일상에서 '예'(禮)라는 말을 자주 쓰면서도 그것이 무엇을 뜻하는지 명쾌하게 개념화돼 있지 않은 것이 사실이다. 아마도 '예의범절' 정도의 의미로 통용하는 것이 보통일 테고, 그나마 이것도 요즘은 어른이나 직장 상사, 좀 더 외연을 넓힌다면, 고객들에게 복종하고 봉사한다는 의지를 나타내는 매너로 재현되고 있는 게 현실이다. 따라서 요즘의 예의는 머슴과 하인을 만드는 노예 콘셉트로 정의해도 무리가 아니다. 각종 면접시험에서 응시자들이 예절 바른 모습을 보이기 위하여 겁에 질린 듯한 경직된 자세를 취하는 사실만 봐도 그 실태를 짐작할 수 있다. 언어 예절로 가보면 정말로 가관이다. 이를테면, 백화점의 판매원들은 고객들에게 깍듯한 예절을 지킨답시고 말의 아무 곳에나 존대 보조어간을 쓴다. 그러다보니 예의는 점차 굴종과 억압을 상징하는 부정적 이미지로 굳어져가고 있다. 그렇지 않아도 우리의 근대사에서 예가 그 허위적인 속성으로 인하여 근대화에 장애가 됐던 것처럼 묘사돼왔던 차에 이러한 최근의 사회적 현상은 예전의 예가 부활하는 것처럼 착각하게 해서 일부 사람들에게 기우를 불러일으키기도 한다.

우리가 어떤 체제 속에 살 때에는 거기에 적응된 관계로 그 체제가 무엇인지 스스로 되돌아보기가 쉽지 않다. 체제 밖을 나와서 다른 체제에 살아보거나 다른 체제로 바꿔서 살아봐야 아는 법이다. 우리의 지나간 현대사를 한마디로 요약하자면 민주주의 체제를 도입함으로써 전통사회와의 단절을 시도하는 가운데 발생하는 모순과 갈등을 어떻게 조정해왔는가의 역사라고 정의해도 지나치지 않을 것이다. 이때 전통사회를 유지하는 근간이 예이기 때문에 사회적 갈등에서 언제나 이것이 실질적인 쟁점의 중심에 있었다. 이를테면, 박정희 군사정권의 근대화 이데올로기에서 예는 구태구습의 아이콘으로서 타도의 대상이 되었고, 경제 발전으로 여유를 갖게 된 이후에는 사회 안정의 수단으로서 예가 전통 계승의 명분을 쓰고서 기득권층에 의해서 다시 대두되었다. 이때의 예란 물론 전통적인 예는 아니고, 장유유서(長幼有序)와 같은 권력의 질서를 유지하기 위한 예의 일부에 국한한 것이긴 했지만 말이다.

오늘날 신자유주의가 사회계층을 양극화하면서 각종 선거가 투표자의 경제적 위상에 따라 이루어지는 계급 투표로 속성이 많이 바뀌었음에도 불구하고 노년층은 보수파, 청년층은 개혁파라는 세대별 차이는 여전히 지속되거나 오히려 더욱 강화되고 있는 것이 사실이다. 사회보장제도의 도움이 절실한 노년층이 사회안전망에 대한 투자에 인색한 보수 세력에 투표하는 이 설명할 수 없는 기이한 현상은 우리 사회의 근본적인 갈등이 경제적인 것에 있지 않음을 명백히 말해준다. 평생을 자녀들의 교육을 위해서 모든 것을 바친 나머지 정작 자신의 노년을 미처 준비하지 못한 채 밀려난 노인 계층이 사회안전망에 소극적인 보수 세력을 지지하는 까닭이 여러 가지 있을 수 있겠지만, 무엇보다 중요한 것은 젊은 층과 이들을 지지 기반으로 하는 개혁 세력이 버르장머리 없이 노인들의 존재를 인정하지 않는다는 정서적인 소외의식이리라. 몇 년 전 어느 정치인이 이른바 '노인네들' 발언 때문에 선거에서 참패한 사실을 우리는 기억한다. 기실 계급 투표가 일반적 현상인 민주주의 체제에서 민주주의로 의식화된 정치인에게 이 발언이 언표행위로서는 기실 문제될 건 없었지만, 문맥이 바뀐 언표는 예기치도 않게 장유유서라는 권력의 차원에서 저항을 일으켰던 것이다. 이것이 앞서 말한바 민주주의 체제와 예 체제 사이의 모순의 실제다.

청년층과 노년층을 한데 묶어주는 윤리적 질서 같은 게 있었으면 아마 위와 같은 기이한 현상이나 갈등이 노골화하지는 않았을 것으로 짐작된다. 옛날에는 예가 이 기능을 수행해서 계층 간, 세대 간 모순을 어느 정도 해결했었는데, 앞서 말했듯이 정치 세력들이 자신들이 유리한 대로 이것을 폐기시켰다가 얼마 안 있어 다시 이상한 형태로 복원시키는 일을 반복하면서 예는 왜곡될 대로 왜곡

됨으로써 저런 일들이 벌어지는 것이다.

하나의 사회와 조직이 혼란 없이 운영, 유지되려면 규정과 법이 필요하듯이, 우리의 개인적인 행위에도 이를 이끄는 일정한 틀이 필요하다. 그래야 나의 행위가 남들에게 예측 가능해지고, 거기에 따라 그들이 반응하다보면 이른바 상식이 형성되는 것이다. 우리는 사소한 언쟁이 있을 때 "나가서 길을 막고 물어보자"라는 말을 자주 한다. 즉 상식에 의거해서 판단하자는 뜻인데, 이처럼 궁극적으로 의지할 대타자가 있어야 우리는 마음 놓고 살 수 있다.

앞서 말했듯이 우리 사회는 전통사회에서 민주주의 체제의 사회로 전환하면서 그간 일상적 행위의 틀을 이루던 예를 점차 폐기해왔다. 당시에는 이 예라는 틀이 이른바 근대화를 가로막는 장애물 정도로 간주해서 미련 없이 버렸는데 막상 근대화가 어느 정도 이루어져서 여유가 생기다 보니 나의 위상이나 역사적 정체성을 표상할 수 있는 적절한 겉옷(또는 형식)이 없다는 사실을 깨닫게 되었다. 무엇보다 답답한 것은 우리가 뭔가 불공정하다고 느낄 때 호소할 수 있는 일관된 가치의 대타자가 없음으로써 기댈 언덕이 없어졌다는 사실이다. 옛날 같으면 누가 돈 좀 벌었다고 위아래도 없이 '껄떡'대면 '버르장머리 없는 놈'이니, '뿌리도 없는 놈'이니 하면서 공분을 얻어낼 수 있어서 그나마 위안이 됐는데, 이제는 그런 일로 공분을 구하면 '루저'(loser)로 찍힌다. 예라는 가치관의 틀이 사라져버린 공간에 돈의 가치 틀이 차고 들어와 앉았기 때문이다.

이러한 가치 틀의 대체 현상은 기실 삶에 있어서 여간 불편한 것이 아니었다. 무엇보다 먼저 재물의 소유에 의해서 능력이 평가되고 사회적 위상이 정해지는 틀은 뭔가 불공정하고 억울한 게 많았다. 그래서 대안이라기보다는 보완물로 찾아낸 것이 장유유서라고 하는 폐기된 예의 파편이었다. 속된 말로 '짬'(밥)이라고 불리는 연공은, 좀 심하게 말해서 나이만 먹으면 저절로 얻어지는 권력이므로 특별한 능력이나 재물이 없이도 다른 사람 위에, 특히나 뭔가 좀 가진 사람 위에 올라설 수 있는 유일한 틀이 될 수 있었다. 따라서 능력과 재물이 부족함으로 인해서 소외된 사람들은 자연히 여기에 필요 이상으로 의존하고 집착하는 사회적 현상이 생겨나게 되었다. 나의 어릴 적 시절만 하더라도 같이 어울리던 동네 또래들 사이에서 나이 차이가 두서너 살이나 나더라도 그냥 동무로 여기고 굳이 위아래를 따지지 않았었던 것으로 기억하고 있는데(현재의 절친한 친구들 중에도 나와 세 살이나 차이가 나는 사람이 있지만 지금까지 형/동생의 개념을 떠올린 적이 없다), 요즘은 대학생들 사이에서 같은 학번 동기생이라도 심지어 생일의 선후 차이를 놓고 선후배를 따질 만큼 장유유서가 옛날보다 강화된 것이 사실이다. 오늘날 각급 학교와 군영에서 선배(선임)가 후배(후임)를 괴롭히는 이른바 '이지메'가 여러 가지 사회적 문제를 야기하는 바람에 이에 대한 강력한 규제와 조처가 이루어지고 있긴 하지만, 근원적으로 사라지지 않는 것은 소외된 '나'로서는 이 틀 외에 남보다 위에 설 수 있는 방도가 전혀 없기 때문이다. 장유유서의 전통적인 관습이 강화되는 것이 무에 그리 문제될 게 있느냐는 시각도 있겠지만, 민주주의적

사고로 많이 의식화된 오늘날, 민주주의 체제의 외설적인 이면에서 연공이라는 척도가 더욱 강화된 형태로 사람들의 서열과 위계를 정하고 있다는 사실은 매우 이례적인 징후라고 볼 수 있다는 말이다.

한류의 본질

이러한 갈등에서 우리는 다음과 같은 지극히 당연한 사실을 새삼스럽게 상기할 수 있다. 즉 사회가 안정되려면 사회구성원들의 사유와 행위가 근거할 수 있는 정신적인 틀이 있어야 한다는 것과 이 틀은 보편적 가치관을 반영해야 한다는 사실이다. 틀이라는 것은 전체를 하나의 세계로 인식시키는 방도이므로 이를 통해서 사회 속에서의 나(주체)의 위치(또는 위상)를 알게 된다. 따라서 사회 속에서의 나를 긍정하려면 틀은 보편적 가치 위에 세워져야 하는 것이다.

길들여지지 않은 인간의 본성은 근본적으로 광기에 속한다. 따라서 인성을 합리적인 주체로 만들려면 어떻게든 본성 중의 많은 부분을 억압함으로써 길들여야 한다. 이 길들임에는 형식적인 과정이 필요한데, 중국을 비롯한 동아시아 국가에서는 예가 이 기능을 수행해왔다.

우리는 육체의 성장과 노쇠가 연속적으로 진행되는 것을 보고서 정신적인 성장도 이처럼 연속적으로 이루어지리라고 믿기 쉽다. 그러나 앞서의 합리적인 주체로 길들여지는 과정을 겪지 않으면 정신적인 성인으로의 성장은 저절로 되는 게 아니다. 흔히 듣는 속담에 "세 살 버릇 여든까지 간다"는 말이 있는데, 이는 인간의 본성이란 그대로 두면 성장이 안 된다는 사실을 경험적으로 드러낸다. 심지어 "남자는 문지방을 넘을 수만 있으면 바람을 피운다"는 속담도 있는데, 이는 인간을 아무리 억압하고 길들여도 전혀 성장이 안 되거나 길들여지지 않는 부분도 있음을 입증하는 말이다.

따라서 사회 속에서 살아가기 위해서 개인은 정신적으로 성인으로 성장되어야 하는데, 성인이라는 주체는 문화적인 결과물이므로 인위적으로 만들어져야 한다. 이 인위적 과정은 형식으로 구성된 일종의 기호체이자 상징체계이므로 육체가 성장하는 속도에 맞춰서 함께 변화하도록 만들 수가 없다. 그래서 처음에 하나의 작은 틀 속에서 일정 기간 동안 속이 차기를 기다렸다가 이 기간이 차면 다시 다른 더 큰 틀 속으로 옮겨서 내실을 기하는 방식으로 성장을 지속하게 한다. 따라서 정신적인 성장은 육체적 성장과 달리 연속적이지 못하고, 불연속적으로 단계를 밟아 진행하게 되는 것이다. 마치 곤충이 애벌레에서 여러 번의 탈바꿈을 통해 성충으로 성장하듯이 말이다.

우리의 전통 예법 중에 관례(冠禮)라는 게 있는데, 이것이 바로 하위 체계로부터 벗어나 상위 체계인 성인의 틀로 들어가는 탈바꿈의 의식이다. 앞에서도 말했듯이 오늘날은 전통 예법을 거의 폐기해버린 상태이기 때문에 미성년자들을 전통적인 주체로 성장시킬 틀은 사실상 없어진 셈이고, 단지 근대식 학교 교육이 이를 대체하고 있는 실정이다. 그런데 성년들에게는, 정도의 차이가 있긴 하지만, 전통적인 주체의 흔적이 남아 있기 때문에 근대식 학교 교육의 틀에 익숙한 미성년들과 정신적으로 모순을 겪게 마련인데, 그 대표적인 예가 몇 년 전에 대두되었던 고교생 두발 자유화의 갈등이었다.

고교생의 두발에 대한 통제는 기실 앞서 말한바 미성년의 정신적 성장을 기획하기 위한 상징체계, 즉 틀의 기능에 다름 아니었다. 전통적 예법을 폐기하고 근대식 학교 교육을 도입하기는 했지만, 기성세대의 주체들이 하루아침에 근대적으로 바뀔 수는 없는 노릇이니 불안한 이들 세대가 미성년들의 주체를 전통 속에 여전히 잡아놓기 위해 도입한 전통적 틀의 흔적이 바로 두발에 대한 통제인 것이다.

여기서 흥미로운 것은 이 갈등의 양쪽에 있는 두 당사자의 말을 들어보면 모두 일리가 있다는 사실이다. 당사자인 고교생들의 말대로 기실 두발의 길이를 통제해야 할 당위성이나 과학적 근거는 어디에도 없다. 학칙이라는 법에 의해서 이미 충분히 길들여지고 있는데, 굳이 신체의 일부를 훼손해가면서까지 길을 들이는 것은 통제 과잉의 측면이 있을 뿐 아니라 미성년자들에게 자율을 익히는 기회를 박탈하는 것도 사실이다. 두발의 길이를 굳이 통제하려는 쪽의 주장도 틀린 말은 아니다. 미성년은 성년과 구별되는 형식적인 상징이 있어야 성년으로의 진입을 위한 충분한 성숙이 이루어진다는 것이 요지인데, 이것이 맞는 말인 게 주체에게 안정과 만족을 줄 수 있는 것은 궁극적으로 상징적인 권위가 부여하는 금지에서 비롯되기 때문이다. 슬라보예 지젝은 이를 '조건부 행복'이라고 정의한 바 있다. 뿐만 아니라 정신을 성장시키는 상징적인 틀이라는 것은 눈에 보이지 않기 때문에 어떻게든 감각이 되도록 신체의 일부에 손상을 주어야 그 고통을 통해서 틀의 존재가 몸에 기억되기 때문이기도 하다. 이런 과정의 훈련이 있어야 성인들의 사회체제를 구성하는 예와 법에 복종하는 정신이 배양된다.

여기서 미성년인 고교생들은 다시 다음과 같이 반박한다. 서구의 고교생들은 두발을 통제하지 않아도 준법정신이 자율적으로 생기지 않는가? 맞는 말이다. 그런데 여기서 우리가 간과한 것이 있는데, 바로 그들에게는 강력한 오이디푸스가 기능한다는 사실이다. 잘 알려져 있다시피 오이디푸스는 아버지로 상징되는 법에의 복종을 무의식적으로 강제한다. 따라서 일상생활을 제어, 제한할 수 있는 여러 가지 형식들을 자유롭게 풀어줘도 사회체제의 근간이 되는 법과 질서를 좀처럼 어기지 않으려 한다. 이것이 타자인 우리들에게는 자율적인 것처럼 보일 뿐이다.

우리에게도 오이디푸스적인 것이 없는 것은 아니지만, 전통적인 예 가운데에 소목제(昭穆制)라는 게 있는데, 이는 서양과 달리 엄격한 아버지의 옆에 자상한 어머니가 늘 개입해 있는 형식이기 때문에 오이디푸스를 중화시키는 작용을 해왔다(소목제에 관해서는 본서 제11장에 설명돼 있음). 비근한 예로 우리는 식당과 공중 장소에서 아이들이 뛰어다녀도 부모가 이를 말리지 않는 게 보통이다. 이를 보다 못한 이웃 자리의 손님이 제지하거나 야단이라도 치면 오히려 아이의 부모(특히 엄마)가 왜 남의 아이 기를 죽이냐고 대들기까지 한다. 이것은 옛날에 모계사회에서 가부장제로 이행할 때 새로운 가부장제가 모계제의 유습을 거부하지 않고 그대로 수용한 결과, 다시 말해서 소목제의 흔적 때문이다. 어머니가 억압되지 않고 아버지 옆에 병존할 때 서양적인 오이디푸스는 제대로 기능할 수 없다. 요즘 우리의 대중문화가 한류라는 이름으로 세계적으로 유행하고 있는 모양이다. 한류의 본질을 한마디로 압축해서 말하자면 억압되지 않은 '끼'의 발산이다. 그렇다면 한류의 성공은 어릴 때부터 남이야 뭐라고 하든 상관 않고 아이의 기를 살려준 '엄마'의 후원이 일등 공신인 셈이다.

요즘 정당 정치인들이 왜 무소속 후보에게 밀릴까

근래 들어 우리는 서구처럼 근대 국가로 자리 잡아 이른바 '글로벌'한 모습을 갖춰보려고 무진 애를 쓰고 있는 모양인데, 여기서 가장 중요한 요소가 법치주의의 정착이다. 법에 대한 신뢰가 있어야 외국 자본이 마음 놓고 투자를 할 수 있겠기 때문이리라. 그래서 요즘은 불법 행위에 대하여 전에 없이 강경하게 대처하는 모양이다. 노동 문제나 정치적 갈등에 대하여 집단적으로 의사를 표시하기 위해서 시위라도 할라치면 어김없이 민사소송이 뒤따라오는 것을 쉽게 볼 수 있는 게 사실이다. 옛날 군사정권 시절에는 소위 '집시법' 위반으로 형사처벌 정도만 받으면 됐던 것이 손해배상이라는 명목으로 몇 억 원씩의 돈을 청구 받게 되면 자연히 법에 대한 그간의 인식이 달라질 수밖에 없는 것이다. 형사처벌은 금지에 대한 위반이라는 속성 때문에 그 향락이 공감과 정치적 연대를 불러오기도 하지만 민사소송은 처벌이 아니라 개인(주체) 간의 개인적인 피해와 배상이라는 금전 문제로, 다시 말해서 숫자의 문제로 객관화되기 때문에 신화적 과잉이 생성되지 않는다. 요즘은 신자유주의 사상이 팽배함으로 인해서 정치적 · 사회적으로 모순과 갈등이 첨예하고 복잡하게 얽힌 데다가 의사 표현이 자유롭고 미디어도 다양한 것처럼 보여서 옛날 같으면 금방이라도 뭔가 터질 것 같은 분위기인데도, 의외로 사회가 비교적 차분하게 느껴지는 것은 법이 생각보다 가까이서 압박하고 있다는 의식이 개개인에게 부지불식간에 심어져 있어서 옛날처럼 마음에 안 든다고 함부로 뛰쳐나갈 수 없기 때문이리라. 이 법의 존재에 대한 의식은 바로 빈번한 민사소송에 의한 결과이고, 이런 의미에서 우리 사회는 법치에, 다시 말해서 오이디푸스에 사후적으로 길들여지고 있는 중이라고 말할 수 있다.

이처럼 사후적으로 법치주의를 강화하는 것은 예를 바탕으로 형성된 우리 문화에 익숙한 민중을 더욱 소외시키고 고통스럽게 할 뿐이다. 예 문화 사회에 법치를 강행하려다가 실패한 선례는 진시황의 통치를 거론하는 것만으로도 족할 것이다. 우리 사회가 법치를 받아들이게 하려면 다음의 두 가지가 보완돼야 한다. 첫째는 말할 것도 없이 법이 누구에게나 평등할 수 있도록 공정하게 제정되고 시행돼야 할 것이다. 둘째가 "악법도 법"이라고 의식할 만큼 법을 존중하는 훈련 과정과 성장 기간이 필요하다는 사실인데, 이를 위해서라면 우리도 어쩔 수 없이 모계문화의 유습을 포기하고 아이들에게 '아버지의 법'으로 상징되는 강력한 오이디푸스를 심어줘야 할 것이다. 이것이 가능할지는 알 수 없겠지만 말이다.

그런데 오늘날 법치주의 자체가 한계에 다다르거나 아니면 적어도 시험대에 오른 것 같다는 느낌이 강하게 드는 게 사실인데, 이러한 징후는 여러 곳에서 발견된다. 뉴욕 월가 점령 시위가 그 대표적인 예다. 법치주의는 의회민주주의의 산물로서 인간은 상징이라는 환상에 의존해서 살아간다는 믿음에 기초한다. 그런데 이것이 시험받는다는 것은 곧 사람들이 자신들이 기대고 있는 대표적 상징체계인 법을 신뢰할 수 없다는 의미에 다름 아니다. 지금의 법이 그 상징체계 속에 포섭된 1%에게만 의미가 있을 뿐, 나머지 99%는 체계에서 내쳐진 잉여에 지나지 않는다는 것이다. 라캉이 지적했듯이 상징계에서 배제된 것은 실재로서 귀환한다. 얼마 전 서울시장 보궐선거에서 당적이 없는 무소속 후보가 당선된 사건이라든가, 차기 대선의 강력한 후보로 비정치인인 일개 학자가 대중의 지지를 업고 혜성처럼 나타난 사건 등은 상징계에서 배제된 대중의 욕망이 체계 밖에서 실현된 실재의 모습인 것이다.

99%의 잉여가 실재로서의 귀환이 가능하게 해준 계기가 바로 인터넷과 에스엔에스(SNS)다. 상징체계에서 벗어나 있다고 하더라도 컴퓨터와 스마트폰만 있으면 이 기계 자체가 갖고 있는 물리적인 네트워크가 또 하나의 체계가 되어 기존의 상징체계의 가려진 이면을 여실히 드러내주기 때문이다. 이를테면, 옛날에는 제도교육이라는 상징체계를 믿고 아이를 맡겼지만 제도 자체가 의심스러운 오늘날에는 교실에 설치한 폐쇄회로 티브이(CCTV)의 영상을 인터넷으로 내 사무실 책상 모니터에 연결해서 실시간으로 교육현장의 실재를 감시한다. 올림픽 경기도 심판의 판정으로 진행되는 게 아니라 비디오 판독을 통해서 실재의 모습을 보고 즐긴다. 이런 실상을 보면 가히 오늘날을 실재계의 시대라고 부를 만하다. 따라서 소통도 상징적으로 하지 않고 실재의 모습이 드러나도록 하는 경향이 생겼다. 절제의 훈련을 받지 못한 어린이나 청소년들이 즉흥적으로 하는 정제되지 않은 언어, 즉 막말이 '있는 그대로'(실재)의 소통이라는 미명 하에 영화 · 드라마 · 음악 등 대중문화 텍스트에 그대로 옮겨지고, 심지어 가장 상징적으로 절제돼야 하는 정치인의 언어에도 그대로 등장하는 시대가 됐다. 이렇게 실재계를 보는 일에 익숙해지다보면 상징으로 소통되던 기존의 가치체계와 질서는 자연히 신뢰를 잃게 된다. 근자에 들어 전반적으로 권위들이 경시되거나 도전을 받는 일이 도처에서 일어나는 것은 근본적으로 여기에 기인한다. 상징을 실재의 관점에서 확인해야 믿을 수 있겠

다면 법과 질서는 제대로 기능하지 못한다. 라캉이 일찍이 "속지 않으려는 자가 속는다"고 설파하지 않았던가. 비싸게 고용한 변호사가 법망을 교묘히 빠져나가게 해줄 수 있는 근본적인 원리는 바로 상징계와 실재계 사이의 간극에 의한 착시현상을 이용하는 것이다. 한때 저자 바닥의 유행어였던 "주어가 없다"는 말이 착시의 허점을 파고든 변론(?)의 대표적인 예다. 오늘날처럼 실재가 상징계를 무시로 침범하는 세상에서는 상식적으로는 유죄/무죄인 것이 판결에서는 반대로 뒤집히는 경우를 더 자주 보게 된다. 우리나라 역사상 이렇게 유물주의가 팽배했던 적이 또 있었을까?

상징을 홀시함으로써 실재를 귀환하게 한 이러한 현상은 어떻게 생겨났는가? 이유는 크게 두 가지로 꼽을 수 있다. 첫째가 상징계의 표상인 의회를 장악한 신자유주의 권력이 대중이 기대어 살고 있는 상징 틀인 법을 신뢰하지 못하게 만들었고, 둘째로 자본 권력이 상품 판매를 극대화하기 위해서 전통적인 관습과 가치관을 훼손하고 부정해버렸기 때문이다. 우리가 예(禮)를 근간으로 해서 형성시켜온 전통적 관습과 가치관이란 탐욕의 억제가 그 본질이다. 개인들이 탐욕을 억제하면 상품이 팔리지가 않을 테니, 자본 권력은 이를 개성의 자유라는 이름으로 해체해버렸던 것이다. 정신적인 성장을 도와주는 이 틀(관습)이 제 기능을 하지 못하는 가운데 탐욕대로 성장한 성인들은 파블로프의 개처럼 조건반사적으로만 행동할 수밖에 없다. 이렇게 법으로부터 보호받지도 못할 뿐만 아니라, 스스로 욕망할 수 있는 기회도 박탈당한 대중이 인터넷과 에스엔에스의 바람을 타고 실재계로 귀환한 것이 작금의 사회 현상이다.

정치 지도자가 꼭 시내버스 요금을 알아야 할까

실재계로 귀환하는 대중의 욕망이 상징계를 침범하자 이에 위기를 의식한 정부가 에스엔에스를 통제하겠다는 의지를 비쳤다가 위헌 판정을 받아 포기한 모양이다. 분명히 말하지만, 실재계는 손바닥으로 햇빛을 가릴 수 없듯이, 그 누구도 절대 막을 수 없는 곳이다. 실재가 귀환하지 못하게 하려면 실재가 포섭되도록 상징체계를 바꾸고 또 강화해야 한다. 이것이 바로 개혁의 본모습이다. 대중의 욕망이 실재의 모습으로 돌아오자 정치 지도자들이 앞 다투어 서민의 실재적인 모습으로 겉을 변신하거나 유치하게 행동함으로써 마치 자신들이 서민을 위한 개혁자인 양 가장하지만, 그것은 정신적인 틀의 상징성을 망가뜨리는 행위일 뿐이지 진정한 개혁의 모습은 아니다.

개혁에 충실하려면 상징을 제대로 파악하고 상징계를 장악해야 한다. 이를 위해 지도자가 해야 할 일은 『사기』(史記) 「진승상세가」(陳丞相世家)의 진평(陳平)과 한 문제(文帝)의 다음 대화를 이해하는 것으로 충분할 것이다.

얼마 지나지 않아 문제는 나라의 대사를 처리하는 일에 더 익숙해졌다. 한번은 조회 시에 우승상인 주발(周勃)에게 물었다. "우리나라에서 일 년에 판결하는 소송 건수가 얼마나 되오?" 주발이 쩔쩔매며 대답했다. "모르겠나이다." "그렇다면 조정에서 일 년 동안 들어오고 나가는 돈과 곡물의 양은 얼마나 되오?" 주발이 다시 쩔쩔매며 모르겠노라고 말하는데, 얼마나 떨었는지 등에서 땀이 줄줄 흐르고 부끄러워서 말도 제대로 잇지 못하였다. 그러자 황제가 다시 좌승상 진평에게 물었더니, 진평이 "그것은 담당 관리가 잘 아옵니다"라고 대답하였다. "담당 관리란 누구를 일컫는 것이오?" "폐하께서 소송 건수를 알고 싶으시면 정위(廷尉)를 찾으시면 되고, 재정을 알고 싶으시면 치속내사(治粟內史)를 찾으시면 됩니다." 황제가 물었다. "만일 각 부문마다 각기 주관하는 담당 관리가 있다면 그대가 하는 일은 도대체 무엇이오?" 진평이 황공해하며 대답하였다. "망극하옵니다. 폐하께서 신들의 재주 없음을 모르시고 폐하를 감히 보좌하는 재상의 직책을 주셨습니다. 재상이라는 것은 천자를 도와서 음양을 조절하고 사시(四時)에 순응하여, 아래로는 만물이 도리대로 생장하도록 하고, 밖으로는 제후들과 사방의 오랑캐들을 평정하며, 안으로는 백성을 친근하게 모으고, 경대부들로 하여금 각자의 직무를 충실히 수행하도록 하는 것이옵니다." 그러자 문제가 참으로 훌륭하다고 칭찬하였다. 우승상이 크게 부끄러워하고는 조정을 나오자마자 진평에게 불평하였다. "대감께서는 평소에 왜 나한테 그렇게 대답하는 방법을 가르쳐주지 않았소?" 진평이 껄껄 웃으며 대답하였다. "아니, 대감께서는 승상의 지위에 계시면서 승상의 소임을 몰랐단 말이요? 장차 폐하께서 불현듯 장안의 도둑놈 수를 물으신다면, 대감께서는 억지로라도 대답하려 하셨소?" 이 일로 주발은 자신이 진평보다 형편없이 못났다는 사실을 스스로 인정하게 되었다. 그리고는 얼마 안 있어 주발이 병을 핑계로 승상을 사임하겠다고 하자, 진평이 전권을 갖는 단일 승상이 되었다.

몇 년 전, 무슨 생방송 토론회에서 어느 여당 정치 지도자가 시내버스 요금을 몰랐다고 해서 대중의 뭇매를 맞은 적이 있다. 버스 요금이 얼마인지 몰랐다는 것은 정치인이 서민들의 실상을 전혀 알지 못했다는 뜻에 다름 아니므로 대중이 그렇게 분노할 수 있다. 그러나 앞의 진평의 고사를 염두에 두고 보자면, 여당 지도자쯤 되면 관료는 아닐 테니 그러한 위치에 있는 사람이 시내버스 요금을 알 턱이 없고, 또한 반드시 알아야 할 필요도 없으리라. 그는 나라의 상징체계를 지켜야 할 사람으로서 민중이 의지하고 사는 전체적인 틀이 어느 한쪽으로 치우쳐 왜곡돼 있지나 않은지, 이 틀이 어떤 계층을 배제하거나 소외시키지 않는지, 그리고 관료들은 법대로, 매뉴얼대로 잘 수행하고 있는지를 철저하게 점검하기만 하면 된다. 이런 일만 잘한다면 시내버스 요금을 외우는 일은 고사하고 맹자의 말대로 권력을 호사스럽게 마음껏 누려도 된다. 그런데 앞의 근본적인 일을 제대로 못해서 민중이 소외되니까 그들이 시내버스 요금이나 제대로 아느냐는 실재성의 질문을 하게 되었을 터이다. 사람의 능력에는 한계가 있어서 아무리 뛰어난 지도자라도 모든 것을 낱낱이 알 수는 없다. 만일 주무 공무원이나 알고 있을 것까지 지도자가 훤히 알고 있다면, 그는 불세출의 천재이거나 그가 막상 해야 할 주요 임무를 제쳐두고 엉뚱한 일에 골몰하고 있는 사람임에 틀림없을 것이다. 시민들은 그러한 지도자를 보고 천재라고 오해할 테고. 지도자는 상징체계를 바로잡아 실재를 장악하는 사람이지 실재를 일일이 보살피는 사람이 아니다(이에 관해서는 본서 제10장에 나오는 정나라 자산(子産)의 고사를 참조하기 바람).

성숙한 사회가 되려면 구성원들의 정신을 보편적 가치에 맞도록 성장케 하는 틀이 있어야 한다. 여기서의 보편적 가치란 우리가 언제나 의지할 수 있는 대타자여야 하므로 당연히 영속성이 있어야 한다. 이것을 유지하기 위해서 교육은 근본적으로 보수적이고 관습적이어야 하는 것이다. 새로운 것은 언제나 기존의 상징체계를 침범하게 돼 있다. 그렇다고 기존의 질서를 지키기 위해서 새로운 것을 거부할 수는 없는 노릇이고, 어떻게든 적응시켜서 체계 안으로 포섭해야 한다. 그러려면 먼저 옛것에 익숙해야 하고, 옛것이 익숙해지면 그 틀에 맞도록 새것을 무리 없이 수용할 수 있게 된다는 말이다. "옛것을 익히면 새것을 깨달을 수 있다"(溫故而知新)는 공자의 말이나 우리나라 「제헌절의 노래」 가사 중의 "옛길에 새 걸음으로"라는 구절이 뜻하는 바가 바로 이것이다. 새로운 것이라고 해서 무조건 좋은 것이 아니라 옛 틀(상징체계)에 포섭되어야 사회에 의미가 있고 기여가 된다.

우리가 세계화를 지향하면서 이른바 '글로벌 스탠더드'를 부르짖고 있지만, 이것이 서구적 기준에 기초한 것이라면 우리에게도 강력한 오이디푸스가 필요할진데, 이것이 우리 정서에 가능하기나 한 일인가? 우리나라를 비롯한 동아시아에서 새로운 것이 나타나면 이를 포섭해서 안정을 유지해주는 기능은 '예'(禮)가 담당해왔다. 비록 근대 이후 그 기능이 많이 쇠락했지만 예는 강력한 상징틀이었음에 틀림이 없다. 이 틀의 힘 때문에 중국이라는 큰 나라가 오랜 기간 통치될 수 있었고, 동아시아가 동일 문화권의 정체성을 유지할 수 있었다.

이런 의미에서 늦은 감이 있긴 하지만 우리는 '온고'(溫故), 즉 옛것의 주축인 예를 돌아볼 필요가 있다. 우리가 문제의 난관에 부닥쳤을 때 가장 지혜로운 방법은 처음으로 다시 되돌아가보는 것이다. 마치 형사가 사건의 실마리가 풀리지 않으면 언제나 범죄 현장으로 돌아가 보듯이 말이다. 앞서 설명한 바와 같이 오늘날은 실재들이 상징계를 마구 침범해서 중구난방(衆口難防)이 일상이 돼버린 상태다. 어떠한 말과 논리로 설득을 해도 설득이 안 되는 것은 모든 말을 담론으로 치부해버리기 때문이다. 우리는 상징의 이면인 실재를 너무 많이 알아버렸다. 이 중구난방의 상태를 수습하는 유일한 길은 현실적으로 강력한 법과 권력에 의지하는 것밖에 없는 상태가 됐다. 요즘 민사소송과 물대포, 그리고 죽은 박정희를 불러내는 일들이 왜 판을 치는지 그 의문의 답이 여기에 있다. 이제 실재를 다스리는 방법은 법과 권력 외에 다른 대안은 없는 것일까?

우리가 잠시 처음으로 돌아가 예에 관하여 알아본다 한들 이미 수명을 다한 예를 오늘날에 되살릴 수는 없을 것이다. 그러나 예가 애당초 왜 생겨났으며, 구체적으로 어떤 기능을 수행했는지, 그리고 예가 어떤 면에서 실재를 포섭하지 못하여 착취의 수단으로 전락하고 마침내는 법에 의하여 대체되었는지 등의 문제를 분석하다 보면, 어쩌면 이런 과정에서 숨겨진 대안을 찾을 수 있을지도 모르고, 적어도 예 자체의 긍정적 기능만이라도 적극적인 합의가 이루어질 수 있지 않을까 기대해본다.

나는 이 책에 "SNS 시대를 이해하기 위한 창"이라는 부제를 달았다. 앞서 설명한 바와 같이 에스엔에스는 실재계를 상징한다. 기존의 상징체계가 제 구실을 하지 못하자 그간 배제된 시민들 개개인의 목소리가 직접 터져 나와서 상징계를 무기력하게 만드는 '돌아온 실재계' 말이다. 언론이 정권에 의해 장악됐던 옛날에는 이러한 실재가 외설로 치부되거나 유언비어로 끝날 수 있었지만, 이제는 스마트폰이라는 단말기를 타고 전국 방방곡곡 심지어 지구 건너편까지도 침투한다. 케이비에스(KBS)의 인기 코미디 프로그램인 「개그콘서트」에 이 현상을 형상적으로 잘 설명할 수 있는 코너가 있는데, 「불편한 진실」이 바로 그것이다. 이 코너의 포맷은 이러하다. 출연자 중 장기영이 황현희의 불편한 진실을 폭로하려는 순간, 사회자인 황씨는 장씨의 휴대 마이크를 강제로 압수한다. 마이크를 빼앗긴 장씨는 이에 굴하지 않고 저지된 말을 육성으로 크게 외친다. 이렇게 함으로써 황현희의 애교스런 비리(?)는 청중들에게 다 알려진다.

여기서 황씨가 압수한 마이크는 상징체계를 형성하는 제도 언론을 상징하는데, 옛날에는 황씨처럼 이것을 장악해버리면 장씨처럼 육성으로 외쳐봤자 가청거리를 벗어난 지역에는 아무런 영향을 끼치지 못하였다. 그런데 오늘날에는 에스엔에스라는 미디어가 있어서 육성을 가청거리를 넘어 방방곡곡까지 전달할 수 있게 되었다. 즉 배제당한 실재계의 소리들이 제도 언론 이상의 비중으로 대중들에게 가까이 들리게 됐다는 사실은 상징계가 신뢰를 잃을 위기에 처했다는 뜻이니, 자연히 여기에 의존해온 권력은 심각한 위협을 느낄 수밖에 없는 것이다.

상징을 이용하여 무한 확장하려는 권력을 견제한다는 점에서는 실재계의 개입이 나름 바람직한 것은 사실이다. 그러나 실재가 낱낱이 까발려질 수 있다는 믿음은 상징의 기능을 홀시 또는 무시하게 될 터인데, 그러면 상징에 기탁해서 간접적으로 자신의 욕망을 실현하던 주체들이 굳이 스스로의 정욕을 통제할 필요를 느끼지 않게 된다. 요즘 각종 미디어나 주위에서 보고 듣는 표현들이 직설적이고 즉자적이라는 사실만 봐도 이를 짐작할 수 있다. 상징의 가치를 무시하면 무엇으로써 복잡한 실재를 제어한단 말인가? 이런 점에서 에스엔에스는 양날의 칼이다.

이런 현상을 다른 각도에서 들여다보자. 요즘 대학 등록금이 도마 위에 올라와 있다. 등록금이 옛날보다 엄청 오른 것도 사실이지만 대학의 강의 충실도가 많이 좋아진 것도 사실이다. 그럼에도 불구하고 배움은 그전보다 오히려 미흡하다는 생각이 드는 것은 기실 나만의 느낌은 아닌데, 왜일까? 그 주요 원인도 역시 교육이 실재계에 중심을 두고 있기 때문이라는 것이 나의 판단이다. 요즘은 각 대학마다 실용학문이니 뭐니 하면서 이른바 체험학습이라는 것을 중시한다. 그래서 발표 · 토론 · 현장학습 · 실험 등에 많은 시간을 할애하고 있는데, 취지는 매우 좋으나 한정된 시간에 실재를 다 섭렵한다는 것이 근본적으로 불가능하기도 하려니와 비용이 많이 들게 된다는 데 고충이 있다. 실재의 체험을 통해서 하나의 학문적 명제에 다다르도록 가르친다는 것이 얼마나 많은 시간과 비용을 필요로 하는지 충분히 상상할 수 있지 않은가?

이에 비해 상징에 중심을 둔 교육은 고도의 추상화를 통해 학습하는 것이므로 어렵긴 하지만 시간과 비용이 절약되는 이점이 있다. 다시 말해서 하나를 깨닫게 해주면 많은 실재가 여기에 포섭돼 따라온다는 말이다. 공자가 강조한 바 "한 모퉁이를 들어 보여주면 나머지 세 모퉁이는 스스로 대답할 수 있게"(擧一隅, 以三隅反) 하는 것이 바로 이 교육방식이 아니던가. 그래서 옛날의 대학교육은 비록 강의 충실도가 낮기는 했지만 배움의 만족도는 비교적 높았던 것으로 기억하는 것이다.

이 책은 예의 기능과 그 원리를 분석적으로 기술한 책이다. 예는 고대 중국에서 발생한 옛것이지만 엄연히 지금도 알게 모르게 작용하는 상징체계이므로 오늘날의 사회 현상을 분석해보면 그 이면에 어김없이 이것이 작동하고 있음을 이 책을 통해서 알 수 있을 것이다. "SNS 시대를 이해하기 위한 창"이라는 역설적인 부제는 그래서 달아놓은 것이다. 따라서 이 책이 다루는 주제와 문제의식은 궁극적으로 '현재의 우리'에 초점이 맞춰져 있음을 염두에 두고 읽어주시길 바란다. 각 장의 본문 중간 중간에 작은 제목을 뽑아 적어놓은 것은 이런 방식으로 읽는 데 편리하도록 안배한 것이다.

끝으로 이 책을 쓸 수 있도록 계기를 제공해준 '서강수밸류총서' 관계자들과 우찬제 교수에게 감사드린다.

2012년 2월

저자 김근 씀

차례

제1장

예(禮), 개별성과 보편성이 보장되는 길

경제적인 문제는 경제적인 방법으로 풀 수 없다는 역설

예는 유가의 담론으로부터 비롯되었다. '유'(儒)는 원래 옛날 각 가정에서 관혼상제(冠婚喪祭)의 의식을 행할 때 행사가 빈틈없이 진행되도록 도와주던 일종의 의전(儀典) 도우미를 가리키는 말이었다. 요즘 개념으로 보자면 결혼 이벤트 회사나 상조 회사쯤 될 것이다. 이러한 의전 행사를 고대 중국에서는 정부와 민간에서 모두 매우 중시하였는데, 이 행사에서 수행되는 형식적인 절차와 방식을 통틀어서 예라고 불렀다. 예는 어디까지나 경험적인 것이어서 예 자체를 반성적으로 되돌아보고 나아가 이론적으로 이해하려면 어느 정도 상당한 시간이 지나야 한다. 중국에서 예의 기능과 사회적 의의에 대한 반성적 고찰이 등장한 것은 공자로부터였는데, 이는 주나라 초기부터 춘추시기에 이르는 수백 년이 지난 후였다. 즉 주나라 초에 시행되기 시작한 예는 이를 실천하는 사회구성원들에게 직접 경험되는 것이었으므로 그 의미가 개념적으로 인식되지 못하였다. 마치 음악의 힘이 실재함을 경험적으로 느끼면서도 그것을 개념적으로 파악하지 못하는 것처럼 말이다. 그러다가 주나라 말기에 이르러 사회가 불안해지면서 이에 대한 반성적 고찰이 일어나게 되었을 것인즉, 공자가 예의 회복을 힘주어 말하게 된 동기와 원인이 바로 이때였을 것이다.

우리는 흔히 춘추시기를 혼란의 시기로 규정하고 있는데, 그 혼란의 본질은 정치적으로는 봉건제도(분봉제)의 균열이었고 사회적으로는 신분제의 동요였다. 즉 대부분의 역사 발전이 그렇듯이, 객관적으로 보자면 당시의 혼란도 토지제도의 모순으로부터 비롯된 것이었지만, 공자는 갈등의 본질을 경제적인 측면에서 보지 않고 상징의 관점에서 파악하였다. 여기서 상징이라 함은 실재에서 일어나는 다양한 욕구와 행위를 포섭할 수 있는 질서를 내포한 형식체계를 지칭하는 것이므로, 이것을 담론의 차원에서 보자면 사람을 바람직한 방향으로 욕망하고 행동하게 만드는 화행(話行, speech act)으로도 이해할 수 있을 것이다. 화행이 말을 통해서 행동하게 하는 것이듯이, 상징도 그 의도대로 실재를 장악한다. 『논어』(論語)에 보이는 공자의 평소 언행을 보더라도 그는 자신의 일거수일투족이 제자 등 다른 사람의 모범이 될 수 있을 만큼 신중하게 처신하였음을 알 수 있는데, 이는 자신의 언행이 다른 사람들의 것을 포섭하고 수렴시킬 수 있는 상징적 틀로 작용할 수 있기를 바라면서 수행한 결과였으리라.

이러한 시각으로 보면 자칫 공자가 어떤 특정한 계층의 기득권을 위한 의도를 갖고서 말과 행동을 하였거나, 아니면 무너져가는 사회적 질서를 돌이켜 세우려고 철 지난 윤리도덕을 끝까지 지키는 의로운 보수주의 군자로 오인될 가능성이 매우 짙다. 그러나 그가 실천한 언행은 스스로 만든 것이 아니라 근거가 있었으니 그것은 바로 주나라 때부터 내려오는 일상적인 예였다. 그는 이것이 당시의 사회를 구할 수 있는 유일한 대안으로 여기고 적극적으로 앞장서서 실천하였다. 예는 대표적인 상징체계로서 탐욕의 절제를 가장 근본적인 기능으로 삼고 있으므로 부수적으로 도덕성을 추구하게 되는 효과가 있긴 하지만 그렇다고 해서 형이상학적인 것은 아니다. 따라서 공자의 언행은 특정 세력의 이데올로기나 권력 같은 것과는 거리가 멀다고 하겠다.

경제적 모순으로 야기된 사회적 혼란이라고 할지라도 이것을 경제 외적인 측면에서 해결하려 한 공자의 시도는 오늘날의 안목으로 보아도 옳은 방법이었다고 판단된다. 인간의 먹고사는 문제는 경제 정책을 잘 짜고 또 잘 운영한다고 해서 해결될 것이 아니라는 사실은 아주 가까이서 겪어본 우리의 현대사가 잘 말해주고 있다. 대부분의 정치 지도자 및 정치가들은 언제나 경제적인 문제를 정치적 이슈로 삼아서 "잘살게 해주겠다"는 달콤한 말로 국민을 유혹하여 권력의 자리에 올라갔다. 그리고 다들 탁월한 재주와 능력을 발휘하여 소득을 증가시키고 각종 경제지표들을 상당 수준 올려놓은 것도 사실이었지만, 국민들의 경제생활에 대한 만족도는 오히려 언제나 낮았고 지도자와 권력자에 대한 불평과 비난이 그친 적이 없었던 것은 여전히 현재진행형이다. 국민에게 제시하는 미래의 비전이 '잘살게 해준다'는 데서 벗어나지 못하는 한, 누가 대통령이 돼도 이러한 불평과 비난은 면키 어렵다. 왜냐하면 경제적으로 잘살게 해준다고 했고 또 그렇게 해줄 거라고 믿고 표를 주지만, 잘산다는 욕망의 대상이 기실 서로 어긋나 있으므로 이는 근본적으로 불가능하기 때문이다. 정치 지도자는 경제지표 수치상으로, 이를테면, 2만 달러면 충분하다고 생각했을지 모르지만, 국민들 입장에서는 적어도 텔레비전 드라마에서 흔히 보이는 남녀 주인공 탤런트들의 평상적인 소비 행위만큼은 즐기게 해줘야 할 터다. '잘산다'는 말은 같아 보여도 겨냥하는 초점이 다른 것은 어쩔 수 없는 간극이고, 게다가 욕심이란 원래 끝이 없는 게 아니던가. 그러니 무슨 수로 국민들의 경제적 욕구를 충족시킬 수 있겠는가? 그래서 "어르신께서 천리를 멀다 하지 않고 찾아오셨으니, 장차 우리나라에 이익이 될 수 있는 일이 있겠지요?"(叟不遠千里而來, 亦將有以利吾國乎)라고 묻는 양(梁) 혜왕(惠王)에게 맹자가 "임금님께서는 어째서 꼭 이익만을 말씀하십니까? 인의(仁義)라는 것도 있는 데요, 이것이 더 중요합니다"(王何必曰利. 亦有仁義而已矣)라고 대답하였던 것이다.

경제적인 문제는 경제적인 방법으로는 풀 수 없다는 것을 직관적으로 파악한 공자는 그 해결책을 좀 더 근본적인 것에서 찾았으니, 그것은 욕망의 충족을 지양한 절제였다. 이 절제의 방도를 그는 주나라 예의 기능에서 발견하였다. 앞서 부국강병의 욕망에 사로잡혀 있는 양 혜왕에게 이를 실현할 수 있는 유일한 방도가 인의뿐이라고 설파한 맹자의 말도 이러한 맥락에서 나온 것이다.

흔히 예라고 하면 질서라는 인상적인 개념으로만 인식한 나머지 예의 회복을 질서 회복으로 간주하고 공자를 형이상학적인 보수주의자로 치부하는 경우도 있지만, 예의 본질을 알면 그것이 아니라는 것을 깨닫게 된다. 또 어떤 이는 공자가 당시의 혼란이 위계질서와 신분제의 문란에서 기인한 것으로 보고 이를 회복하려면 주나라의 예로 돌아가야 한다고 주장했다고 해서 수구적인 이데올로그로 여기기도 한다. 당대의 문제를 옛날의 사상이나 체제에 의지해서 해결하려고 했다는 외형적인 사실로 보자면 일리 있어 보이기도 하지만, 예란 단순한 사상이나 체제에 국한된 것이 아니기 때문에 그러한 관법(觀法)은 실제를 사뭇 왜곡할 위험성이 크다. 예가 일종의 상징이기 때문에 질서나 이데올로기적인 성격이 전혀 없는 것은 아니지만, 그보다는 이를 넘어서는 감성적 본질이 있다는 사실을 먼저 전제해야 한다. 예란 사람이 살아가는 한 언제 어디서든 실행(또는 실천)되면서 감응을 생성해낸다는 사실에서 그것이 비록 몇 백 년 전 주나라의 예라고 하더라도 심지어 오늘날에조차도 유효할 수가 있는 것이다. 왜냐하면 당시의 사회적 혼란이란 기실 탐욕에 의해서 예의 기능이 흔들린 데서 기인하였으므로 역으로 예의 의미를 되살린다면 탐욕을 절제하여 안정을 기할 수 있겠기 때문이다. 이러한 사실은 앞서 말한 바와 같이 예란 경험적인 것이라서 개념화하기가 어렵기 때문에 공자도 분석적으로 명쾌하게 설명하지 못한 것이겠지만, 『논어』에 남겨진 시적인 그의 말을 음미해보면 예의 핵심에 정통해 있는 그의 통찰력을 직감할 수 있다. 그 일례를 들어보자.

공자는 자신이 주장하는 예의 창시를 가리키면서 "단지 [전해 내려오는 예를] 기술만 하였을 뿐, 내가 지어내지 않았다"(述而不作)라는 유명한 말을 남겼다. 여기서 공자가 기술하였다는 것은 옛날부터 전해 내려오는 예를 말하는데, 이는 주공(周公)이 주나라 초기에 제정한 것으로 알려져 있다. 그렇다면 이미 당시 사람들에게는 이미 익숙해져 있을 예를 공자는 왜 이때 기술하였을까? 흔히 사물의 존재는 그것의 빈자리로써 인식된다고 말한다. 즉 당시의 사회적 혼란은 사회 안정을 유지하는 뼈대가 제 기능을 하지 않기 때문에 야기된 것인데, 이 부재하는 뼈대를 공자는 예라고 직감하였으므로 예의 존재와 의미를 사람들에게 깨우쳐주고자 기술의 필요성을 느꼈을 것이다.

공자는 예에 대하여 말하면서 겸손하게 이는 자신이 만들어낸 것이 아니라 단지 '기술하였을 뿐'이라고 했지만, 기실 따지고 보면 기술 자체가 이미 또 하나의 창작 행위임은 말할 것도 없다. 왜냐하면 아무리 옛것이 그대로 전해 내려왔다고 하더라도 수백 년 이후에 원래 모습으로 복원한다는 것은 가능하지도 않을뿐더러, 주공이 예를 제정할 때와 공자가 예의 모습을 다시 기술할 때의 시대적 수요가 다르기 때문이다. 뿐만 아니라 기술이란 글자 그대로 객관적인 대상을 있는 그대로 묘사하는 행위가 아니다. 아무리 어떤 대상을 있는 그대로 기술하려고 해도 기술자의 관점과 의도, 그리고 감정을 완전히 배제할 수 없기에 백색 글쓰기란 애초부터 불가능하다. 그러므로 공자가 고뇌하며 기술하는 예는 새로울 수밖에 없는 것이다. 그럼에도 불구하고 공자는 굳이 자신은 주공의 예를 기술만 하였다는 사실을 강조하기 위해 뒤에 '짓지 않았다'(不作)이라는 말을 부연했다. 공자는 왜 자신은 예를 '기술만 했을 뿐 짓지 않았다'고 힘주어 말했을까?

새로이 짓고도 '기술했다'(述而不作)고 말한 까닭

예를 한마디로 거칠게 정의하자면 공적인(또는 사회적인) 상징체계이다. 잘 알려져 있다시피 상징은 자의적인 것이다. 이를테면 뱀이 사악함의 상징인지, 지혜로움의 표상인지는 어디까지나 주체가 마음대로 정할 일이다. 극단적으로 말하자면 상징은 누구나 아무렇게나 만들어도 될뿐더러, 다른 사람이 표상한 상징을 내가 마음대로 해석해도 괜찮다는 뜻이 된다. 이러한 자의성이 개인의 생활 범주 안에 국한된다면 아무 관계가 없겠지만 사회로 확대된다면 문제는 달라진다. 사회적인 상징이 되려면 먼저 사회구성원들 간에 합의가 이루어져야 하고, 다음으로 권위에 의해서 선포돼야 한다.

그래야 그 상징이 헤게모니를 갖게 되어 사람들이 천륜으로 알고 따른다.

'작'(作)이란 '없던 것을 창조해내다', 또는 '처음으로 제정하다'라는 뜻으로서 지극히 개별적이고 창의적인 것이 내포돼 있음을 의미한다. 그래서 예술가가 고뇌하여 만들어낸 성과를 '작품'이라고 말하는 것이다. 작품이 갖는 창의성은 처음에는 다른 사람의 공감을 받아내기가 무척 어려운 것이 일반적인데, 이는 전에 없던 생소한 감각이나 경험이어서 납득이 안 되기 때문이다. 주공이 예를 '작'(作), 즉 제정하였다는 것은 전에는 없던 것을 처음으로 지어냈다는 뜻이다. 처음 지어낸 것을 사회구성원들이 수용하기로 합의하려면 두 가지 전제 중에 적어도 한 가지가 필요한데, 첫째가 사회구성원들이 모두 예의 기능과 그 중요성을 이해하는 것이고, 둘째가 이를 이해할 수 없다면 적어도 예를 만든 사람을 믿고 그대로 따르는 것이다. 전자는 사실상 불가능하므로 후자가 사회적 합의의 조건이 될 수밖에 없다. 즉 아무리 훌륭한 제도를 제정했다고 하더라도 그것이 상징체계인 이상 본질은 자의적인 것이다. 따라서 이 자의적인 것을 정당한 것으로 믿고 따르게 하려면 공적인 권위가 있어야 하는데, 공적인 권위의 힘은 사심이 없는 정치 지도자에게서 나온다고 고대 중국인들은 믿었다. 중국에서 전통적으로 정치 지도자와 성인을 일치시키려는 의도가 바로 여기에 바탕을 둔다. 궁극적으로 성인인 정치 지도자가 제정해야만 그 제도는 효력이 발생하는 것이다. 인품과 공적 위상, 이 두 가지를 모두 갖춘 이가 바로 주공이다.

후대에 성인으로 추앙받는 공자는 당시에도 흠결이 없는 인품의 소유자로서 존경받던 사회적 스승이었지만 공적 위상, 달리 말하자면 제왕의 자리에 있지 않았다. 이러한 결여 조건 때문에 한대(漢代)에는 공자를 소왕(素王)이라고 불렀다. 즉 백성들이 무조건 듣고 따르는 제왕이 되기 위한 두 조건 중에서 하나인 공적 위상이 없었기 때문이다. 여기서 '흴 소(素)'자는 '(제왕의 자리가) 없다'라는 뜻이다. 아무리 성인이지만 공적 위상이 결여된 공자가 예를 제정했다고 하면 따를 사람이 많지 않을 것은 자연스런 현상일 것이다. 그래서 공자는 자신은 주공이 제정한 것을 기술만 하였을 뿐이라고 고백함으로써 자신이 기술한 예에 권위를 부여하려고 했다고 볼 수도 있겠지만, 공자의 평소 성품으로 봤을 때 그러한 계산을 염두에 두었다기보다는 비록 자신이 정비한 것이긴 하지만 주공에게 원천이 있음을 적시함으로써 예의 공적 성격을 강조하여 드러내고자 했던 의도로 보인다. 그러므로 예는 공적으로 합의된 것일뿐더러 설사 개인적으로 합의한 적이 없다고 하더라도 성인을 믿고 따라야만 하는 사회적인 것이다. 이처럼 예가 사회적인 코드(상징체계)라면 이를 실천하고 수행하는 가운데 개인들이 사회에 통합되는 효과가 발생하는데, 이것은 강제가 아닌 개성(또는 개별성)이 발양되는 방식으로써 사회성으로 전환되는데, 이런 점 때문에 예는 개인에게 개별성과 보편성을 함께 보장해줄 수 있게 되는 것이다.

『논어』「안연편」(顔淵篇)에 다음과 같은 구절이 있다.

자신을 억제하여 예에 의거해서 실천하면 그것이 곧 인(仁)이 된다. 단 하루라도 자신을 억제하고 예에 의거해서 실천할 수 있다면 천하가 모두 나의 어진 마음속으로 귀의할 것이다. 어질게 되는 것은 자신으로부터 말미암는 것이지, 다른 사람으로부터 오는 것이겠느냐?

(克己復禮爲仁. 一日克己復禮, 天下歸仁焉. 爲仁由己, 而由人乎哉?)

여기서 '자신을 억제하다'(克己)라는 말은 개성을 억제하는 것처럼 보이지만 예의 수행은 이 억제를 즐거움의 과정으로 경험하게 한다. 이 즐거움의 과정이란 자신의 존재를 인식하는 특이성(singularity)의 경험이므로 앞에서 개성의 발양이라고 정의한 것이다. 그리고 '어질게 되는 것'이란 보편성을 가리키는데 이것이 '자신으로부터 말미암는 것'이란 말은 곧 보편성이 개별성에 바탕을 두고 있음을 뜻한다. 이처럼 예를 통하여 자신을 절제했을 때 역설적으로 개별성이 보장됨과 아울러 보편성으로 지양된다는 말이다. 그 과정을 좀 더 분석해보기로 하자.

제2장

예는 우리에게 굴레일 뿐인가

빈말의 진실

대학교수는 65세에 정년퇴임을 하게 된다. 조촐하게 퇴임식이라도 할라치면 젊은 교수들 사이에서는 아주 사소한 고민이 생긴다. 퇴임식에 가서 퇴임교수에게 뭐라고 말해야 좋을지 모르겠다는 것이다. 즉 퇴임을 하게 됐으니 축하한다고 해야 할지 아니면 안됐다고 위로해야 할지 참으로 난감하다는 말이다. 축하한다고 하자니 떠나는 사람에게 할 말이 아닌 듯싶고, 그렇다고 위로의 말을 하자니 위로의 자리는 또 아닌 것 같더란다. 결론부터 말하면 정년퇴임이란 당연히 축하하고 또 축하받아야 할 일이다. 사람들은 정년이란 게 그냥 시간이 지나가면 아무나 하는 줄 알지만 실상을 알고 보면 전혀 그렇지 않다. 먼저 정년을 맞이하려면 적어도 65세까지 오래 살아야 한다. 옛날에는 교수 되기가 쉽지 않아 젊은 날의 오랜 기간을 백수 스트레스로 살아야 했고, 오늘날에는 대기업 빰칠 정도로 압박하는 경쟁 스트레스에 시달려 살기 때문에 가뜩이나 사회적 적응력이 낮은 교수로서 무병장수하는 일은 생각만큼 쉽지 않은 게 사실이다. 다음으로 교수들은 자신의 의지와는 관계없이 사회나 학생들로부터 높은 윤리성을 요구받는다. 전문성을 가진 지식인으로서 교내의 부조리는 말할 것도 없고 사회적인 불의와 비리에 대해서도 사명의식을 갖고 의연히 비판하거나 적어도 그런 행위에 동참하기를 요구받는다는 말이다. 사하로프나 촘스키를 연상시키는 이러한 행동은 그럴듯해 보이기는 하나 기실 권력과의 투쟁이므로 목을 걸어야 할 만큼 위험한 일이기도 하다. 그래서 대개는 선뜻 나서지 못하고 눈치나 보다가 학자는 연구라는 본연의 모습으로 돌아가야 한다는 등의 명분을 내세우고는 연구실에 은거하는 것이 현실이다. 학생들과 사회로부터의 이러한 기대를 애써 모른 체하고 공부만 하는 일도 보통 남우세스런 일이 아니다. 이 모든 각고한 고뇌와 고통을 감내하고 65세까지 살아남았으니 이게 축하받을 일이 아니고 무엇이겠는가.

사정이 이러하니까 "아하, 그렇구나" 하고 냅다 달려가서 "축하합니다!"라고 말할 수도 없는 게 또한 현실이다. 왜냐하면 상대방도 정년퇴임이 축하받을 일이라는 것을 함께 알고 있어야 하기 때문이다. 즉 코드가 서로 맞아야 한다는 말이다. 여기서는 정년퇴임식이라는 정서가 모호한 이벤트임을 예를 들어 설명했지만, 기실 오늘날 일상의 관혼상제의 행사에서 어떻게 행동하고 또 주인에게 뭐라고 말하는 것이 좋을지 모르는 경우가 많다. 이때 각 경우마다 해야 할 행동과 말을 코드로 정해놓고 함께 공유해서 사용하면 매우 편리할 것이라는 점은 쉽게 짐작할 수 있다.

내가 자주 가는 골프 연습장에서 알게 된 점잖은 노신사 한 분이 있는데, 그분은 나를 볼 때마다 늘 "잘 맞으시죠?" 하고 인사한다. 처음엔 진짜 공이 잘 맞는지 궁금해서 묻는 말인 줄 알고 비교적 상세히 근황을 설명하였는데, 그 인사를 자꾸 반복하여 듣게 되면서부터 그 말이 진짜 물어보는 게 아니고 인사치레란 걸 알게 되었다. 그 후로는 나도 대충 형식적으로 대답하면서 지나쳤지만 이것이 계속적으로 반복되니까 나중에는 약간 짜증이 나기도 했다. 그러다가 어느 날 문득 다른 사람에게 "잘 맞으시죠?" 하고 자연스럽게 인사하는 나 자신을 발견하고는 깜짝 놀랐다. 인사나 나누는 사이의 이웃에게 이러한 인사는, 비록 판에 박힌 인사이기는 하지만, 매우 편리하다는 사실을 나도 모르게 깨닫고 또 익혔던 것이다. 이런 것을 언어학에서는 접촉 약호(또는 코드)라고 부른다. 친밀도로 말하자면 멀지도 가깝지도 않은 사람을 대할 때 우리는 딱히 할 말이 없어서 멋쩍은 경우를 종종 겪는데, 이때 이 코드를 활용하면 어색함을 피할 수 있다. 민감한 화제를 피하고 싶을 때 건강이나 날씨에 대해 이야기하는 것도 이에 속한다. 이러한 코드는 일종의 보이지 않는 얼개로서 애매한 상황을 어색하지 않도록 잠시 버텨주는 버팀목 기능을 수행하므로, 화자와 청자는 그 얼개 안에서 보호를 받는 셈이 된다. 이런 코드를 활용하여 얼개를 잘 만드는 사람은 주위로부터 예의범절에 밝은 사람이라는 칭찬을 듣는다.

이런 접촉 약호는 관습적인 것이어서 이를 학습하는 일은 가정 교육으로부터 이루어진다. 옛날에는 친척이나 이웃의 관혼상제 행사에 아버지가 아이를 데리고 다니는 일이 흔하였다. 즉 아이에게 이 코드를 자연스럽게 가르치기 위한 일종의 현장 학습인 셈이었다. 나 역시 아버지를 따라다니면서 이런 식으로 배운 적이 있었는데, 당시 어린 내가 보기에 의아한 사실이 하나 있었다. 즉 왜 가는 곳마다 우리 아버지와 상대방 사람들은 판에 박은 듯한 말을 진지한 듯 반복하며 인사하는 것일까? 빤한 말을 저렇게 반복하면서도 지겹지 않나? 아닌 게 아니라, 진부한 표현의 인사치레를 자주 나누다보면 서로가 매너리즘에 빠져 대충 하게 되는 경우도 적지 않은 것이 사실이다. 이러한 매너리즘이 진부하기는 하지만 앞서의 "잘 맞으시죠?"라는 말처럼 예가 갖는 기능 중의 하나임에 틀림이 없다. 하지만 일부 세력들이 기존의 체제를 부정하고자 할 때 이것은 종종 딴죽의 꼬투리로 악용되기도 한다. 이를테면, 5 · 16 군사쿠데타 세력이 새로운 정치 모델로 제시한 근대화가 그 대표적인 예다.

예는 사실주의가 아니다

당시의 근대화는 서구화를 지향하였는데, 서구 문명에 면면히 이

어지는 뿌리 깊은 정신은 기실 사실주의다.[1] 사실주의란 거칠게 정의하자면 실제를 있는 그대로 정확히 재현하고자 하는 노력을 의미한다. 이러한 사실주의 관점에서 보면 앞서 설명한 관습적인 코드들은 실제를 전혀 반영하지 못하는 가짜 형식, 이른바 허례허식으로 보일 수밖에 없다. 그러나 사회라는 게 어차피 개성이나 개인적인 것을 억제하고 다른 사람과 관계하는 삶을 살아야 하는 것이므로 개인의 내심과는 다른 외면의 모습이 생기게 마련이다. 겉과 속을 굳이 일치시켜야만 한다면 모든 사회구성원이 성자가 됐을 때 비로소 사회가 가능할 것이다. 고대 중국의 현실주의적인 현인들도 일찍이 언행일치, 또는 지행일치(知行一致)의 덕을 군자의 필수 요소로 꼽아서 그 가치를 인정하긴 했지만, 이것이 현실에서는 사실상 불가능하다는 것을 알았기 때문에 이를 강제하려는 말은 좀처럼 하지 않았다. 『논어』「위정편」(爲政篇)을 보면 자하가 효에 관하여 묻자, 공자가 "[부모님 앞에서] 온화한 안색을 띠고 있는 것이 어렵다"(色難)라고 대답한 구절이 있다. 속마음을 겉에 드러내지 않는 일, 즉 속과 겉을 일치시키는 일이 지극히 어렵지만 부모님 앞이므로 속을 드러내지 말고 겉과 속이 같은 척하라는 뜻이다. 여기서 속과 겉이 일치하지 않았다고 해서 윤리적으로 비난할 수는 없는 노릇이다.

같은「위정편」에 다음과 같은 가르침이 있다.

---

1 테리 이글턴 지음, 이재원 옮김, 『이론 이후』(서울: 도서출판 길, 2010), 100쪽.

맹의자(孟懿子)가 효에 관하여 물었더니, 선생님께서 "어기는 일이 없도록 하는 것이다"라고 대답하셨다. 번지(樊遲)가 선생님을 수레로 모시고 있는데 선생님께서 그에게 말씀하셨다. "맹손[맹의자]이 나에게 효를 묻기에 내가 대답하기를 '어기는 일이 없도록 하는 것이다'라고 했단다." 번지가 묻기를 "무슨 뜻이옵니까?"라고 하니, 선생님께서 대답하셨다. "[부모가] 살아 계실 때는 예로써 섬기고, 돌아가셨을 때는 예로써 장사를 지내고, 예로써 제사를 드려야 한다는 뜻이란다."

(孟懿子問孝. 子曰: 無違. 樊遲御, 子告之曰: 孟孫問孝於我, 我對曰: 無違. 樊遲曰: 何謂也. 子曰: 生事之以禮, 死葬之以禮, 祭之以禮.)

맹의자는 노나라 정권을 전횡하고 있던 삼가(三家) 집안에 속한 사람으로서, 그의 아버지인 희자(僖子)는 예를 좋아하였기 때문에 자기 아들을 일찍이 공자에게 보내서 예를 배우게 하였다. 그러나 맹의자는 나중에 공자가 노나라 사구(司寇)가 되어 삼가의 권력을 제한하는 정책을 펴자 이에 항명한 예에서 볼 수 있듯이, 그는 공자의 문하생일 시절에도 아버지의 뜻에 잘 부합하지 않았던 듯하다. 그래서 맹의자가 효에 대해서 묻자 아버지의 뜻에 따라서 예를 잘 배워 이로써 아버지를 잘 섬기는 것이 효라고 정의해준 것이다. 설사 맹의자가 공자의 가르침을 따라서 예로써 아버지를 섬겼더라도 그가 수행한 예와 속마음이 꼭 일치했을 것이라고 보기는 어렵다. 속마음이 어떻든 예로써 아버지를 섬기는 행위가 중요하다고 공자는 보았던 것이다. 겉과 속의 일치를 달리 말하면 진실성인데, 이것을 문제 삼는 곳이 있다면 그것은 종교일 것이다. 공자도 물론 충(忠)을 말하긴 했지만 그것의 불일치에서 죄의식을 갖도록 가르치지는 않았다. 만일 그랬다면 맹의자에게 네 속마음부터 고쳐먹으라고 가르쳤을지도 모를 일이다.

그러나 기표의 연쇄가 기의를 생성한다는 라캉의 발견을 적용한다면, 예라는 형식을 반복적으로 수행하다보면 진정한 효의 마음도 생길 수 있는 것이 아니겠는가? 파스칼도 일찍이 이 원리를 깨닫고는 "무릎을 꿇고 기도하시오. 믿는 듯이 행동하면 믿음이 저절로 올 것이오"라고 말한 적이 있다. 쉽게 말하면 형식 속에 내용이 깃든다는 뜻이니, 이는 어떤 스포츠든지 기예가 뛰어나고 싶다면 폼을 먼저 잘 배워야 하는 것과 같은 이치다. 폼이 익숙하게 나와야 '더 높이, 더 멀리, 더 빨리'라는 결과에 다다를 수 있는 것이다. 이렇게 보면 겉모양과 속마음의 일치가 생각보다 그렇게 중요하지 않을뿐더러, 정작 우리가 관심 있게 봐야 할 것은 겉에 드러난 모습이라는 사실이다. 왜냐하면 이것이 반복하는 가운데 잘 드러나야 종국에는 충실한 속마음이 생길 것이기 때문이다. 공자가 맹의자에게 효를 말하면서 굳이 진실성을 언급하지 않고 예를 강조한 것은 아마 이를 겨냥했기 때문이리라.

혹자는 이렇게 반문할 것이다. 겉모습을 중시하면 상대방이 겉모습을 그럴싸하게 만들어 속이면 어떻게 하냐고. 결론부터 말하면 속고 안 속고의 문제는 각자가 스스로 판단해서 대처할 일이지, 윤리적 당위성이나 규범으로 정해서 강제할 일이 아니다. 인간에게 욕망이 있는 한 사기꾼은 언제나 그 옆에 기생하게 돼 있다. 사회에서 거짓을 추방하려면 먼저 주체들이 탐욕에 빠지지 말아야 하고 거짓을 분별하는 지혜를 가져야 하며, 무엇보다 남을 속인 자들을 철저히 응징하는 역사를 만들어가야 한다. 그래서 거짓을 행하면 결국은 자기 손해라는 인식이 사회에 팽배해서 거짓이 발을 못 붙이게 하는 것만이 최선책임에도, 탐욕에 찌들어 환상만을 따라가니 이를 이용해 속이는 자가 그치질 않고 또한 허구한 날 속게 되는 것이다. 그러고는 자꾸 겉과 속의 불일치를 비난하고, 가능하지도 않은 일치의 당위성 타령을 하고 있으니 참으로 답답할 뿐이다.

아무튼 이렇게 사는 우리의 삶은 주체의 외면과 내면이 분리된 이중 구조의 문화를 형성할 수밖에 없었다. 앞서 설명한 겉모습과 속마음의 일치에 대한 욕망도 어쩌면 이 이중 구조에 대한 피로에서 온 것일지도 모른다. 이런 문화 속에서는 자연히 내면보다는 외면을 치장하는 데 힘을 쏟게 되고, 따라서 외모의 치장에 비용을 많이 쓰게 되는 과소비가 필연적으로 발생한다. 산업 자금 조달을 위해 저축을 장려해야 하는 당시의 5 · 16 군사정부는 무엇보다 먼저 이 소비 형태를 개혁하고 싶었다. 그래서 당시 우리의 전통적인 문화 형식인 예를 허례허식으로 규정하고 이를 타파해야 잘살 수 있다는 명분을 들어 가정의 문화적 삶을 유지해주는 관혼상제의 각종 형식들을 간소화함으로써 그 의미를 축소시켰다.

왜곡된 예단(禮緞)

뒤에서 좀 더 자세히 설명하겠지만 형식, 또는 형식적인 것은 생각처럼 그렇게 쓸모없거나 나쁜 게 아니다. 형식이 삶에 장애가 되거나 부담을 준다고 느껴지는 것은 시간이 오래 지난 나머지 그 형식이 갖는 본래의 의미와 기능이 잊혔기 때문이다. 이를테면, 오늘날 결혼식을 앞둔 두 집안 사이의 첨예한 갈등으로 작용하고 있는 예단이 그 대표적인 예다. 원래 예단이란 폐백과 같은 말로서 '예물로 드리는 비단'을 뜻한다. 『예기』(禮記)에 적힌 교제(交際)의 예에 의하면 사람과 사람이 만날 때에는 반드시 폐백을 준비해서 만나야 한다고 규정하고 있다. 이때 폐백은 상징적인 매개물로서 이것은 두 사람 사이의 관계를 사전에 규정하고 상호 인지하도록 해서 그 한계를 넘지 못하도록 하는 일종의 사전 조율 장치다. 그래서 만남의 종류와 그에 따른 폐백에 쓸 예물도 구체적으로 지정해놓고 있다. 그러나 세월이 너무 오래 지났거나 예를 행하지 않게 돼서 폐백의 기능이 잊히면 폐백은 엉뚱하게 왜곡되어 예물이 비싸고 귀할수록 상대방을 존중하는 의미로 변질된다. 그래서 오늘날 사돈이 될 두 집안이 이 예물 때문에 과도한 신경전을 벌이게 되는 것이다. 이쯤 되면 예라는 형식은 한시 바삐 타파돼야 할 장애물로 간주될 수밖에 없다.

이처럼 형식은 우리의 삶을 안정되게 하는 틀의 기능을 해주지만 시간이 지나 기능을 망각하면 삶을 저해하는 장애물로 변질되기 때문에 역사는 주기적으로 이 형식을 변화시키는 계기를 맞게 되는데, 이것이 바로 혁명이다.[2] 여기서 형식의 총화를 문화라고 말할 수 있으므로 모든 혁명의 본질은 문화 혁명인 셈이다. 우리의 현대사에서도 전통적인 형식을 부정하고 서구의 사실주의 형식으로 대체함으로써 권력의 구조를 바꾸려 했던 것이 5 · 16 군사정부가 내건 혁명의 명분이었던 것이다. 이러한 시도는 효과를 좀 봐서 경제 분야와 일부 정치제도 분야에서는 서구화가 어느 정도 성공을 거둔 듯 보인다. 그러나 우리의 일상적 삶은 경제와 정치제도가 바뀌는 것처럼 그렇게 단순하지가 않았으니, 관념이란 물질적인 환경이 변했다고 단기간 내에 바뀔 수 없는 것이기 때문이다. 즉 형식은 서구를 배워 풍요로워지고 민주화된 듯 보였지만 관념은 여전히 전통적인 봉건성을 벗어나지 못하고 있다는 사실이다. 사회가 풍요로워지거나 가치관이 물질적으로 바뀌면 사람들은 옛날 봉건사회의 근간이었던 신분제도나 그와 유사한 관념의 유혹을 받게 된다. 쉽게 말해서 귀족이 되고 싶어 한다는 말인데, 오늘날 부유층을 중심으로 파고드는 이른바 귀족 마케팅은 여기에 근거한다. 기업에서 아무리 연봉제와 같은 실적별 급여제도를 실시해도 일상에서는 장유유서와 연공서열제가 여전히 지배하고 있거나 오히려 더 강화되는 현상을 보이는 것은 우리의 전통적 봉건 관념이 얼마나

2 여기서의 혁명은 'revolution'의 동사형인 'revolve', 즉 '주기적으로 순환하여 제자리로 돌아가다'라는 의미를 염두에 두고 쓴 말이다.

뿌리 깊은지를 잘 보여준다. 물론 앞서 설명한 바와 같이 형식이 바뀌면 의식도 따라서 변화하는 게 사실이지만, 문제는 경제나 민주제도와 같은 형식보다 더 근본적인 형식에 의해서 관념이 지배를 받고 있다는 사실 때문인데, 그것이 바로 우리의 언어다. 주지하다시피 한국어는 존대어법이 특별히 발달돼 있기 때문에 이 언어를 사용하다보면 자연스럽게 대화자들 간의 권력 관계가 장유유서의 질서로 확립이 된다.

이 때문에 서구 문화 형식 따라 하기가 제도가 아닌 삶으로서의 민주주의에서는 제대로 정착될 수 없었으므로 귀족에의 유혹은 부유한 사람들을 중심으로 사치한 관혼상제의 의식(형식)을 수행하게 하였다. 그래서 오늘날 서양 부호들의 예식 형태가 도입되거나 우리나라 전통 예법이 되살아나고 있는 것인데, 우리 예법은 근대화 과정에서 이미 도태된 뒤에 재현되는 것이라서 자연히 상당한 부분이 왜곡돼 있는 실정이다.

앞서의 정년퇴임식의 예를 보더라도 이는 비록 섭섭하고 아쉬운 면이 없지 않아 있긴 하지만 분명히 축하를 받아야 할 의식임에 틀림없다. 공자는 "등용되면 [나의 도를] 행하고, 버려지면 [나의 도를] 몸에 갈무리한다"(用之則行, 舍之則藏),[3] "그 직위에 있지 않으면 그 직무를 논하지 않는다"(不在其位, 不謀其政)[4]라고 하여 나아가고

---

3 『논어』「술이편」.

4 『논어』「태백」(泰伯) 편.

물러남을 명확히 하는 것을 군자의 덕으로 삼았다. 이처럼 진퇴가 분명하지 않으면 자리를 물려주는 일이 모호해져서 퇴임 후에도 여전히 옛 자리에 대한 영향력이 행사됨으로써 다음 사람이나 다음 세대가 그 시대에 적합하게 일을 할 수 없을뿐더러 쓸데없는 세대 간 갈등의 소지만 남길 뿐이다. 아무리 주위로부터 축하를 받는다고 하더라도 물러나는 일이 서러운 건 사실인데, 그것은 자신이 물러나자마자 자리를 물려받은 후배나 제자가 "새 술은 새 부대에!"라는 기치를 들고 모든 것을 바꿔버릴 때 갑자기 밀려오는 자신의 무가치와 무기력함에서 오는 감정 때문이리라.

그래서 이 점을 염려한 공자는 『논어』 「학이편」(學而篇)에서 자리를 물려받은 다음 세대가 주의해야 할 일을 효도의 방법을 통해 다음과 같이 가르치고 있다.

> 아버지가 살아 계실 적에는 [아들의] 의지를 보고, 아버지가 돌아가시고 나면 그의 행위를 보는데, 사후 3년 동안 [생전의] 아버지가 하시던 가사를 고치지 않으면 가히 효성스럽다고 말할 수 있다.
>
> (父在觀其志, 父沒觀其行, 三年無改於父之道, 可謂孝矣.)

전통적인 봉건윤리에서는 군사부일체라고 하여 임금 · 스승 · 아버지를 동일체로 보았으므로 여기서 아버지에게 해야 할 일은 당연히 스승에게도 그대로 해야 한다. 앞의 인용문에서 '아버지가 하시던 일'을 원문에는 '아버지의 도'(父之道)라고 적었지만, 여기서

'아버지의 도'란 그 무슨 대단한 형이상학적인 도리를 말하는 것이 아니고 가정을 다스리던 시시콜콜한 방식들을 가리킨다. 이를테면, 친지들에게 보내는 축의금이나 부의금 등을 친소 관계에 따라 얼마씩 보내셨는가를 잘 알아놨다가 3년 동안 그 액수대로 보내야 한다는 것이다. 이렇게 하지 않고 자기 멋대로 액수를 바꾸면 아버지 생전의 친지들이 아들의 처사를 부정적으로 볼 것이고 이는 아버지를 욕되게 하겠기 때문이다. 스승의 경우도 마찬가지다. 스승이 현직에 있을 적에 하던 일의 방식을 후배나 제자가 물려받자마자 자의적으로 바꿔버리면 어떻게 되겠는가? 이를테면, 스승이 총애하던 학생에게 주던 장학금을 스승이 나가자마자 중지시켜버리면 그 스승이 받을 충격은 가히 짐작할 수 있다. 그래서 퇴임하는 사람들이 물러나서도 여전히 영향력을 행사하려는 것이다. 이러한 갈등을 예방하려면 공자의 말대로 싫어도 3년 동안은 그전의 방식을 유지해야 한다. 이런 이유 때문에 옛날의 예법은 물러나는 것을 나아가는 것 이상으로 중요한 형식으로 보았다.

왜 "하나라의 역법, 은나라의 수레, 주나라의 면(冕)관"인가

예라는 것은 이처럼 조화로운 삶을 살아가기 위한 형식일 뿐만 아니라, 한 사회가 역사를 통해 이루어놓은 것에 대한 기술(description)이기도 하다. 이것을 문화라고도 부른다. 『논어』「팔일편」(八佾

篇)을 보면 "주나라는 앞의 하나라와 은나라의 것을 거울삼았으므로 [예악과 제도 등의] 문화 형식이 대단히 풍성하다. 나는 주나라의 문화를 따르겠다"(周監於二代, 郁郁乎文哉! 吾從周)라는 공자의 말이 있는데, 여기서 주나라의 문화 형식이란 앞의 하나라와 은나라의 역사적 경험으로부터 얻은 예악과 제도 등의 각종 문물을 가리킨다. 고대 중국인들은 문화란 질박한 형식으로부터 시작하여 성대하고 화려한 방향으로 발전한다고 보았다. 전자를 질(質), 후자를 문(文)이라고 각각 부르는데, 하나라는 초기의 국가이므로 질박한 '질'의 문화로 시작하였지만 그 뒤를 이은 은나라는 종교성이 강했으므로 성대하고 화려한 형식을 가진 '문'의 문화로 바뀐 것이다. 이것을 사마천(司馬遷)은 그의 『사기』 「고조본기」(高祖本紀)에서 "하나라의 정치는 질박하고 도타운 것이었다. 질박하고 도타운 것의 폐단은 백성을 투박하고 거칠게 만드는 것이었으므로, 은나라는 이를 공경과 위엄으로 계승하였다. 공경과 위엄의 폐단은 백성을 미신에 빠지게 만드는 것이었으므로, 주나라는 이를 예의로써 계승하였다"라고 설명하였다.[5] 즉 하나라의 다듬어지지 않은 상태의 질박한 역사 경험은 은나라에 와서는 그와는 반대로 신을 경외하는 형태의 화려한 문화를 만들어냈다. 그러나 이 경험도 궁극에 가서는 바람직스럽지 않은 미신 문화에 빠지자 주나라는 앞의 두 경

---

5 이에 관해서는 김근 지음, 『한자는 어떻게 중국을 지배했는가』(서울: 민음사, 1999), 238쪽을 참조하기 바람.

험을 거울삼아 '질'과 '문'의 장점을 융합한 질박하면서도 잘 다듬어진 예의(禮儀) 문화를 만들어냈다. 이것이 공자가 극찬한 주나라의 인문 문화인데, 이는 형식이 없는 야만성을 벗어났으면서도 형식의 기능을 망각한 형식주의에 빠지지 않은 매우 이성적인 문화다. 또한 이것은 하나라와 은나라를 거쳐 주나라에 이르는 기간에 축적된 경험을 기술해놓은 형식이기도 하다.

『논어』「위령공편」(衛靈公篇)을 보면, 제자 안연(顔淵)이 공자에게 '나라를 창업'(爲國)할 때의 방도를 묻자, "하나라의 역법을 시행하고, 은나라의 수레를 타며, 주나라의 면(冕)관을 쓴다"(行夏之時, 乘殷之輅, 服周之冕)라고 대답하는 구절이 나온다. 역법이란 책력(달력)의 제작 방법인데 농업과 어업 등 당시 산업 생산에 없어서는 안 될 중요한 도구이므로 정확성이 그 생명이다. 하나라는 중국 최초의 정권이었으므로 역법을 천체의 운행을 현상 그대로 계산해서 제작했기 때문에 조수 간만 및 계절의 변화와 일치하였다. 이것이 하력(夏曆)으로서 오늘날 우리가 쓰는 음력과 같다. 그러나 다음의 은나라는 하나라보다 더 높은 정통성을 내세우기 위하여 정월 초하루를 하력보다 한 달 이른 12월로 옮겼고(이를 은력이라고 함), 그 다음의 주나라는 은나라보다 다시 한 달 이른 11월로 바꿨다(이를 주력이라고 함). 이것은 통치자들이 자신들의 권력을 정당화하기 위해서 취해진 정치적 조치였지만, 그 때문에 책력은 오차가 많아져서 백성들의 생활은 매우 불편해졌다. 그래서 백성들이 편하게 산업 생산에 종사하게 하기 위해서는 애당초 질박한 형식을 가진 하력을 시행해야 한다는 것이 공자의 생각이었다.

두 번째로 공자가 하필 수레를 언급한 것은 고대인은 기물 중에서 수레를 가장 귀하게 여겼기 때문이므로 이는 기물을 상징하는 말이라고 볼 수 있다. 주나라 제도에 의하면 수레는 옥·금·상아·가죽·나무 등 다섯 가지 재료로 장식을 하는데, 이중에서 나무가 가장 질박한 재료다. 즉 은나라는 아직 수레를 만드는 기술이 발달하지 않아서 나무로만 단단하게 만들었을 뿐 다른 장식을 하지 않았으므로 공자가 은나라 수레를 타라고 지적한 것은 질박함을 숭상해야 함을 상징하는 말이다. 즉 정치라는 것은 화려하게 장식한다고 해서 나라가 잘 되는 것이 아니라, 하력과 은나라의 수레가 상징하듯이 실사구시적이고 실질적이어야 백성의 삶이 풍족해지고, 그럼으로써 '나라의 기본이 만들어진다'(爲國)는 것이다.

그러나 백성이 먹고사는 기본적 문제가 해결됐다고 해서 나라가 잘 다스려지는 것은 아니다. 잘 먹고 살더라도 나라의 위기는 언제나 닥칠 수 있고, 또한 미래를 위해서는 지금의 불편한 것을 참거나 권리를 유보해야 할 수도 있다. 이에 대처하려면 온 백성의 여론과 힘을 하나로 결집해야 하는데, 여기에 통치가 필요하고 이를 위한 권력이 세워져야 한다. 힘을 하나로 결집하려면 무엇보다 먼저 백성을 설득해야 순리겠지만 이것이 생각처럼 간단치 않고 또 단기적으로는 비효율적이라는 것이 현실이다. 국가나 사회구성원들이 모여 공동의 사안을 토론하고 결정하는 것은 고대 그리스처럼 작은 도시국가에서나 가능하지 중국처럼 땅이 넓고 인구가 많은 곳에서는 현실적으로 불가능하다. 그래서 백성들이 관습적으로 통치자를 믿고 따르게 함으로써 권력을 형성하고 유지해나가는 것이 더 유리할 수 있는 것이 중국의 환경이다. 즉 사람들을 믿고 따르게 하려면 권위를 먼저 세워야 하는데, 이 권위는 오랜 시간을 통해 축적된 신뢰를 적절한 상징(물)으로 조직하여 반복적으로 표현하면 사람들은 그 상징기호가 주는 직접적 감각으로 인하여 저절로 믿고 따르게 됨으로써 형성되는 것이다. 파스칼이 권력을 관습이라고 정의한 것은 바로 여기에 근거한다. 그러므로 권력은 상징 기호물들을 체계화하고 나아가 이를 화려하고 위엄 있게 수식함으로써 권위를 드높이려는 경향을 보인다. 권위는 이성적인 것이 아니라 감성적인 것이기 때문이다.

주나라는 앞의 2대에 비하면 체제도 안정되고 통치술도 발달하였으므로 권위를 정교하게 만들어 세웠는데 그중에서 눈에 띄는 것이 복식이다. 즉 주나라는 예복 및 예모(禮帽)를 제도로 정비하여 천자는 물론 관직에 있는 모든 신하들에게 각종 예식에 입도록 하였다. 공자가 말한 면관이란 이런 예복을 대표하는 상징적인 물건이다. 면관이란 제사 지낼 때 머리에 쓰는 갓으로서, 그 모양은 갓의 상단부가 뒤가 높고 앞이 낮아서 밑을 내려다보는 형태로 돼 있다. '면'(冕)자의 자형은 '쓰개 모(冃)'와 '구부릴 면(免)'(이 글자의 고문 자형은 사람이 모자를 쓰고 꿇어 엎드린 모양임)으로 돼 있으므로 이 글자의 원래 의미는 '내려다보는 모양의 갓'이 된다. 주나라 예법에는 여섯 가지의 면관이 있었는데 이것으로써 신분을 구분했다고 한다. 신분의 구분이란 곧 위아래의 질서를 바로잡는 것으로서, 권력의 관습적 기초는 여기서부터 다져진다. 이 면관은 '문'(文), 즉 '꾸밈'이란 어떻게 하는 것인가를 잘 상징한다. 즉 갓은 작은 물건이지만 가장 위에 존재하는 것일 뿐만 아니라, 화려하게 장식했으면서도 사치하지 않다는 것이다. 개인의 덕과 품성도 면관처럼 작은 듯 보이지만 가장 높은 가치를 갖는 것이고, 그 모습은 소박한 본질을 유지하면서 아름답게 꾸미도록 수양해야 한다는 것이 공자가 주나라의 면관을 통해 말하고자 하는 바이자 그의 상문(尙文) 정신이다. 이러한 정신적 수양의 바탕 위에서 통치자들이 권력을 형성하고 행사해야 진정한 나라가 만들어질 수 있다는 것이다.

이처럼 예라는 것은 단순히 만들어낸 형식적 절차가 아니라 역사적으로 축적된 경험을 형식적 체계를 통해 기술한 것이다. 형식이란 궁극적으로 매개체이기 때문에 시간이 지나면 사람들은 형식이 표상하는 대상(또는 의미)은 잊고 형식 자체에 매달리게 된다. 그래서 기표나 상징물 자체를 아름답게 수식하게 되는데, 이것이 과도하게 나가면 애초의 표상하는 의미가 잊히거나 사라진다. 그렇다고 해서 우리가 기호(매개)를 통해 소통을 해야 하는 운명에 처한 이상, 형식을 그렇게 무시할 수도 없다. 우리 속담에도 "'아' 다르고 '어' 다르다"는 말이 있지 않던가? 또한 기호와 같은 형식들은 그것을 어떻게 만들고 조직하느냐에 따라서 의미와 감응을 생성해내기 때문에 새로운 형식이 출현하면 거기에 관심을 갖지만 불행히도 형식에 금세 적응하는 인간의 속성으로 인하여 시간이 좀 지나면 처음에 받던 감응을 쉽게 잊게 마련이다. 그래서 처음의 감응을 유지, 보강하기 위해 자꾸 기존의 형식을 변형하거나 더 요란하게 꾸미게 되는데, 이러다보면 나중에는 전혀 엉뚱한 모습으로 변질되고, 따라서 처음의 의미와 감응이 퇴색하게 된다. 예를 들면, 사랑하는 두 남녀가 자신들의 감응을 영원히 표상하기 위해서 구리반지를 상징으로 삼아도 안 될 것은 없지만, 감응을 더 강화하고 싶은 욕망에 은반지나 나아가 금반지로 상징의 재질을 점점 올리게 된다. 그러다가 나중에는 다이아몬드 같은 값비싼 보석으로 올라가게 되는데, 이렇게 무리를 하다보면 재정이라는 현실적 문제에 부닥쳐 다투다가 결국 처음의 사랑은 사라져버리는 역설을 만나게 된다.

공자가 이 같은 현상을 우려해서 두 가지, 즉 처음의 감응을 유지하는 일과 형식 자체의 운명적 변형이라는 모순적 요소를 적절히 잘 조화시키고자 한 방도가 앞의 "하력(夏曆), 은로(殷輅), 주면(周冕)"인 것이다. 이 세 가지는 역사적으로 축적된 경험을 개괄한 추상적 형식이라고 말할 수 있는데, 하력과 은로(수레)는 최초의 감응을 유지하기 위한 소박한 형식에 해당하고, 주면(갓)은 형식 자체의 아름다움을 위한 최소한의 수식을 상징한다. 오래된 예법이 있는가의 여부가 한 나라나 사회의 문화 수준을 가늠하는 척도가 되는 것은 이 때문이다. 우리의 일상 중에서도 재물은 많은데 예법이 없으면 졸부 소리를 듣는다. 마찬가지로 오늘날 우리가 경제적으로는 어느 정도 성취했으나 오래된 전통 예법의 형식이 남아 있지 않으니까 전후 신생국의 깜짝 출현이니 기적이니 하는 소리를 듣는 것이다. '오래된 전통 예법의 형식'이란 관광용으로 개발한 광화문 수문장 교대식 같은 요란한 이벤트가 아니라, 관혼상제를 비롯한 일상의 품위 있는 의식과 매너를 말한다. 우리의 역사적 경험이 기술된 형태의 의식이 아니라, 외국의 것을 어정쩡하게 복제한 '짝퉁' 의식이나, 부조금 봉투나 챙기면서 대충대충 하는 의식을 수행할 때, 우리의 일상은 감응이 없이 겉껍질로만 사는 괴리된 삶을 살게 될 수밖에 없는 것이다.

이렇게 형식의 중요성을 강조하다보면 자칫 내가 속된 말로 '수구꼴통'인 것처럼 보일지도 모르겠다. 그러나 아주 진보적인 자유주의자라고 할지라도 이 세상에서 의미를 주고받으며 사회적인 삶을 살려면 형식의 굴레를 벗어날 수가 없다는 사실을 먼저 인정해야 한다. 진보니 보수니 하는 논쟁은 궁극적으로 형식의 차이에서 오는 것이지 형식의 유무를 다투는 것이 아니다. 흔히 형식이 자유로운 표현을 구속한다고 하여 형식을 타파하거나 배제해야 새로운 세계가 열리는 것처럼 말하는 사람이 있지만, 그것은 형식 자체에만 매달려서 그것이 표상하는 감응을 소외시키는 일부 세력 때문에 야기되는 억압적 느낌일 뿐이다. 그 일부 세력이란 그 형식으로부터 이득을 취하는 자들이므로 이들은 당연히 기존의 형식을 고수할 것이고, 따라서 이 형식에서 감응이 일어나지 않는 자들은 그 형식이 자신들을 억압하는 굴레라고 여길 것이다. 그래서 진보를 주장하는 사람들은 무엇보다 먼저 기존의 형식을 타파해야 한다고 주장하게 되는데, 설사 이를 타파했다고 하더라도 자신들의 새로운 감응을 표상하려면 어쩔 수 없이 또 다른 형식에 의거하지 않을 수 없는 것이니, 개혁이니 혁명이니 하는 것들이 궁극적으로 형식의 차이에서 온다는 말은 바로 이 때문이다. 개혁(또는 혁명) 세력도 시간이 지나면 보수 세력으로 변질된다는 사실을 역사가 입증하지 않는가? 공자가 하 · 은 · 주 삼대를 논한 것은 바로 형식과 감응 사이의 운명적 모순을 적절한 긴장 관계에 놓이게 함으로써 개혁이나 혁명과 같은 사회적 불안정성이 야기되지 않도록 사전에 방비하고자 하는 마음이 바탕에 깔려 있었다고 봐야 할 것이다.

제3장

예에의 자발적 속박이 행복인 이유

예 : 자신을 세계에 결합시키는 방식

개혁이 끊임없이 돌고 도는 형식의 순환이 그 실체라면, 우리는 여기서 형식의 본질이 무엇이며 왜 형식인가에 대해서 잠시 알아볼 필요가 있다.

우리가 던져진 이 세계(physis)는 원래 아무것도 정해진 것이 없는 말 그대로 카오스(혼돈)다. 혼돈 속에서는 살 수가 없으므로 인간은 혼돈을 정리해서 자신들이 편안한 대로 세상을 구성하고 이를 유지하는 규범을 만들었는데 이것이 바로 노모스(nomos)의 세계다. 규범적인 노모스의 세계를 유지하는 것은 형이상학적으로 구성된 관념적 세계인데, 이것은 변화하는 세계에서 인간이 맞서야 하는 불안의 고통을 회피하기 위해서 만들어낸 완전한 세계다. 이것은 모순이 없는 세계이자 처음과 끝도 없이 변화하지 않고 존재하는 참된 세계다. 이런 세계를 관념 속에 넣고 사는 인간은 여러 가지 유형으로 나타날 수 있겠지만, 중국에서는 두 가지로 드러나는데, 하나는 변화가 없는 참된 세계라는 신화를 직접 실현하고자 하는 유형과 변화와 일정 부분 타협하고 적응하는 유형이 그것이다. 전자의 대표적인 예가 진시황이 병마용으로 유명한 지하 궁전을 건설한 일과 영원히 죽지 않는 불로초를 구하기 위해 서복(徐福)을 동남동녀 삼천 명을 거느리고 동쪽으로 가게 한 일이다. 이는 모순과 변화가 없는 완전한 세계라는 관념을 사람의 힘으로 실현하고자 했던 절실한 노력의 결과물이다. 뿐만 아니라 삼천갑자 동방삭(東方朔)의 신화와 양생과 단약 등으로 불로장생을 꿈꾸던 신선 사상 역시 이러한 맥락 속에서 나온 것들이다.

후자의 대표적인 예가 바로 중용의 관념이다. 고대 중국인들은 모든 사물들은 변화하는데, 이 변화는 언제나 두 극단 사이를 오가는 양상을 보인다고 여겼다. 이를 '물극필반'(物極必反)이라고 불렀으니, 모든 사물은 한쪽 극단에 다다르면 반드시 반대쪽 극단으로 가는 불가피한 변화에서 벗어날 수 없다는 뜻이다. 이러한 변화의 법칙을 유형별로 분류해놓은 것이 이른바 역(易)의 64괘다. 그들이 역을 발명함으로써 얻으려고 하는 궁극적인 효용은 어느 쪽으로든 극단으로 변화해가는 것을 억제하기 위함이다. 아무리 좋은 것이라고 하더라도 극단은 피하고 싶은 것이 그들의 사상이었으니, 『주역』「건괘」(乾卦)의 "하늘에까지 오른 용에게는 후회함이 있다"(亢龍有悔)는 구절이 이를 잘 말해준다.[1] 이와 같이 불가피한 변화 속에서 변화를 최소화할 수 있다면 그것이 완전한 세계를 어느 정도 실현할 수 있는 현실적인 방법이 될 것이라고 그들은 생각했는데, 이것이 바로 극단으로 가는 것을 인위적으로 억제하는 방법, 즉 중용이다. 중용은 글자 그대로 양극단을 배제하는 '중간의 평범함'이다. 이렇게 보면 중용이란 실질적으로 변화가 없는 참된 세계를 지향하고 있음을 알 수 있다.

그들이 가운데의 평범함을 지향하고 있으면서도 모순되게도 다른 한편으로는 영화로운 극단을 욕망하며 살아가는 것은 어쩔 수 없는 현실이다. 따라서 중용의 상태에 이르는 것이 쉬워 보이지만 욕심을 이겨야 하기 때문에 의식적인 각고의 수양이 없이는 불가능하다. 여기서 욕심을 억제하는 금욕주의가 생겨나게 되는데, 이것이 예의 시작이다. 앞에서 인용한 『논어』의 "자신을 억제하여 예에 의거해서 실천하면 그것이 곧 인(仁)이 된다"에서 '자신을 억제하다'(克己)라는 말은 곧 금욕을 의미한다. 니체에 의하면, 금욕이란 그것을 실천하는 가운데 사람들이 삶 자체에 대해서 부정적인 평가를 내리게 만드는 것이라고 한다. 즉 인간은 물질 자체가 아닌 생성에서 삶의 쾌락과 의미를 느낀다. 이를테면, 야구의 재미에 푹 빠져 사는 사람이 있다고 치자. 이 사람이 느끼는 삶의 재미와 의미는 배트와 공이 정확히 맞았을 때, 공이 글러브 안에 가볍게 파

---

1 이에 관해서는 김근 지음, 『욕망하는 천자문』(서울: 삼인, 2003), 500쪽을 참조하기 바람.

고들 때, 그리고 공이 손아귀에서 힘차게 빠져나가 허공을 살같이 질러갈 때 등에서 느껴지는 쾌락에 근거하는 것이지, 공 · 배트 · 글러브 자체에서 저절로 생겨나는 것이 아니다. 운동기구가 아무리 명품이라고 하더라도 말이다. 이처럼 공과 배트, 글러브 등이 접촉할 때 생기는 쾌락은 순간적으로서 생성됐다가 사라지는 것이어서 실체가 없다. 그래서 이를 '시뮬라크르'(simulacre)라고 부르는데 니체의 이른바 '힘에의 의지'에서 힘이란 바로 이 시뮬라크르가 그 본질이다. 이것이 거칠게 정리한 들뢰즈의 시뮬라크르 이론이다.

아무튼 삶이란 따지고 보면 이 쾌락, 즉 힘의 생성의 연속이라고 할 수 있는데, 금욕이 이를 억제하므로 삶의 재미와 의미가 억압될 수밖에 없으므로 삶 자체를 부정적으로 평가한다고 말하게 되는 것이다. 물론 금욕이 탐닉으로 인하여 자신의 생을 스스로 위협하는 삶에게는 생을 유지해주는 수단이 되는 긍정적인 측면이 있긴 하지만 말이다.

생을 부정적으로 보고 미워하는 삶은 세계에다 자신을 결합시키기보다는 자신의 욕망이나 충동과 갈등하고 싸우게 되게 마련이다. 아울러 이때에만 삶이 가치가 있다고 여기게 되는데, 이것이 서양적 가치관(또는 인생관)의 근저가 되었다. 사회를 이루고 살려면 반드시 거쳐야 하는 금욕과 절제의 과정은 궁극적으로 동서양이 같을 테지만, 바로 이 지점에서 중국과 서구가 갈린다고 볼 수 있다. 앞서 공자가 말했듯이 '자신을 억제하는' 금욕 다음에 '복례'(復禮)라고 하는 대안이 제시되었는데, 이는 예를 실천하는 과정이다.

예를 실천한다는 것은 충동과 투쟁하는 것이 아니라 충동을 길들이는 것이므로 자연적으로 이는 자신을 세계에 적극적으로 결합하려는 방도가 된다. 앞서 말했듯이 예의 본질은 형식이다. 형식은 그것이 수행되면서 그 주위에 쾌락을 생성시키는데, 이 쾌락은 앞서의 시뮬라크르와 같은 것이다. 이 시뮬라크르는 절제의 형식을 통해서 생성되는 것이므로 절제가 즐겁게 느껴진다.

이를테면, 의관을 제대로 갖추고 의식을 경건하게 수행하는 행위가 힘들긴 하지만 이를 매끄럽게 진행하거나 또는 익숙하게 하기 위해서 반복해서 연습하다보면 나중에는 그 행위로부터 즐거움이 생겨난다. 군복무를 마친 남성이라면 군대 예절의 경험을 갖고 설명하면 좀 더 쉽게 이해할 수 있을 것이다. 군대에서는 병사들의 군기 상태를 점검하기 위하여 주기적으로 사열이라는 것을 한다. 사열은 열병식과 분열식으로 이루어지는데, 전자는 부대의 정열 상태를 보는 것이므로 병사들은 부동자세를 취해야 하고, 후자는 부대의 행진 상태를 보므로 병사들은 당당하고 절도 있는 모습으로 일체가 되어 걸어야 한다. 그러니까 사열은 평소 교육받은 제식 훈련의 총화라고 할 수 있다. 군복무를 해본 사람은 잘 알겠지만 이 제식훈련이라는 게 겉보기는 쉬워도 실제로는 정말로 괴로운 훈련이다. 몸이 고돼서 괴로운 게 아니라 단순한 동작을 부대가 완전히 일치할 때까지 수도 없이 반복하기 때문에 그렇다. 그러나 나중에 숙달이 돼서 사열대 앞을 통과하며 '우로 봐!' 하는 구령에 맞춰 일제히 고개를 돌릴 때는 저도 모르게 짜릿한 흥분을 경험하게 된다.

쾌락(시뮬라크르)이 생성되는 순간이다. 그러면서 그간의 고된 피로감이 삽시에 해소되고 못 견딜 것 같던 군 생활에 어느 덧 적응하게 된다. 즉 길들여진 것이다. 예도 마찬가지로 처음의 거친 충동을 예의 형식이 유도하는 방향으로 유순하게 순치하는 기능을 수행한다. 앞에서 "예의 실천은 자신을 세계에 적극적으로 결합하려는 방도가 된다"는 구절은 바로 이를 가리켜 한 말이다.

예의 실천을 통해 자신을 적극적으로 세계에 결합했기 때문에 고대 중국은 내적 갈등이 별로 관심의 대상이 되지 못해서 앞에서 언급한 겉모습과 속마음이 굳이 일치하지 않아도 되는 문화를 갖게 되었다. 반면에 유럽의 금욕주의는 자신의 충동과 투쟁할 때 삶의 가치가 있다고 여기도록 만들었는데, 이 내적 투쟁은 궁극적으로 진리, 또는 형이상학적인 가치라고 하는 금욕적 이상을 위해서다. 그들은 진리란 그 자체로 존재하는 가치라고 믿었으므로 여기서 겉과 속이 일치해야 하는 사실주의가 나올 수밖에 없는 것이다. 그렇다면 고대 중국에 진리라는 개념이 없었던 것은 예를 통해 힘(시뮬라크르)을 생성하고 그 힘에 의지해서 사회와 세계를 유지할 수 있었기 때문이라는 결론이 금방 나오게 된다. 중국에 진리 개념이 없었다고 말하면 자칫 그것이 있는 서양에 비하여 열등하다고 여길 사람이 있을지도 모르겠다. 금욕주의란 거칠게 말하자면 욕망이 없음을 욕망하자는 것이므로 따지고 보면 '무'(無)를 욕망하는 의지이다. 따라서 진리도 '무'에 기초했다는 점에서 환영인 셈이므로 궁극적으로 시뮬라크르와 다를 바가 없다.

인이란 인격 속에 존재하는 실체가 아니다

그렇다면 여기서 예가 생성하는 힘에 대해서 잠시 분석해보기로 하자. 앞서의 공자의 말을 다시 인용해보면, "자신을 억제하여 예에 의거해서 실천하면 그것이 곧 인(仁)이 된다"고 하였다. 여기서 기표의 연쇄가 의미를 생성한다는 라캉의 기표 효과를 굳이 들먹이지 않아도, 형식적인 것을 수행(perform)할 때 거기서 의미가 순간적으로 발생한다는 것은 앞에서 설명한 바와 같다. 우리 속담에 "같은 값이면 다홍치마"라는 말이 있듯이, 같은 형식이라도 수식이 아름다우면 이를 수행하는 사람이나 외부에서 보는 사람이나 받아들이는 느낌과 의미가 다른 것은 어쩔 수 없다. 자신을 비우고 그 자리에 예를 수용하고 그 예에 따라 수행하면 예의 형식이 생성하는 감성적인 의미, 즉 감응이 느껴진다. 이것은 앞서 사열식의 예를 들어 설명한 바 있다. 이 감응은 기실 생의 과잉 부분으로서 우리가 흔히 '신명 난다'고 할 때 '신명'과 자아의 확장이라는 점에서 본질적으로 같은 것이다. 이것이 느껴지면 적극적으로, 자발적으로 주체는 스스로를 세계에 결합하게 된다. 대부분의 체계적인 형식은 크건 작건 간에 이런 종류의 감응을 생성하게 되는데, 여기서 문제가 되는 것은 그 감응이 어디에 쓰이느냐 하는 윤리성이다. 조직폭력배들도 그들 나름대로 절도 있는 예의 체계가 있는데, 여기서 나오는 감응은 사회를 해치는 데 사용되고, 특히나 전체주의 국가에서의 형식체계들은 국민의 힘을 한데 모아 이웃 나라들을 침략하는 데 악용된다. 제2차 세계대전 발발 시, 독일의 나치 정권이 미리 짜놓은 형식체계를 정교하게 수행함으로써 베를린 광장에 모인 수많은 독일 국민들을 정서적으로 과잉 상태에 빠지게 하고, 그 감응으로 어떻게 했는가를 상기해본다면 감성에서 윤리가 얼마나 중요한지를 쉽게 짐작할 수 있다.

그러므로 감응은 윤리적으로 절제가 되도록 생성돼야 하는데, 공자가 말하는 예는 바로 이런 모습을 가진 형식체계로서 고대 중국의 성인인 주공과 주나라에 의해 이미 검증되었다는 것이다. 주공이 만들었고 또 주나라에 의해 검증된 예를 수행했을 때 생성되는 감응이 바로 인(仁)이다. 흔히 인은 마음에 있고 예는 이것이 밖으로 표현된 것으로 설명하는 경우가 많은데, 이렇게 이원적으로 보면 인은 실체가 되고 예는 껍질이 되어, 이를테면, "저 사람은 속사람은 어진데 예의가 없어"와 같은 설명할 수 없는 모순이 생긴다. 예의가 없는 인이라면 이미 인이 아니기 때문이다. 오히려 이와는 반대로 예에 의해서 생성되는 인이라야 이런 모순이 발생하지 않는다.

흔히 『논어』 「이인편」(里仁篇)에서 "사람의 허물은 그 무리 별로 각기 다르다. [따라서] 허물을 살펴보면 인을 알게 된다"(人之過也, 各于其黨. 觀過, 斯知仁矣)라는 구절을 예로 들면서 인의 자질 같은 것이 사람에게 따로 존재하는 것처럼 말하기도 하는데, 이는 인을 잘못 이해한 결과다. 원문의 '사'(斯)자는 '이것으로써'라는 뜻으로 볼 수도 있고, '그 사람'으로도 볼 수 있다. 전자에 의거하자면

‘이것’, 즉 허물을 보고서 인이 어떠한 것인지를 알 수 있다는 뜻으로 해석할 수 있고, 후자에 의거하면 ‘그 사람’이 어느 정도로 인자한지를 알 수 있다는 의미로 풀 수 있다. 두 가지 어느 것으로 해석해도 인이란 인격 속에 존재하는 실체 같은 게 아니라는 것이다.

이 구절을 설명하기 위해서 주자(朱子)는 후한(後漢)의 오우(吳祐)라는 관리가 아랫사람에게 옷을 징발하는 김에 한 벌 더 징발케 해서 아버지에게 드림으로써 오명을 남긴 고사를 들고 있다. 즉 사적으로 쓰기 위해서 옷 한 벌을 더 징발한 것은 분명히 범죄지만 추위에 떠는 연로한 아버지를 따뜻하게 해드리기 위한 것은 효성에 해당하는 것이니, 여기에 인함이 존재한다는 논리다. 여기서 인함의 실체를 분석해보면, 연로한 아버지를 따뜻하게 하기 위해서 옷 한 벌을 마련해 드리는 예를 수행하는 데서 오는 효도의 감응이 인이다. 이 감응은 한 벌의 옷이라는 물질이 있기에 가능했던 것이므로 만일 이것이 없었다면 생성되지 않았을 것이다. 그렇다면 이 감응은 착취된 누군가의 고통의 대가라고 볼 수 있으니, 이것을 감히 인이라고 말할 수는 없고 굳이 인이란 게 있다면 착취한 옷을 드리는 그 순간이었을 것이다.

전목(錢穆)의 『논어신해』(論語新解)에서도 자로가 누이가 죽어서 너무 슬퍼한 나머지 일 년이 지났는데도 상복을 벗지 않자 공자가 야단친 고사를 들고 있다. 그가 비록 예에 어긋나는 행동을 했지만 누이의 죽음을 슬퍼하는 그의 마음만은 인하다는 것이다. 여기서 자로의 인자한 마음은 상복을 입고 애도하는 예를 행할 때 생성된다. 이러한 '인'에서 그가 하루라도 더 있을 수 있다면 슬프고 힘든 자신에게 위로가 될 수 있을 터인즉, 그래서 그는 기일이 지났어도 상복을 벗지 않았던 것이다. 그렇다고 예를 벗어나 절도를 잃으면 그에 따라 감응도 효과를 잃게 되어 인의 한계가 모호해진다. 감응이란 게 무조건 크게 키우고, 오래 유지시킨다고 좋은 게 아니다. 아무리 좋은 말도 두 번 세 번 반복해서 들으면 귀에 거슬린다는 속담도 있지 아니한가? 오히려 상복을 벗고 싶지 않을 때 벗어야 감응은 더욱 커지고 또 유지되는 법이다. 이것이 바로 인에 머물기 위해 반드시 먼저 해야 할 '자신을 억제해야 하는'(克己) 과제다.

이렇게 본다면 예가 생성하는 감응에 머물고 싶어 하는 마음이 인이라고 정의할 수 있다. 환언하면 예의 감응에 동조(同調)하는 마음이 인으로 표현되었다는 말이다. 왜냐하면 예를 행하더라도 감응이 발생하지 않는 사람도 있을 수 있기 때문이다. 그렇다면 인을 예의 감응에 동조할 수 있는 자질이라고 말할 수는 있겠지만, 그렇다고 해서 이러한 자질 자체가 인은 아니다. 여기에 정자(程子)가 군자는 너무 도타워서 탈이고 소인은 너무 각박해서 탈이며, 군자는 사랑이 넘쳐서 탈이고 소인은 인정머리가 없어서 탈이라고 주를 단 것은 바로 이 자질에 근거를 두고 한 말이리라.

명쾌하게 개념적으로 설명할 수 없는 감응의 속성 때문에 공자는 인에 대해서 '이것이다!'라고 정의한 바가 없다. 언제나 '인에서 드물다', '인으로부터 멀다', '인자하다고 말할 수 있다' 등과 같이 소극적인(negative) 한 방식으로 설명하려 하였다. 이것을 사람들은 마치 진리가 너무 심오해서 언어로 정의하기 힘들다고 호도하는 것처럼, 인의 존재가 너무나 큰 것이어서 이런 방식 외에는 설명할 길이 없다는 식으로 해석하곤 하는데, 이러한 형이상학적인 해석은 보통 사람들이 지킬 수 있는 중용의 덕을 강조하는 공자를 심히 왜곡하는 일이 된다. 인이 그렇게 크고 어려운 것이라면 과연 이것을 누가 실천할 수 있겠는가? 중용적인 실천을 중시하는 공자가 평범한 사람들이 못 알아듣는 어려운 말로 설명하지 않았을 것은 분명하다. '복례'(復禮)라는 말에서 알 수 있듯이 공자는 '실천하다'를 '복'(復)이란 글자로 표현했다. '복'자는 '덮을 복(覆)'자와 같은 뜻으로서 도장 같은 것을 덮어서 똑같이 찍어내는 것을 의미한다. 즉 주어진 규범을 도장을 눌러 찍듯이 똑같이 행동한다는 뜻으로서 오늘날의 개념으로 말하자면 '반복하다', '카피(copy)하다' 등의 말로 써 바꿀 수 있다.

반복 연습의 고통 속에 즐거움이

『논어』의 첫 구절은, 주지하다시피, "배우고 때에 맞춰 거듭해서 익히면 [힘들지만 그래도] 즐겁지 아니한가?"(學而時習之不亦說乎)로 시작한다. 여기서 배우고 익히는 대상을 구체적으로 밝히지 않고 있지만 그것은 당시 사람들이 배워야 할 예를 가리킨다(이것이 왜 예인가에 관해서는 뒤에 가서 다시 설명할 것이다). '시'(時)에 대한 해석은 여러 가지로 다양하지만 뒤의 '습'(習)자가 '반복해서 익히다'라는 의미를 감안할 때 '아침저녁으로 시간을 정해놓고 끊임없이' 정도로 해석하는 것이 순리적이다. 예라는 것은 무슨 심오한 이치 같은 것이 아니라 몸에 익혀서 어떠한 경우에라도 자연스럽게 나오게 하는 행동의 패턴이다. 「이인편」(里仁篇)에 "군자는 밥 한 끼 먹을 시간에도 인과 갈라져서는 안 되는 것이니, 위급한 때라도 여기[인]에 있어야 하고 곤경에 처해서도 여기에 있어야 한다"(終食之間違仁, 造次必於是, 顚沛必於是)라는 구절이 있는데, 아무리 위급하고 곤궁하더라도 인에 있으려면 예가 그만큼 몸에 배야 한다. 옛날에는 가장 이상적인 인간형/인격이란 예대로 사는 것이었다. 그래서 이 예의 형식은 하루를 지내는 패턴을 비롯해서 한 달을 지내는 패턴, 한 계절을 지내는 패턴, 일 년을 지내는 패턴, 일생을 지내는 패턴 등이 있을 수 있으므로, 훌륭한 인격을 형성하기 위해서는 각 패턴을 나날이, 다달이, 계절마다, 해마다 끊임없이 반복해서 익혀야 한다. 『논어』「자장편」(子張篇)에 "날마다 몰랐던 바를 깨닫고 달마다 할 수 있는 바를 잊지 않는다면, 가히 배우기를 좋아한다고 말할 수 있다"(日知其所亡, 月無忘其所能, 可謂好學也已矣)라는 자하의 말이 있다. 여기서 '날마다 몰랐던 바를 깨닫다'는 말은 예를 연습하고 실천하다보면 같은 행위라도 매일 느끼는 감응이 다르다는 뜻이고, '달마다 할 수 있는 바를 잊지 않다'라는 말은 이렇게 깨달은 예의 형식과 감응이 늘 유지되도록 반복 연습한다는 뜻이다. 그러니까 자하의 이 말은 곧 『논어』 첫 구절에서 공자가 말한 '시습'(時習)

의 구체적 방법이 되는 것이다. 이렇게 해석해야 공자가 주장하는 실천 철학의 실제에 가까이 다가갈 수 있다.

흔히 반복 연습이라고 하면 지루한 고통쯤으로 여기고 거기에 무슨 감응이 있겠느냐고 반문할 사람이 있겠지만, 운동선수들이 같은 동작을 반복 연습을 하는 것을 상상하면 그것이 그렇게 고통스럽기만 한 것은 아님을 알 수 있다. J. D. 나지오는 자신의 저서 『자크 라캉의 이론에 대한 다섯 편의 강의』에서 파올로 보루톨루치의 발레 공연을 통해서 향락(주이상스)이 무엇인지를 잘 설명하고 있다.[2] 이 대목의 일부분을 그대로 인용해본다.

> 아주 아름다운 시퀀스에 이르렀을 때, 보루톨루치는 막대기(bar)를 잡고 왼발을 들어 느린 시계추의 움직임처럼 바닥에 닿을 듯 말 듯 앞뒤로 흔들었습니다. 그러한 단순한 움직임 속에서 댄서는 완벽한 기술에 도달한다는 인상을 받았습니다. 다리는 발끝으로 황홀한 글씨를 경쾌하게 쓰는 것 같았습니다. 그러한 모습이 나에겐 절정처럼 보였습니다. 극장을 나오면서 나는 친구에게 분석가로서 그 공연에서 향락이 어디에 있는지 알아맞히는 놀이를 하자고 제안했습니다.

결론부터 말하자면 그가 발견한 향락의 장소는 댄서(보루톨루

2 J. D. 나지오 지음, 임진수 옮김, 『자크 라캉의 이론에 대한 다섯 편의 강의』(서울: 교문사, 2000), 211~213쪽을 참고하기 바람.

치)의 발이었다. 그 이유로 그는 두 가지를 들고 있는데, 첫째는 댄서의 발에 육체의 모든 긴장이 균형 있게 농축돼 있기 때문이고, 둘째는 댄서의 많은 삶이 육체의 그 부분(즉 발) 위에서 이루어졌기 때문이라는 것이다. 그 하나의 동작을 위해서 그는 혹독하게 자신을 훈련시켰을 것일 터인데, 그 결과 익숙하게 움직이는 그의 발 언저리에는 향락이 발생함으로써 그것은 '이미 댄서에게 속하지 않은 육체의 장소가 되었다'는 것이다. 그 자체의 민활한 움직임에 향락이 발생해 있다면 댄서의 의지와는 관계없이 움직일 수 있는 것이니, 만일 발이 댄서에게 속해 있다면 그의 의지가 그토록 예술적으로 움직이게 할 수 없었을 것이다. 이렇게 육체의 일부분에 향락을 발생시키려면 혹독한 반복 훈련을 통해 '의미 있는 상처'를 주어야 하는데, 이 상처를 통해서 그 부분은 육체로부터 상실되어 별도로 자유롭게 움직이게 되는 것이다. 이런 현상은 발레에서뿐만 아니라, 몸을 움직여 표현하고 연기하는 모든 행위와 기예, 즉 퍼포먼스에서 일어난다. 피겨 요정 김연아의 환상적인 트리플 점프가 그녀의 머리로 이루어지는 것이라고 여기는 사람은 아무도 없다. 몸을 혹독하게 반복 훈련시켜서 발끝과 허리 등에 향락이 발생됐을 때 몸은 그것(향락)을 발생시키기 위해서 저절로 트리플 점프를 하게 되는 것이다.

몸으로 일정한 형식을 수행하는 예도 이와 같다. 시습, 즉 '날마다 몰랐던 바를 깨닫고 달마다 할 수 있는 바를 잊지 않는' 반복되는 배움은 고통스럽기는 하지만, 향락 때문에 그래도 기쁘고 즐겁다. 여기서 우리는 원문의 '역'(亦)자를 눈여겨볼 필요가 있다. '역'자는 접속사로서 우리말의 '~이기도 하고, ~이기도 하다'라는 뜻으로 번역되는데, 한문에서는 접속사가 부사어의 의미를 겸하는 경우가 많다. 따라서 이 '역'자를 '힘들지만 그래도'로 풀어야 공자가 의도한 문맥을 살려낼 수 있는 것이다. 힘들게 반복 연습해서 몸에 자연스럽도록 익힐 때 오는 즐거움이 '열'(說)이고 이것의 본질은 곧 향락(jouissance)이다.

당나라 시인 두보(杜甫)의 시 중에 「조추고열퇴안상잉」(早秋苦熱堆案相仍)이라는 율시가 있다. 제목을 번역하자면 '초가을 늦더위로 더워 죽겠는데 책상 위에는 공문만 쌓이고'쯤 될 것이다. 이 시의 마지막 네 구절만 옮기면 다음과 같다.

> 관복 입은 것만으로도 미칠 것 같아서 크게 울부짖고 싶은데
> 공문서는 무에 그리 급하게 자꾸 오는지.
> 남쪽을 바라보니 푸른 솔 깎아지른 절벽 위에 걸쳐 있는데
> 어떻게 해야 벗은 발로 켜켜이 언 얼음을 밟아볼 수 있으려나.
> (束帶發狂欲大叫, 簿書何急來相仍.
> 南望青松架短壑, 安得赤脚踏層冰.)

마지막 미련(尾聯)의 두 구절에서 두보는 절벽 위에 걸쳐 있는 푸른 소나무의 시원한 시각적 감각과 두꺼운 얼음 위를 맨발로 딛는 차디찬 촉각을 묘사하고 있는데, 이 구절만 본다면 표현이 진부

하다고까지 말할 수 있다. 그래서 일부 비평가들은 이를 두보가 놀이삼아 쓴 시 정도로 치부하면서 높이 평가하지 않는다. 시의 제재상으로 보면 너무나 일상적이기 때문에 그렇게 보이기도 한다. 그러나 여기서 우리가 눈여겨봐야 할 경구는 다름 아닌 '관복 입은 것만으로도 미칠 것 같아서 크게 울부짖고 싶다'(束帶發狂欲大叫)이다. 즉 무더위에 벗고 싶어도 벗을 수 없는 관복의 속박이 없다면 미련의 시원한 감각적 표현이 불가능하겠기 때문이다. 그러니까 속박된 고된 경험 속에 이미 해방의 쾌감이 잉태돼 있었던 셈이니 이것이 바로 향락이다.

슬라보예 지젝의 저서 『죽은 신을 위하여』(*The Puppet and the Dwarf, the Perverse Core of Christianity*)의 내용을 보면 '정통파의 가슴 설레는 로맨스'(thrilling romance of orthodoxy)라는 장절이 있다. 그는 여기서 이른바 조건부 행복의 교리를 설명하고 있는데, 아주 거칠게 말하자면 어떤 우연한 조건을 자발적으로 받아들일 때 행복이 시작된다는 것이다.[3] 어떤 우연한 조건을 자발적으로 받아들인다는 것은 주체가 원치 않는 일을 하는 것이나 마찬가지이므로 기실 속박에 다름 아니다. 이 속박에 스스로 복종하는 것을 이른바 거세라고 하는데, 이것이 행복의 조건인 셈이다. 이것을 지젝은 "행복의 대가는 주체가 자기의 욕망의 모순에 갇혀 있는 것이다"[4]

3 이에 관해서는 슬라보예 지젝 지음, 김정아 옮김, 『죽은 신을 위하여』(서울: 도서출판 길, 2007), 59~96쪽을 참조하기 바람.

4 같은 책, 73쪽에서 인용.

라고 요약하였는데, 쉽게 말하자면 원치 않는 것을 원할 수 있어야 행복할 수 있다는 것이다.

두보 시의 '속대'(束帶)는 곧 '관복의 허리띠를 단단히 묶다'라는 뜻으로서, 이는 정권의 체제와 그 형식에 복종함으로써 거세되었다는 뜻이다. 이렇게 하면 정권의 틀(체제) 안에서 하나의 자리가 그(주체)에게 부여됨으로써 그 틀은 그가 속한 세계가 됨과 아울러 그 세계로부터 보호를 받는 행복감을 얻게 된다. 즉 주체는 거세와 동시에 자신이 그 속에 거할 수 있는 틀을 얻게 된다는 말이다. 그러므로 최초의 조건인 속박의 틀을 거부한다면 그 위에 지어진 틀도 유지할 수 없게 된다. 구약성경 『창세기』에서 카인이 동생 아벨을 죽인 후 야훼 앞에 나타나지 못하고 숨은 이유가 바로 탐욕을 속박하는 일에 실패함으로써 자신을 감싸주던 틀이 무너졌기 때문이다. 언젠가 어느 여자 연예인이 이른바 성상납에 시달린 나머지 자살한 안타까운 사건이 있었는데, 나중에 흘러나온 소문에 의하면 성상납을 받은 사회 지도층 인사들이 입에 올리기도 남우세스러운 변태 짓을 그 여배우에게 저질렀다고 해서 사회가 한때 시끄러웠던 적이 있었다. 사람들은 어떻게 점잖은 사람들이 자기 딸 같은 젊은 여인에게 그런 짐승 같은 짓을 할 수 있느냐고 흥분하였지만, 카인과 마찬가지로 정욕이나 탐욕을 억제하지 못한 사람들에게는 그들이 행복감을 느끼며 살게 해주는 틀이 사라졌기 때문에 그들에게 남은 선택은 두 가지뿐이라는 사실을 알아야 한다. 하나는 카인처럼 숨어서 공포에 떠는 것이고, 다른 하나는 통제 안 되는 정욕을 지속적으로 만족시키기 위해 변태 짓을 계속하는 것이다. 이렇게 하지 않으면 그들은 근본적으로 버틸 수가 없다. 앞서 지젝이 '정통파의 가슴 설레는 로맨스'라고 말한 것은 바로 원치 않는 것을 원할 수 있는 자발적인 속박이 가져다주는 행복을 지칭하는 것이었다. 중국에서는 예가 이러한 로맨스를 생성해주는 속박으로 기능했음은 자연적으로 이해할 수 있게 된다.

제4장

‘배운 것’(學)은 몸으로 ‘반복해서 익혀야’(習) 인을 ‘즐겁게’(說) 실천할 수 있다

진실한 마음은 어떤 것인가

예가 갖는 속박성은 과도한 욕망을 제어하여 사회성을 유지하는 기능을 수행하기도 하는데, 그 근본적인 원리는 사람과 사람 사이의 거리를 유지하는 데 있다. 예를 수행(perform)하여 적절한 거리가 유지되면서 그 사이에서 감응이 느껴질 때 그것이 곧 인이므로, 인이란 형이상학적인 것이 아니라 생성되는 감성적인 것이다. 그래서 이를 지속적으로 유지하는 것은 말할 것도 없고 정의하는 것조차도 어렵다는 사실을 공자는 반복해서 에둘러 말하고 있다. 『논어』「이인편」(里仁篇)을 보면 "내가 가는 길에는 하나로써 [그것들을 일관되게] 꿰는 것이 있다"(吾道一以貫之)라는 구절이 있다. 여기서 목적어인 '지'(之)는 공자가 일상적으로 사유하고 행동하는 방식, 즉 '길'(또는 도)에서 마주치게 되는 수많은 사건들, 즉 실재계를 가리킨다. 다시 말해서 공자는 일정한 규범을 가지고 자신의 길을 가지만 그 길에서도 예기치 않은 많은 사건들을 만날 수밖에 없을 것인즉, 이를 적절히 처리하고 가려면 사건마다 각각의 대처법이 있어야 하는데 여기에 일관된 원칙이 있다는 것이다. 당시에 증삼(曾參)은 이 일관된 원칙을 구체적으로 적시하여 '충서'(忠恕)라는 말로 다른 제자들에게 해석해주었다. 주자(朱子)는 이 '충서'에 주를 달아 "자신의 마음을 다하는 것을 충이라고 하고, 자신의 처지로써 남을 헤아리는 것을 서라고 한다"(盡己之謂忠, 推己之謂恕)고 해석하였는데, 이를 한마디로 정의하자면 '진실한 마음'이다. 이 진실한 마음이란 주체 자신의 시각만으로 성립하는 것이 아니고 타자의 시각이 개입돼야 하므로 증삼이 '서'를 언급한 것이다.[1] 이 진실한 마음이란 매우 감성적인 것인 데다가 주체와 타자의 시각이 언제나 균형 잡혀 있어야 하므로 공자의 말대로 하나같이 일관되게 유지하기가 쉽지 않다. 무엇이든지 일정한 상태로 유지하려면 일단 형태에 의지해서 존재하게 해야 하는데, 이 기능을 하는 것이 예다. 앞서 설명한 바와 같이, 예는 형식체계이므로 이 형식의 수행에서 '진실한 마음'은 유지될 수 있다는 말이다. 「팔일편」에서 "임금을 섬기면서 예를 다하면, 사람들은 이를 아첨하는 것이라고 여긴다"(事君盡禮, 人以爲諂也)라고 공자도 고백했듯이, 예도 가식적인 아첨이라

1 이에 관해서는 김근 지음, 『한시의 비밀』(서울: 소나무, 2008), 86~88쪽을 참조하기 바람.

고 오인 받을 수 있긴 하지만 그래도 이것 없이는 그나마도 유지하기 힘든 것이 사실이다. 예라는 것이 형식적이고 가식적이라서 믿을 수 없다고 치부해버린다면 진실한 마음을 담을 그릇은 현실적으로 존재하지 않는다.

『논어』「공야장편」(公冶長篇)을 보면 다음과 같은 공자와 자장(子張)의 대화가 나온다.

> 자장이 물었다. "[초나라] 재상이었던 손숙오(孫叔敖)는 세 번씩이나 재상 자리에 나아갔어도 기뻐하는 얼굴빛이 없었고, 세 번씩이나 그만두고 물러났어도 섭섭한 기색이 없었습니다. 또한 자신이 시행하던 재상의 업무를 하나도 빠짐없이 후임 재상에게 일러주었는데, 이 사람은 어떻습니까?" 선생님이 대답하셨다. "진실하다 하겠다." "인하다고 할 수 있습니까?" "[다른 것을] 아직 모르는데, 어찌 인하다고 말할 수 있겠느냐?" "최자(崔子)가 제나라 임금님을 시해하자 진문자(陳文子)는 수레 열 대의 힘밖에 없는 형편이라 모든 것을 포기하고 제나라를 떠나 다른 나라로 갔습니다. 그 나라에 도착해보고는 말하기를 '이곳도 우리나라 대부 최자와 같구나'라고 하고는 그곳을 떠났습니다. 또 다른 나라로 가서는 다시 말하기를 '이곳도 우리나라 대부 최자와 같구나'라고 하고는 그곳을 떠났습니다. 이 사람은 어떻습니까?"라고 물으니, 선생님께서 대답하셨다. "깨끗하다고 하겠다." "인하다고 할 수 있습니까?" "[다른 것을] 아직 모르는데, 어찌 인하다고 말할 수 있겠느냐?"

(令尹子文三仕爲令尹, 無喜色, 三已之, 無慍色. 舊令尹之政, 必以告新令尹. 何如? 子曰: 忠矣. 曰: 仁矣乎? 曰: 未知, 焉得仁? 崔子弑齊君, 陳文子有馬十乘, 棄而違之. 至於他邦, 則曰: 猶吾大夫崔子也. 違之. 之一邦, 則又曰: 猶吾大夫崔子也. 違之. 何如? 子曰: 淸矣. 曰: 仁矣乎? 曰: 未知, 焉得仁?)

인용문에서 언급된 손숙오와 진문자의 결정과 행위들은 분명히 신하된 자의 바람직한 모습임에 틀림이 없고, 뿐만 아니라 인이라고 규정할 수 있는 요소도 거기에 존재하는 것처럼 보인다. 그러나 이런 것들이 예를 통해 드러난 것인지, 또는 설사 예를 통해 나온 것이라고 하더라도 그들의 삶이 예에 의거하고 있는지를 확인할 길이 없으므로 공자는 '다른 것을 아직 모르기'(未知) 때문에 인하다고 단정 지을 수 없다고 말한 것이다. 뒤에서 다시 설명하겠지만 중국 고대인들에게 예란 삶 자체를 규정해주는 코드다. 예의 바깥 부분에서의 삶은 상정하고 있지 않았으므로, 예와 함께 있는 한 언제나 인이라는 감응 속에 살 수 있었다. 앞서의 「이인편」에 보면 군자는 인을 떠나서는 군자의 이름을 이룩할 수 없으므로 "군자는 밥 한 끼 먹을 시간에도 인을 떠나 있어서는 안 되며, 위급한 상황에도 여기에 거해야 하고 넘어지고 자빠지는 찰나에도 여기에 있어야 한다"라고 설파하는 구절이 있는데, 이로써 예가 단순히 사람을 문화적으로 보이게 해주는 의례를 넘어 삶 자체를 영위하게 해주는 구체적인 '길'이었음을 알 수 있다. 여기서 '위급한 상황'을 원문에서는 '조차'(造次), '넘어지고 자빠지는 찰나'를 '전패'(顚沛)라고 각각 표현하였는데, 전자는 전쟁이나 난리 같은 사건이 발생해서 군대가 야전에 나가 군영을 설치하고 싸우는 비상상태를 말하고, 후자는 길을 가다가 돌부리 같은 데 걸려 넘어지는 상황을 가리킨다. 예가 단순한 의례라면 일반적으로 이런 상황에서는 편의상 생략할 수도 있겠지만, 위급한 상황의 시간도 분명히 삶의 일부인 이상 이를 규정하고 지배하는 예는 생략되거나 떠나 있을 수가 없다는 것이다. 따라서 손숙오와 진문자의 행위들이 훌륭하긴 하지만, 그들의 삶이 '조차'와 '전패'와 같은 상황에서도 예에 의거했는지를 알 길이 없기 때문에 '인하다'고 규정할 수 없다는 말이다.

백이(伯夷)와 숙제(叔齊), 왜 인의 상징인가

예가 인을 생성시키기는 하지만 그것이 진실한 마음에 기반을 두고 있는가를 확신하기에는 한계가 있음은 앞서 설명한 바와 같다. 그러나 하나 분명한 것은 일정한 형식(텍스트)을 반복하는 주체는 궁극적으로 그 형식이 만들어내는 의미에 사로잡히거나 감염된다는 사실이다. 이를테면 어린이의 성장은 그가 처한 교육 환경에 의해 크게 영향을 받는다는 것은 이미 잘 알려진 일이 아니던가? 또한 우파적 내용을 담은 영화에 많이 출연한 배우가 나중에 우파 정치인이 되고, 좌파적 성향의 영화에 자주 등장한 배우가 후에 좌파 정치인이 된 예를 우리 주위에서 흔히 보는데, 이는 그들이 자주 접하는 영화라는 텍스트 형식에 영향을 받은 대표적인 예라고 하겠다. 예는 궁극적으로 인을 생성하기 위한 형식체계이므로 이를 반복하며 사는 주체에게는 진실한 마음이라는 자질이 갖춰질 가능성이 크다. 「학이편」(學而篇)에서 공자는 인의 근본을 효(孝)와 제(弟), 즉 효심과 우애심으로 보았다. 어떤 주체에게 이 두 가지 자질이 갖춰져 있다면 그는 예에 삶을 맡겨 산다고 말할 수 있다는 말이다. 효와 제라는 자질은 예가 생성하는 감응의 결과지만, 주체는 이것이 유지되게 하기 위해서 계속 감응 상태에 있으려 하므로 저절로 예의 행위를 수행하게 된다. 왜냐하면 감응이란 본질적으로 앞서 말한 바의 향락(주이상스)의 속성을 갖고 있기 때문이다.

그 대표적인 예를 우리는 백이와 숙제에게서 찾을 수 있다. 이들 형제의 이야기는 잘 알려져 있지만, 그 대강을 정리하면 다음과 같다. 백이와 숙제는 고죽군(孤竹君)의 두 아들이었는데, 고죽군이 죽으면서 동생인 숙제가 자리를 물려받으라고 유언을 남겼다. 숙제가 형인 백이에게 자리를 양보하려고 하자 형은 '아버지의 명령이다'라는 말을 남기고는 달아나버렸다. 그러자 숙제도 또 달아나버리니까 도성 사람들이 하는 수 없이 가운데 아들을 임금으로 세웠다. 나중에 주나라 무왕이 폭군인 은나라 주를 토벌하려 할 때에 백이와 숙제는 그의 말고삐를 잡고서 신하가 임금을 칠 수는 없다고 말렸다. 끝내 무왕이 주를 멸망시키자 두 형제는 주나라 땅에서 나는 곡식을 먹는 게 부끄럽다며 수양산에 들어가 숨어 지내다가 굶어 죽었다는 것이다. 여기서 백이가 동생의 양위를 받아들여 임금이 됐다면 아버지의 명을 어긴 것이 되므로 마음이 불안했을 것인즉, 자신의 마음이 편한 쪽을 택했으므로 이는 효라고 말할 수 있다. 숙제의 입장에서 보면 형이 달아났는데도 동생이 그대로 임금 자리에 있으면 역시 불안할 것이므로 자신도 달아났다. 동생 역시 자신의 마음이 편한 쪽을 선택했으므로 이는 제(우애심)라고 말할 수 있다. 그러므로 백이와 숙제는 함께 인을 실천한 셈이 된다.

공자가 인의 근본을 효와 제로 본 것은 이 두 요소가 사회생활에 가장 중요한 기초가 되기 때문인데, 이 두 요소가 갖는 사회적 의미는 궁극적으로 각각 '[질서를] 어기지 않음'과 '[남들과] 다투지 않음'을 뜻한다. 앞서 말한 백이와 숙제의 고사는 그들이 이미 예의 수행에 익숙해져서 그 감응대로 살아왔기 때문에 가능했던 것이다. 즉 폭군이긴 하지만 그래도 임금인데 신하가 이를 치는 일은 옳지 않다고 무왕을 말린 일은 '어기지 않음'(효)이고, 무왕이 백성을 구한다는 명분 아래 끝내 하극상을 저지르자 누구도 원망하지 않고 자신이 할 수 있는 일을 한 것, 즉 수양산에 들어가 은둔한 것은 '다투지 않음'(제)에 해당한다고 볼 수 있다.

공자는 「공야장편」에서 이를 "백이와 숙제는 지나간 옛날의 악행에 마음을 두지 않았으니, 원망이라는 것을 해본 일이 별로 없었다"(伯夷叔齊不念舊惡, 怨是用希)라고 표현하였는데, 여기서 '지나간 옛날의 악행에 마음을 두지 않았다'는 말은 이미 저지른 악이란 고치면 되는 것인데 왜 굳이 질서를 어지럽혀가면서까지 악을 바로잡으려 하는 것이냐는 반문이 들어 있다. 사회를 유지하는 질서란 그 기원이 아버지의 법인즉, 이를 지키는 것은 곧 효를 실현하는 일인 반면 이를 어지럽힌다면 다시 법을 세우기가 어렵다는 말이다. 무왕이 다시 법을 세우려면 명분이 부족하므로 결국은 또 다른 무력을 사용해서 다스릴 수밖에 없다는 역설적인 결론에 도달한다. 그럼에도 불구하고 무왕은 간언을 듣지 않고 주를 치러 나갔는데, 백이와 숙제를 이를 또 굳이 막겠다면 그들도 하는 수 없이 무력을 써야 할 테니, 이 역시 또 다른 하극상으로서 그들로서는 차마 할 수 없는 일이었을 뿐 아니라, 옳은 일을 명분으로 이웃이나 동지들과 다퉈야 하는 일이 되므로 전혀 우애롭지 않은 일로 전락한다.

이러한 딜레마로부터 벗어나는 방법은 예에 근거하는 것밖에는 없다. 그러나 당시의 예가 아무리 삶 자체를 안내하는 형식과 규정이라지만 반란 사건이 발생했을 때에는 어떻게 처신하라는 구체적인 사항까지 지시하고 있지는 않았을 것이리라. 그렇다면 의지할 것은 다른 것이 아닌 인이라는 감응이다. 인의 감응은 효와 제의 행위를 규정하는 예를 통해 생성된다. 즉 위와 같은 아버지의 법을 어기지 않고 형제와 다투지 않으려면 그곳을 떠나는 수밖에 없다. 앞서의 제나라 진문자처럼 다른 나라로 갈 수도 있지만 그가 이미 닥쳐봤듯이 다른 나라로 가봐야 결국은 반복해서 똑같은 상황을 만나게 되는 것이 사람 사는 세상의 운명이다. 그래서 이 반복의 고리를 끊으려면 산으로 들어가는 수밖에 없는 것이다. 이러한 행위는 예에 의해 생성된 의미와 가치에 따르는 것이므로 이에 대해서 어떤 원망도 있을 수 없다. 이에 대해서 공자는 「술이편」에서 "인을 찾던 사람이 [마침내] 인을 찾았는데, 누구를 또 원망하겠는가?(求仁得仁, 何怨?)라고 말했는데, '인을 찾다'라는 말은 곧 예의 감응을 유지하려 했다는 의미로 분석할 수 있다. 그렇다면 어떤 이는 감응과 같은 순간적인 의미에 목숨을 건다는 사실이 너무 허무하지 않느냐고 반문할지도 모른다. 물론 속성상으로 보자면 감응이 순간적인 의미에 불과할 수도 있겠지만 존재가 기실 환영 위에 세워진 것이라는 사실을 받아들인다면 순간 속에 역설적으로 영원이 존재함을 인정하지 않을 수 없을 것이다. 공자가 "아침에 도를 들으면 저녁에 죽어도 괜찮다"(朝聞道, 夕死可矣)라고 한 말의 저의에도 이 전제가 깔려 있었으리라. '듣다' 안에 이미 순간의 감각이 들어 있고 이는 곧 죽음을 초월하는 영원으로 통한다는 말이다. 이를 비유하자면, 병사가 평소 훈련할 때에는 군가를 악으로 불렀을지 모르지만, 풍전등화의 위기에 내 몸을 던질 것이냐 말 것이냐를 놓고 갈등할 때 우연히 들려오는 군가의 감응은 병사의 마음을 결연하게 만들어 과감히 적진 속으로 뛰어들게 한다. 이때 죽음 속으로 뛰어드는 병사가 설마 군가를 가르친 훈련소 교관을 원망하겠는가?

예가 생성하는 환영적 실체의 힘

인이라는 감응의 속성이 기실 시뮬라크르에 불과하다는 앞의 말에 오해가 있을 성싶어 약간 보충할 필요가 있겠다. 지젝은 라캉의 라멜라의 신화를 설명하면서 『이상한 나라의 앨리스』에 등장하는 '고양이 없는 미소'를 비유로 들었다. 즉 "좋아!"라는 말을 남기고 고양이가 천천히 사라졌는데, 꼬리 끄트머리부터 나머지 모든 것이 사라지고 나서도 미소는 얼마간 남아 있었다는 것이다. 고양이는 사라지고 없는데도 미소가 얼마간 남아 있다는 사실을 그는 '존재한다'(exist)라고 하지 않고 '존속한다'(in-sist)고 표현하였다. 이 존속함은 당연히 "비실재적이고 유사존재이며 환영적"이다.[2] 지젝은 프로이트의 강박적으로 반복을 고집하는 죽음의 충동을 이것으로써 설명하였다. 이와 같은 존속함의 또 다른 예가 섹슈얼리티다. 라캉이 일찍이 "성 관계는 없다"고 설파했듯이 인간의 성은 결핍 위에 만들어졌다. 다시 말해서 앞의 고양이 없는 미소처럼 섹슈얼리티는 존재하지 않는다는 것이다. 존재하지도 않는 섹슈얼리티가 남아 있다면 그것은 존속하는 것일진대, 이것은 아무것도 없는 결핍(또는 상실) 위에다 두 개의 대립적인 성적 차이를 만들어서 생성해낸 향락이 그 본질이라는 것이 거칠게 정리한 지젝의 설명이다. 그러니까 존속이라는 것은 주체가 성적 차이로 특징지어지는 상징체제로 들어갈 때 상실한 것을 구현해낸 환영적 실체인 것이다. 여기서 '상실한 것을 구현했다'고 말했지만 이는 기실 처음부터 결핍됐던 것을 생성해냈다는 뜻이다. 상실이란 원래 상실한 적이 없는 것을 상실했다는 뜻이기 때문이다. 그래서 섹슈얼리티를 '환영적

---

2 지젝(2007), 97쪽.

실체'라고 말한 것이다.

예의 본질과 기능도 이와 같은 방법으로 설명할 수 있다. 앞서 설명한 바와 같이 예는 상징, 또는 그 체계다. 이것은, 앞에서 설명한 바와 같이, 세계를 구성하고 아울러 이를 운영하기 위한 질서의 틀을 형성하기 위한 것이므로 자연 상태의 사물들은 적절히 분절시킨 후 다시 구성해야 한다. 이를테면 자연은 원래 방위가 없는 상태지만 사방을 네 방위로 나누면 동서남북의 사방과 천지의 위아래로 이루어지는 이른바 육합(六合)의 우주가 구성된다. 그리고 이 우주에서 임금은 햇볕이 드는 남쪽을 향해 앉게 하고 신하와 백성 등 아래 사람들은 볕을 등지고 북쪽을 향해 서게 하면, 이 상징적 형식으로부터 사회적 귀천의 구분이 자연적으로 생기고, 이로부터 더 나아가 피라미드 구조의 신분 사회를 형성하게 된다. 뿐만 아니라 이런 사회를 운영하려면 정서적인 틀도 필요한데, 이를 위해서는 행위도 절도 있게 분절해서 예의범절을 만들어야 한다. 이를테면 문을 드나들거나 밥을 먹을 때 반드시 어른보다 뒤에 하도록 순서를 구분지어 놓으면 겸양의 정서가 생긴다. 이처럼 귀천의 구분과 겸양의 덕 같은 질서와 관념을 예라는 상징체계가 처음부터 구체적으로 지시하거나 기획한 것은 아니지만 주체가 이 체계를 받아들이고 이를 수행할 때 그전에 없던 것이 생긴 것이다. 이러한 것은 생성되었다는 점에서 니체의 개념으로 말하자면 힘이라고 정의할 수 있는데, 이 힘은 결코 반응적(reactive)이 아니라 적극적(active)이라는 사실이다. 니체에 의하면 힘은 결코 고립된 채로 고

려될 수 없으니, 언제나 "힘의 개념은 다른 힘과 관계 맺고 있는 어떤 힘의 개념이다."[3] 따라서 "힘의 의지는 [한 힘을 다른 힘과] 차이 나게 해주는 동시에 발생하게 해주는 발생론적 요소이다."[4] 쉽게 말해서 힘은 언제나 두 힘 사이의 관계에서 발생하는데, 이 둘 사이의 관계가 어떠한가에 따라서 힘의 효과는 전혀 다르다는 것이다. 이를테면, 주인과 노예 사이에 생성되는 힘일지라도 둘 사이의 관계에 의해서 분명한 차이가 생겨난다. 즉 둘이 상호 긍정의 관계일 때와 상호 부정(또는 지배와 피지배)의 관계일 때 생기는 힘의 차이는 클 수밖에 없다. 그래서 니체는 전자를 '적극적', 후자를 '반응적'이라고 규정하였던 것이다.

고대 중국인들이 예제(禮制) 속에 살았다는 것은 그 상징체계를 천륜으로 여기고 적극적으로 수용했다는 뜻이므로 그들은 이 속에서 적극적 힘을 느끼며 살았음을 의미한다. 오늘날 우리는 충효 · 정절 · 겸양 등의 윤리적 정서를 봉건적 덕목으로 치부하는 경향이 있지만 이들은 어디까지나 자발적이고 적극적인 것이었지 결코 억지로 하는 반응적인 것이 아니었음이 이를 입증한다. 그렇다면 이러한 적극적인 정서는 예를 통해서 마치 전에 상실한 것을 다시 구현해 찾은 것 같은 힘의 효과가 발생한다. 이러한 효과 때문에 예 자체를 수행하는 즐거움이 생기는 것이니, 이는 예에 대한

3 서동욱 지음, 『들뢰즈의 철학』(서울: 민음사, 2002), 112쪽에서 재인용.

4 같은 책, 112쪽에서 재인용.

복종, 즉 거세를 전제로 한다. 거세를 거부하면 당연히 이러한 힘의 생성과 즐거움을 향유할 수 없음은 말할 것도 없다. 이를테면, 우리가 게임을 즐길 수 있는 것은 게임의 룰을 철저히 지킬 때 가능하다. 장기는 판 위의 말들이 정해진 룰대로 움직일 때 재미가 생겨나는 것인즉, 룰을 어기면 이미 게임은 의미가 없다. 내가 장기판에서 "장군!"을 불렀는데 외통수에 걸린 상대방이 "너는 궁을 먹어라. 나는 궁 없이 장기를 계속 두겠다"고 한다면 무슨 재미가 있겠는가? 요컨대 장기의 룰이라는 상징체계 속에 들어가야 재미가 생겨나는 법인데, 이 재미는 원래 존재했다가 상실된 것이 아니지만 마치 상실한 것을 되찾은 듯한 즐거움을 준다. 마치 사랑하는 연인을 만난 사람이 잃어버린 자신의 반쪽을 찾은 것처럼 여기듯이 말이다.

논리는 왜 변절하는가

이렇게 백이와 숙제의 행위가 일관될 수 있었던 것은 예라는 형식 때문에 가능했다. 이것이 바로 앞서 인용한 공자의 "내가 가는 길에는 하나로써 [그것들을 일관되게] 꿰는 것이 있다"라는 말의 참뜻이다. 오늘날에는 관념적인 이론과 과학적인 논리로써 옳고 그름을 판단하고 또 진실을 주장하는 것이 주된 경향인데, 이러한 방법으로 정의를 주장하면 설득력이 있는 것은 사실이지만 이런 사람들이 정작 나중에는 스스로 자신이 주장하던 정의를 저버리고 변절하는 것을 역사나 우리 주위에서 흔히 볼 수 있는 것도 사실이다. 그래서 과학적 논리와 이론에만 의지하면 담론의 한계를 넘지 못하는 것이다. 이것은 예와 같은 형식체계를 통해서 감각적으로 몸에 익히지 않았기 때문에 생긴 후과이다. 즉 '배우기'(學)만 하고 '[때에 맞춰] 거듭해서 익히지(習)' 않았기 때문이라는 말이다. 앞서 힘들게 반복 연습해서 몸에 자연스럽도록 익힐 때 오는 즐거움이 '열'(說)이라고 하지 않았던가?

이 '즐거움'(說)은 앞서 말한바 적극적인 힘으로서, 이 힘을 실현하고자 하는 의지에서 주체는 삶을 이어가는 것이다. 이것이 곧 인의 본질인데, 이는 앞서 설명한 바대로 상호 긍정적일 때 생성된다. 이를테면, 임금과 신하는 각각 인자한 마음과 공경하는 마음으로 대함으로써 인(仁)－경(敬) 관계를 수립하고, 아버지와 아들은 각각 자애로운 마음과 효성스런 마음으로 대함으로써 자(慈)－효(孝) 관계를 세우며, 사람과 사람은 상호 믿음으로써 신뢰관계를 형성하는 것 등이다. 그러니까 인이 감응이라면 이를 생성하는 힘은 예에서 나오는데, 예를 수행하는 개인적인 능력을 우리는 덕이라고 부르는 것이다. 따라서 사람들은 인을 직접적인 목적으로 삼기보다는 앞서의 관계를 형성시키기 위한 예의 수행 능력, 즉 덕을 기르도록 수양하면 되는 것이다. 예가 비록 절제와 금욕에서 출발하긴 했지만, 덕의 수양 정도에 따라 감응의 힘이 발생하므로 니체가 말한바 억압에 의한 적개심이나 오이디푸스 같은 것이 발생하지 않는다. 중국인의 세계관 · 논리관 · 가치관 등을 알아보고자 할 때 예로부터 시작하는 것은 이 때문이다.

『논어』「팔일편」에서 자하가 『시경』의 구절에 대해 질문하였는데, 공자가 "그림을 그릴 때에는 먼저 색채를 칠한 다음 맨 나중에 흰색으로 윤곽을 그려 마무리한다는 뜻이다"(繪事後素)고 설명하자, 자하가 "예가 마무리란 뜻입니까?"(禮後乎)라고 되물어본다. 우리나라 불교 사찰에 가면 벽에 여러 가지 탱화가 그려져 있는 것을 볼 수 있는데, 그림의 대상들이 모두 채색된 후에 흰색으로 윤곽을 그려 마무리한 방식으로 돼 있다. 이것이 고대 중국의 회화 방식인데 바로 이러한 흰색의 윤곽선을 통해서 대상의 모양을 반듯하게 드러내는 것처럼, 예도 궁극적으로 개인의 행위를 명확하게 의미화해주는 윤곽선의 기능을 한다는 것이다. 뿐만 아니라 건축이나 공작에서 마감재가 예술성을 결정짓듯이 예가 존재의 개성을 결정지어주기도 한다.[5] 왜냐하면 예를 구체적으로 어떻게 수행하느냐에 따라, 달리 말하면, 덕의 수양 내공에 따라 그 힘이 다르기 때문이다.

---

5 김근(2008), 157쪽 참조.

예의 개별성은 수행(파롤)에서 온다

언어학적 개념으로 말하자면 예의 수행은 랑그가 아니라 파롤에 속한다. 즉 예의 구체적인 수행에서 개성적인 감각이 생성되고 이것이 인을 드러내는 힘의 기초가 된다. 들뢰즈가 "예술은 우리를 우리 자신으로부터 해방시켜 질료를 따르게 한다는 점에서 감각적인 생성이다"[6]라고 말한바 있는데, 여기서 질료가 곧 파롤이자 예의 수행 감각과 같은 것이다. 「팔일편」에 보면 다음과 같은 공자의 말이 있다.

> 하나라의 예를 나는 언술할 수 있지만 [하나라의 후손인] 기(杞)나라가 이를 입증해주기에 부족하다. 은나라의 예를 나는 언술할 수 있지만 [은나라의 후손인] 송나라가 이를 입증해주기에 부족하다. 전적(典籍)과 현자들이 충분하지 못하기 때문이니, 충분하다면 나는 그것을 입증할 수 있다.
>
> (夏禮吾能言之,杞不足徵也, 殷禮吾能言之, 宋不足徵也. 文獻不足故也. 足則吾能徵之矣.)

하나라와 은나라의 예가 어떤 모습이었는지 공자는 말로 서술할 수 있긴 한데, 이것이 실제와 정확히 일치하는지를 입증하려면

6 클레어 콜브룩 지음, 백민정 옮김, 『질 들뢰즈』(서울: 태학사, 2004), 121쪽.

증거가 있어야 한다. 증거가 될 만한 것으로는 이를 기술한 전적이 있을 수 있고, 또는 그 예를 직접 실천하는 사람, 즉 현자가 있을 수 있다. 공자는 전자를 문(文), 후자를 헌(獻)이라고 각각 불렀다. 그런데 안타깝게도 전적도 없어졌을 뿐만 아니라 후손들이 못난 나머지 기나라와 송나라에 이를 실천하는 현자도 없었던 모양이다. 「위정편」에서 자장이 열 세대 이후의 일을 미리 알 수 있느냐고 물었을 때, 공자가 "은나라는 하나라의 예에 바탕에 두었으므로 덜고 더해진 바가 있긴 하지만 [은나라의 모습을] 알 수 있다. 주나라는 은나라의 예에 바탕을 두었으므로 덜고 더해진 바가 있긴 하지만 [주나라의 모습을] 알 수 있다. 어느 나라가 주나라를 계승하는 경우가 있다면 비록 백 세대 이후라도 [그 모습을] 알 수 있을 것이다"(殷因於夏禮, 所損益, 可知也. 周因於殷禮, 所損益, 可知也. 其或繼周者, 雖百世,可知也)라고 대답했다. 여기서 공자가 말하는 예란 당시의 세계를 구성하는 틀, 즉 전체적인 체제로서의 예를 지칭한다. 백 세대가 지나도 현저한 변화가 없는 큰 틀의 예라면 이것은 어디까지나 랑그적 개념으로 말한 것으로서, 그 앞의 인용문에서 공자가 하와 은의 예를 언술할 수 있다고 말한 경우와 정확히 같다.

언어에서 파롤이 없는 랑그는 관념 속에만 있을 뿐이어서 개인(주체)에게는 아무런 영향도 끼치지 못하는 것처럼, 수행하는 사람이 없는 예란 아무런 의미가 없음을 공자는 한탄하였던 것이다. 롤랑 바르트도 신화는 파롤에서 나온다고 하지 않았던가? 1960년대에 히트한 후 아직까지도 대중들의 사랑을 받는 가요 「돌아가는 삼각지」의 신화는 악보에서 나온 것이 아니라 작고한 가수 배호의 목소리에서 나왔다는 말이다. 그렇다면 앞의 인용문에서 공자가 강조하고 싶었던 것은 예를 수행할 줄 아는 '헌', 즉 현자의 중요성이었을 것이다. 예는 보편적인 것이지만 예의 감응은 현자의 직접적인 수행에서 나오는 것이므로 이때의 현자는 곧 특이성(singularity), 또는 개별성을 상징하게 된다. 왜냐하면 특이성은 감응에 근거하기 때문이다. 예는 극기, 즉 자신의 욕망을 억제하는 것이므로 개성을 억압한다는 비판이 있지만, 예가 특이성을 생성한다는 측면에서 본다면 그러한 비판은 예의 특정한 부분에만 초점을 맞춰본 결과라는 역비판을 면할 수 없을 것이다.

공자가 예를 중시했던 것은 예를 통해 인과 같은 적극적인 힘을 생성시켜 이로써 세계를 유지해나가려고 했던 것인데, 이 힘은 아무리 작은 힘이라도 긍정하는 의지, 다시 말해서 개별성의 긍정에 근거한 것이므로 집단을 지배해야 하는 정치권력에게는 불리하게 여겨질 수밖에 없다. 그래서 그들은 형이상학적인 완전한 세계를 구성하여 권력관계를 영원히 동결시키려고 했다. 중국인들은 자신들의 나라를 하화(夏華)로 부르기를 좋아하는데, '하'는 '큰 집'이란 뜻으로서 자신들이 구성한 큰 틀의 세계, 즉 예의 체제를 가리키고, '화'는 관직과 신분에 따라 다르게 입는 복장의 아름다움을 뜻하는데, 이것은 예의 화려한 겉모습을 지칭한다. 앞서 보았듯이 예의 힘은 수행상의 감응(특이성)에서 비롯되는 것이지만, 정치권력은 이 힘의 개별성을 은폐하기 위하여 예를 수행하기 위하여 치장하는 복식 같은 질료의 힘으로 오인하게 만들었다. 마치 사랑의 징표인 반지가 비싼 보석일수록 사랑이 영원한 것이라는 믿음을 갖게 만드는 장사꾼들의 상술처럼 말이다. 이것은 예의 감응을 권력관계로 동결시키는 방법 중의 하나일 뿐이다.

제5장

말 밖의 말 길들이기

‘언외지음’(言外之音)의 향락 : 書堂乃早知, 房中皆尊物

앞에서 설명한 바와 같이 예의 본질은 형식적 틀이자 실천의 과정이다. 이러한 실천의 틀이 오랜 기간이 지나 관습이 되는데, 이때 사회의 구성원들은 이것이 원래는 인위적인 틀이었다는 사실을 잊고 일종의 천륜처럼 여기며 살아가게 되는데 이것을 우리는 문화라고 부른다. 이런 각도에서 본다면 예는 주체의 사회적 삶을 도식화한 규범이라고 정의할 수 있다. 삶을 도식화하는 것은 주체와의 갈등을 야기하게 되겠지만 그래도 예의 속성상 이 도식화는 계속 유지될 수밖에 없다. 그렇다면 이 도식화는 왜 필요한가? 이를 설명하기 위하여 『예기』에 기록된 도식화의 모습을 잠깐 살펴보기로 하자.

『예기』는 「곡례편」(曲禮篇)부터 시작한다. ‘곡’(曲)이란 ‘세세하고 구석진'이란 뜻이므로 곡례란 일상생활에서의 시시콜콜한 예절을 의미한다. 그래서 「곡례편」은 맨 먼저 지배계층인 사대부들의 일상적으로 취해야 할 자세부터 서술하는 것으로부터 시작한다.

> 공경하지 않는 경우가 없어야 하고, 장중하고 엄숙하게 생각하며, 말을 자상하고 명확하게 함으로써 백성들을 믿게 만들지니라.
>
> (毋不敬, 儼若思, 安定辭, 安民哉.)

'경'(敬)자를 자형대로 해석하자면 '회초리(攵, 또는 攴) 앞에서 구차하게 벌벌 떠는 모습(苟)'이므로, 매사에 공경해야 한다는 말은 두려워하고 조심해야 한다는 뜻이다. '장중하고 엄숙하게'라는 말도 공손하고 신중한 자세를 뜻하므로 행위뿐 아니라 생각할 때도 두려운 마음을 가져야 함을 강조하고 있다. 마지막으로 말하는 자세를 언급하고 있는데 이는 '자상하고 명확하게' 하라고 가르친다. 사대부들은 요즘 말로 하자면 사회 지도층 인사들이므로 이들의 말이 자상하고 명확해야 틀이 견고해지기 때문이다. 무슨 말이냐 하면, 세계를 구성하는 틀이란 기실 상징으로서 관념에 속하는 것이기 때문에 사람들이 그 존재를 파악하거나 감지하기가 어렵다. 그들이 상징적 틀의 존재와 속성을 감지하는 것은 틀을 구성하는 질료에 해당하는 사람들의 말과 행동을 직접 접함으로써 가능하다. 사회 지도층 인사들은 사회적 구조의 자리를 차지하고 있는 질료에 해당하므로 이들이 어떻게 행동하느냐에 따라서 틀에 대한 신뢰 여부가 결정된다는 말이다. 마지막의 '안민'(安民)이란 직역하면 '백성을 편안하게 만들다'라는 뜻으로서, 환언하면 백성들로 하여금 체제를 신뢰하게 만든다는 말이다. 따라서 이들의 일상적 행위와 사유의 행태를 규정해주는 일은 체제 유지에 매우 중요한 역할을 하므로, 『예기』는 이 구절부터 시작한 것이다. 여기서 사대부들이 지켜야 할 일상적 자세를 한마디로 개괄하자면 '자신을 억제하라'는 것인데, 도대체 억제라는 게 무슨 뜻인가? 이를 설명하기 위해서 라캉의 라랑그(lalangue, 또는 잔여)라는 개념에 대해서 잠시 알아보기로 하자.

우리가 일상에서 말을 할 때 자신이 전혀 뜻하지도 않았던 말을 나도 모르게 한 경우를 종종 경험한다. 이렇게 언어 안에는 우리의 통제를 벗어나는 어떤 예측 불가능한 요소가 존재하면서 불현듯 출현하곤 하는데, 이것 때문에 우리는 원하지 않던 말을 하거나 애초에 말하고자 했던 의도가 왜곡돼 표현되기도 한다. 이와 같이 언어라는 상징 틀을 비껴 나와서 그 바깥에 배설해버린 의미 부분을 라랑그, 또는 잔여라고 한다. 이 잔여는 주체의 무의식적인 욕망에 바탕을 두고 있으므로 진실에 속하기는 하지만, 자아의 입장에서는 철저히 통제돼 있어야 한다. 상상해보라. 질시와 분노의 눈으로 대하는 나의 속마음이 그대로 상대방에게 노출된다면? 그것도 직장 상사에게 말이다. 그래서 주체가 사회성을 유지하려면 잔여를 먼저 통제해야 하는 것이다. 잔여를 통제하려면 정상적인(사회적인) 의미를 주고받을 수 있어야 한다. 상대방이 싫거나 미워도 좋아하는 척할 수 있는 의미를 줄 수 있도록 말이다. 그러려면 사회적인 의미 생성 시스템, 또는 의미(상징) 체계가 있어야 하는데 그것이 바로 언어다. 즉 언어라는 상징체계가 주체 안에 확고하게 자리 잡아서 어법과 예법에 따라 오로지 사회적인 의미만을 생성하거나 전달할 때 잔여가 함부로 이 상징 틀 밖을 삐져나오지 못하는 것이다. 따라서 언어는 이 무의식적 욕망의 꼭대기에 자리 잡고 잔여를 통제하는 질서정연한 상부구조인 셈이 된다.

그러나 언어가 주체 안에 아무리 확고하게 자리 잡고 사회성을 유지하려고 해도 잔여는 언제나 기회를 노리고 있다가 통제가 느슨한 틈을 타서 튀어나오려 한다. 언어가 주체를 엄격히 통제해서 정 튀어나오기 어려우면 언어의 질서에 순종하는 척하면서 교묘하게 자신의 배설물을 뱉어낸다. 중국의 성어 중에 '지상매괴'(指桑罵槐)라는 말이 있다. 직역하면 "뽕나무에 대고 홰나무를 욕하다"라는 뜻인데, 비난하고 싶은 대상이 무서운 사람이므로 직접 대고 욕하지는 못하고 엉뚱한 사람에게 그에 대한 욕을 한다는 말이다. "종로에서 뺨 맞고 한강 가서 눈 흘긴다"는 우리 속담과 대략 같은 뜻이리라. 언어에서는 그 대표적인 예가 동음이의(同音異義)(또는 동음이어[同音異語]라고도 부름) 현상이다.

중국인들은 일상적으로 '하오'(好)라는 말을 입에 달고 산다. '하오'는 한자로 '좋을 호(好)'자이므로 기본적으로 '좋다', '알았다', '그렇게 하자' 등의 긍정적인 의미로 쓰이는 경우가 많다. 그래서 어떤 사업상의 관계자에게 청탁을 했을 때 그 사람이 '하오!'라고 대답하면 우리는 그 청탁이 받아들여진 것으로 알고 좋아한다. 그러나 나중에 보면 그것이 거절의 뜻이었다는 사실을 알게 되면 실망하는 경우가 종종 있는데, 이는 동음이의 현상에 익숙하지 않아서 생기는 일이다. 중국인들이 또 하나 자주 쓰는 말 중에 '뿌하오이쓰'(不好意思)라는 말이 있다. 우리말로 '난처하다', '부끄럽다' 정도 되는 뜻인데, 명분과 체면을 중시하는 그들의 문화에서 상대방의 부탁을 쉽게 거절하지 못하는 불편한 마음을 잘 표현한 말이다. 그래서 그들은 누가 청탁이라도 할라치면 설사 수용할 수 없다고 하더라도 그 자리에서 거절하지 않고 일단 듣는 자세를 취하는데, 이때 듣고 나서 대답하는 말이 '하오'다. 이때 '하오'의 의미는 '무슨 뜻인지 알겠다', '한번 생각해보겠다'쯤 될 텐데 이것을 무조건 승낙으로 오해하면 안 된다는 것이다. 이 경우 '하오'라는 말의 음성을 잘 관찰해야 하는데, 왜냐하면 만일 거절의 의사가 숨겨져 있다면 '하오'의 발음 속에는 미처 통제하지 못한 아주 미약한 무의식적 잔여가 실현돼 있을 것이기 때문이다. 중국어의 경우 이러한 잔여는 말의 성조(tone)나 억양(intonation)에서 슬그머니 드러난다. 즉 '하오'라는 승낙의 기표로 앞을 가리긴 했지만 본심인 거절의 잔여는 이를 우회하여 성조와 억양 속에 슬그머니 스스로를 드러냄으로써 미세한 차이를 만들어낸다는 말이다. 그러므로 그가 감추고 있는 잔여를 파악하려면 그들의 성조와 억양에서의 변화를 잘 살펴야 한다. 성조의 변주에 따라서 '하오'는 '됐거든', '당신이나 많이 하시게' 등과 같은 정반대의 뜻이 될 수도 있기 때문이다.

잔여는 무의식적 욕망에 기초하고 있으므로 어떻게든 밖으로 표출되려 하고 언어는 어떻게든 이를 억제하려 하므로 그 사이에서 향락이 발생하게 된다. 앞서 예를 든 바와 같이 주체는 사회성을 유지하기 위해서 앞에서는 일단 '하오'라고 대답은 했지만, 승낙하기 싫은 무의식적인 욕망은 어떻게든 억제와 상대방의 눈치를 피해 억양 속으로 잠입하여 거기서 자신을 실현한다. 경찰의 추적을 피해 적 후방에 잠입하는 스파이나 술래를 몰래 따돌리며 골탕 먹이는 술래잡기 놀이를 상상한다면 그 향락이 어떤 것인지를 충분히 짐작할 수 있으리라. 따라서 이것은 언어의 소통적인 측면과 직접적으로 관계는 없으나, 소통 밖으로 의미를 감각적으로 분기시키거나 확장시키는 작용을 한다. 이것을 옛날부터 중국의 문인들은 '언외지음'(言外之音), 즉 말 밖이나 언저리에 있으나 들리지 않는 소리(의미)라고 불렀다. 잔여, 또는 라랑그의 개념을 'primary chaotic substrate of polysemy'로 정의하는데, 언외지음의 관점에서 풀이하자면 '의미가 여러 가지로 분기되기 시작하는 원초적인 혼돈 기질'이라고 말할 수 있을 것이다.

이처럼 언외지음을 만들어 의미를 분기시키는 것은 말하는 사람의 계획적인 의도로 시작하지만 밖으로의 연출은 우연을 가장한다. 왜냐하면 앞서 말했듯이 본래의 의도를 발설해버리면 사회적으로 지탄을 받을 수도 있고 권력자의 탄압을 받을 수도 있기 때문이다. 이를테면, 두보(杜甫)의 「여인행」(麗人行)을 보면 "버들개지 눈처럼 떨어져 흰 마름을 덮고"(楊花雪落覆白蘋)라는 구절이 있다.

버들개지와 흰 마름은 본래 같은 뿌리에서 나온 것으로 알려져 있는데, 여기서 '버들개지'를 뜻하는 '양'(楊)자는 당시에 권력을 전횡하던 양국충(楊國忠)을 암시한다. 당시 현종은 양귀비의 셋째언니를 괵국(虢國) 부인에 봉해주었는데, 양국충은 같은 집안의 이 여인과 간통을 하고 있던 차였다. 따라서 '버들개지가 흰 마름을 덮다'라는 말은 곧 같은 성씨끼리 간음하는 패륜행위를 풍자하는 의도가 있었음을 쉽게 짐작할 수 있다. 그러나 권력자의 패륜행위를 대놓고 글로써 비판한다면 목숨을 부지하기가 어려울 뿐만 아니라, 다른 사람들로부터 점잖지 못하다는 비난을 거꾸로 받을 수도 있다. 그러나 우연을 가장해서 '양'(楊)자에 두 가지 의미를 슬쩍 분기시켜놓으면 언외지음이 발생해서 문학성이 제고되는 이점이 생기기도 한다.

따라서 무언가를 풍자하기 위해 짓는 시는 이 잔여 현상을 교묘하게 활용한다. 저자바닥에서 우스개로 자주 입에 올리는 이른바 김삿갓의 오언시가 그 대표적인 예다. 김삿갓이 전국을 방랑하다가 어느 서당에 들렀는데 서당의 아이들이 그의 거지같은 몰골을 보고 비웃자, 화가 나서 시 한 수를 지어주고 나왔다는 일화는 유명하다. 남우세스러워 여기서 모두 인용할 수는 없지만, 이 시는 "서당이라는 것은 내가 일찍부터 알고 있었는데 / 방 안에 있는 것은 모두가 존귀한 물건들이라네"(書堂乃早知, 房中皆尊物)라는 구절로 시작한다. 명시된 의미로만 읽으면 문제될 것도 없는 평범한 시에 불과하지만, 이를 한자어로만 읽으면 우리말의 욕설과 교묘하게 일치하면서 박장대소하게 된다. 서당의 선생이 설사 이를 명예훼손으로 고발한다고 해도 우연성을 가장한 미필적 고의를 입증할 방법이 없다. 철저하게 사회적 질서를 지키면서 상대방을 골탕 먹였으니, 이 때문에 향락이라고 말한 것이다.

이처럼 잔여는 언어에 속한 것이면서도 비소통적인 속성을 가졌으므로 이를 파악하기 위해서는 철저히 감각에 의존해야 한다. 왜냐하면 상부구조인 언어의 통제를 어떻게든 뚫고 나오는 잔여는 궁극적으로 일종의 미세한 힘이므로 감각 외에는 파악할 방법이 없기 때문이다. 그래서 잔여가 문학의 시작이자 본질이라고 말할 수 있는 것이다. 중국은 옛날부터 오늘날에 이르기까지 어릴 적부터 시를 주요 과목으로 가르쳐왔다. 이를 기능적인 측면에서 설명하자면 다음과 같다. 즉 이미 설명했듯이 말에는 언외지음이라는 보이지 않는 힘이 작동한다. 이 힘을 적절히 통제하지 않으면 사회성에 말썽이 생길 수 있으므로 어떻게든 언어의 질서 내에서 이를 사회적으로 용납할 수 있는 방법으로 발산하거나 해소해야 하는데, 이를 위한 훈련이 곧 시 공부인 것이다. 뿐만 아니라 상대방의 무의식적 욕망과 같은 보이지 않는 힘은 감각으로 파악해야 하는데, 시에 익숙한 사람은 상대방이 발설한 모호한 상태의 언어로부터 의미가 어떻게 분기되는지를 느낄 수 있다. 백성을 다스려야 하는 지배계급의 사대부들에게 이 능력은 특히 중요하기 때문에 시학이 수양의 한 방편으로 강조돼왔던 것이다. 앞서 인용한 「팔일편」에서 『시경』 구절의 설명을 듣던 자하가 느닷없이 "예가 마무리란 뜻입니까?"라고 다시 물었는데, 이 말은 공자 자신도 미처 몰랐던 언외지음의 깨달음이었다. 그래서 공자가 "자하가 나에게 새로운 깨달음을 주었구나. 이제 비로소 너와 더불어 시를 논할 수 있게 되었다"라고 칭찬하였던 것이다.

언어라는 상부구조로써 잔여를 통제한다는 말은 다름 아닌 금지를 뜻하는데, 무언가를 금지하고 배제한다는 것은 하나의 질서를 전체로서 세운다는 말과 같다. 어린아이의 중얼거림을 금지해야만 아이는 언어의 질서 속에 들어가 사회성을 유지할 수 있는 것과 같다. 그래서 앞서 설명한 바와 같이 잔여를 언외지음으로 순치시키는 것인데, 이와는 반대로 오히려 언어의 통제를 벗어나도록 의미를 분기시키는 경우도 있다. 언어의 통제를 벗어나게 한다고 하는 것은 곧 금지를 해제한다는 말이므로 이는 기존의 질서를 파괴하거나 왜곡하기 위한 목적 하에서 이루어진다. 따라서 이 경우는 지배 이데올로기의 입장에서 보면 이른바 정론이 아닌 담론이 될 수밖에 없다.

『논어』「팔일편」에 애공(哀公)이 공자의 제자인 재아(宰我)에게 사직에 대하여 물었을 때 다음과 같이 대답한다.

> 하나라는 소나무로 사목(社木)을 삼았고, 은나라는 잣나무로 삼았으며, 주나라는 밤나무로 삼았는데, 이것은 말하자면, 백성들을 벌벌 떨게 만들어야 한다는 뜻입니다.
>
> (夏后氏以松, 殷人以栢, 周人以栗, 曰, 使民戰栗.)

사목이란 나라의 제단에 심는 나무로서 이는 나라의 명운을 상징하는 것이므로 무엇보다 그 땅에서 잘 자라는 나무를 선정해서 심었다. 그러므로 사목이 왜 하필 소나무냐 잣나무냐 하는 데에는 기실 특별한 의미가 부여되지 않았던 것으로 보인다. 그러나 사람은 무언가를 무의식적으로 욕망하게 마련이고 또 그러려면 기표를 가져야 한다. 사목이 처음에는 비록 특별한 의미를 부여받지는 않았다고 할지라도 그것이 나라의 상징기표인 이상 언외지음의 형태로 백성들 각자에게 욕망하도록 했을 것이다. 그런데 재아가 언외지음의 내용을 자의적으로 해석해 밝혀버림으로써 질서의 전체성을 뒤흔들었다. 즉 '밤 율(栗)'자는 '벌벌 떨 율(慄)'자와 같은 음이므로 주나라가 밤나무를 사목으로 삼은 까닭은 강력한 권력으로 백성을 엄하게 다스려야 나라가 오래 유지될 수 있다는 의미를 잊지 않게 하기 위함이라는 것이다. 물론 당시 노나라는 왕권이 쇠약해져서 이른바 삼가(三家)가 전횡하는 상황이었기 때문에 왕권의 회복이 무엇보다 중요하다는 의미에서 재아가 이렇게 조언했을 수도 있다. 그러나 예제와 법의 한계를 넘어 절대 권력을 향유하라는 초자아의 유혹에 취약한 것이 최고 권력자의 약점이므로, 재아의 이러한 해석은 자칫 임금으로 하여금 잔여의 힘이 통제를 넘어 예법을 무시하게 할 수도 있는 위험스런 것이다. 왜냐하면 우연성이 감추어진 '율'(栗)과 '율'(慄)의 언어적 질서가 권력자의 그릇된 욕망을 당연한 것으로 합리화해줄 수 있기 때문이다.

이 사실을 전해들은 공자는 "이미 이루어진 일에 대해서는 말하지 말고, 이미 진행되고 있는 일에 대해서는 간언하지 말며, 이미 지나간 일에 대해서는 소급해서 탓하지 말라"(成事不說, 遂事不諫, 旣往不咎)라는 말로 재아를 간접적으로 비난했다. 즉 노나라의 왕권이 미약해진 것이 어제오늘의 일이 아니므로, 두 사람이 의기투합한다고 해서 하루아침에 권력의 현실이 바뀔 수는 없는 노릇이다. 공자가 말한 '성사'(成事), '수사'(遂事), '기왕'(旣往)은 기실 모두 같은 말로서 되돌릴 수 없는 현실을 가리킨다. 현실을 무시하고 잔여의 힘을 함부로 통제 너머로 잘못 튀어나오게 하는 것은 지도자가 경계해야 할 경거망동이다. 공자가 우려했던 대로 결국 애공은 삼가에게 쫓겨났고, 재아도 나중에 제나라 임금을 도와 권신인 전씨(田氏)를 모살하려다가 오히려 살해를 당하고 말았다.

공자 시험하기

잔여는 금지를 뚫고 뛰쳐나오려는 힘이므로 아무리 통제를 하고 억제를 해도 나올 수밖에 없으며, 그렇기 때문에 이것은 어떻게든 해소돼야 한다. 이것의 바람직한 모델을 우리는 『논어』「술이편」의 다음 구절에서 찾아볼 수 있다.

> 진(陳)나라에서 사패(司敗) 직을 맡고 있는 고위관료가 "[노나라] 소공(昭公)은 예를 아는 분이십니까?"라고 물으니, 공자께서 "예를 아십니

다"라고 대답하였다. 공자께서 물러나시자 [제자] 무마기(巫馬期)에게 읍하여 앞으로 나아오게 하고는 물었다. "제가 듣기로 군자는 누구의 편도 들어주지 않는다던데 [이제 보니] 군자도 역시 편을 들어주는군요. 임금님[소공]께서는 오(吳)나라에 장가를 드셨는데 오나라는 [노나라와] 같은 성씨인데도 부인을 오맹자(吳孟子)라고 부르고 있습니다. 이런 임금님이 예를 아신다면 누가 예를 모르겠습니까?" 무마기가 이 말을 그대로 전해 드렸더니 선생님께서 말씀하셨다. "나는 참으로 운이 좋구나. 나에게 잘못이 있기만 하면 사람들이 반드시 그것을 알게 되는구나!"

(陳司敗問昭公知禮乎, 孔子曰: 知禮. 孔子退, 揖巫馬期而進之, 曰: 吾聞君子不黨, 君子亦黨乎? 君取於吳爲同姓, 謂之吳孟子. 君而知禮, 孰不知禮? 巫馬期以告. 子曰: 丘也幸, 苟有過, 人必知之.)

노나라는 주공의 나라이므로 주나라의 예제를 그대로 계승, 보전하고 있다는 문화적 자부심이 대단히 강하였다. 공자가 노나라 출신인 것은 결코 우연이 아니다. 그런 노나라의 임금인 소공이 매우 중대한 실수를 저질렀는데 그것은 같은 희성(姬姓)의 나라인 오나라에서 마누라를 취해온 사실이었다. 예를 중시하는 나라의 임금이 근친결혼을 했다는 것도 말이 안 되는데, 게다가 이 명백한 사실을 은폐하고 호도하기 위해서 얕은 사기질까지 부렸다. 즉 오나라의 맏딸을 데려왔으면 부인을 '오맹희'(吳孟姬)라고 불러야 옳은데, 마치 송나라에서 데려온 것처럼 보이게 하려고 '오'자는 빼고 송나라 성씨인 '자'(子)를 붙여서 '맹자'(孟子)라고 불렀다. 그러자 노나라 사람들은 그녀를 '오맹자'(吳孟子)라고 불러 비아냥댔다고 한다. 아무튼 이러한 배경에서 진나라의 사패는 노나라의 부조리를 공자는 어떻게 변명할지를 시험하기 위해서 "당신네 임금님이 예를 아시는가?"라고 난감한 질문을 던졌던 것이다. 공자도 이 사건이 예에 어긋난다는 사실은 알지만 군주의 비례를, 그것도 다른 나라의 신하 앞에서 그대로 인정하고 말하는 것도 예가 아니다. 즉 진 사패는 하나만 알고 둘을 몰랐던 것이다. 나라의 악을 말하지 않는 것이 예라는 것을 모르는 사람 앞에서 공자 개인의 잔여는 아마 '우리 임금님도 비례지만 당신도 비례'라고 외치고 싶었을지도 모른다. 그러나 공자는 끝내 언어의 통제, 즉 금지에 복종하여 "우리 임금님께서는 예를 아십니다"고 대답하였다. 아니나 다를까 그의 부조리에 대한 비난은 그에게로 되돌아왔다.

여기서 그가 내뱉고 싶은 잔여가 어떤 것이었는가는 쉽게 짐작할 수 있겠지만, 그가 이를 해소한 방법을 보자. 우선 공자는 자신에게 잘못이 있다고 말했는데, 도대체 무엇을 잘못했다는 말인가? 나라의 악을 말하지 않는 것이 예인 줄 모르는 사람과 어쨌든 군주의 비례에 관한 이야기를 나눈 셈이 되었으니 이는 자신의 잘못이다. 그런데 이 대화가 그냥 넘어갔더라면 공자가 소공이 예를 아는 군주라고 했으니 후세 사람들이 근친결혼이 예에 합당한 줄 잘못 알았을 텐데, 다행히도 진 사패가 뒷이야기를 통해 비례임을 밝힘으로써 자신이 앞에서 한 말이 예에는 맞지만 기실은 오류라는 사실을 사람들이 알게 되었다는 말이다. 여기서 그의 언행은 모두 통제 안에 가두어져 있었지만 '나의 잘못'(過)이라고 말함으로써 군주의 과실을 말하지 않는 것이 예라는 사실이 드러났고, '운이 좋다'(幸)라는 말로써는 근친결혼은 예가 아니라는 사실이 드러났으므로, 그의 개인적인 잔여가 밖으로 발설하고자 한 욕망을 모두 해소한 셈이 되었다. 이것이 바로 공자가 몸소 보여준 비사회적인 잔여의 힘을 사회적으로 길들이고 해소하는 이상적인 방법인 것이다.

제6장

정직하기만 하고 예가 없으면 박절해진다

중국인이 별의 별것을 다 요리해 먹을 수 있게 된 이유

언어가 잔여를 통제하는 상부구조라면 예는 그 언어를 사회적 이상에 맞도록 조합한 일종의 코드라고 정의할 수 있다. 따라서 자신을 억제하여 예를 실천한다는 이른바 '극기복례'(克己復禮)에서 '자신'은 잔여가 되고 '예'는 이를 통제하는 언어의 코드가 되는 셈이다. 사람들의 탐욕을 극대화해서 상품을 되도록 많이 팔아야 하는 자본주의 사회에서 자기 억제란 죄악이나 마찬가지다. 앞서 설명했듯이 잔여는 무의식적 욕망이므로 이를 통제하지 않고 풀어놓아야 탐욕을 극대화할 수 있다. 시장주의자들은 이것을 자유와 개성이라는 이름으로 포장해서 유포하고 있지만 기실 자본주의의 메커니즘을 유지하는 지배 이데올로기에 불과할 뿐이다. 매스컴과 멀티미디어의 발달로 주체라는 게 이미 자극(조건)에 따라 반사적으로 반응하는 '파블로프의 개'가 돼버린 마당에 개성이라는 게 가당키나 한 말인가? 따라서 동물적인 탐욕을 개성이라는 이름으로 풀어놓으면 당연히 사람들 사이에 사회성이 파탄 나고 범죄가 횡행할 수밖에 없다. 전체주의 사회보다 자본주의 사회가 오히려 도덕성을 그다지 강구하지 않고 대신 강력한 법의 시행을 요구하는 것은 여기에 근거한다. 잔여가 제어되지 않도록 이미 풀어놓았는데 어떻게 도덕성이 가능할 수 있겠는가? 그래서 자본주의 사회에서는 법에만 저촉되지 않으면 이미 도덕적이라고 보는 것이다. 이를테면, 가장 도덕적이어야 할 공직자와 교육자들 중에 파렴치한 행위를 저지르고도 증거 부족으로 무죄판결을 받았다고 하여 뻔뻔스럽게도 자신의 직무를 그대로 유지하는 자들이 종종 보이는 것은 이 때문이다.

이와 같이 개성과 탐욕에 기초한 시장 이데올로기는 자기 억제를 매우 부정적으로 본다. 그들은 이를 억압 또는 속박이란 개념으로 혼동케 하면서 우리에게 열려 있는 모든 것을 못하게 하거나 닫아버리는 질곡쯤으로 여기게 만든다. 당장 옆에 있는 텔레비전을 켜고 수시로 쏟아지는 광고를 보라. 그들의 메시지는 한결같이 "우물쭈물 대지 말고 모든 것을 벗어던지고 즐겨라!"이다. 그러면 새 세상이 보이고 거기서 너는 무엇이든지 할 수 있다는 것이다. 그렇다면 질곡 같은 자기 억제를 벗어던지면 정말로 내가 뭐든지 할 수 있을까?

도스토예프스키는 일찍이 "신이 존재하지 않는다면 모든 것이 허용된다"고 말한 바 있는데, 라캉은 이를 "신이 존재하지 않는다면 더 이상 아무것도 허용되지 않는다"고 뒤집었다. 온통 모든 억압을 벗어던지고 즐기라는 선동뿐이고 또 실제 그렇게 할 수도 있는데 왜 그게 허용되지 않는다는 것일까?

도시에서 자란 사람이 첩첩산중에 고립됐다고 가정해보자. 우리는 그 사람이 산중의 풀과 나무열매를 수시로 따먹으면서 얼마든지 오랜 기간을 버틸 수 있을 것이라고 믿는다. 그러나 실상 그는 우리의 기대와는 달리 그리 오래 버티지 못한다. 왜냐하면 산중의 풀과 열매를 함부로 먹었다가는 중독돼 죽을 수 있으므로 먹어도 될 것과 먹어서는 안 될 것을 구분하지 못하는 그로서는 두려워서 아무것도 먹지 못하기 때문이다. 중국 전설 속의 인물인 신농씨(神農氏)는 인민들에게 먹지 말아야 할 식물을 구별해주기 위해서 자신이 직접 모든 풀과 나무를 먹어보았다고 한다. 이 과정에서 그는 70여 번이나 중독돼 죽을 뻔했다고 전해지는데, 그 덕분에 중국인들은 마음 놓고 모든 것을 먹을 수 있게 됐다고 믿는다. 즉 중국인들은 "네 다리 달린 것 중에서는 책상만 빼고, 하늘을 나는 것 중에서는 비행기만 빼고 다 먹는다"고 할 정도로 별 희한한 것을 다 요리의 재료로 쓰는 재주를 가졌는데, 이는 바로 신농씨의 무엇 무엇은 먹지 말라는 금지가 있었기에 가능한 것으로 보는 것이 옳다. 관세법 제정에 있어서도 수입할 수 있는 품목만을 명시해놓는 포지티브 방식보다는 수입해서는 안 되는 금지 품목만을 명시해놓은 네거티브 방식이 무역 활동을 더 활기차게 만드는 것과 같은 이치다. 행복도 마찬가지다. 금지라는 결여의 부분이 있어야 우리는 살아가는 재미가 있다. 고교 시절의 추억이 아름다운 것은 교복으로 상징되는 금지 때문이 아니던가.

뿐만 아니라 금지라는 억제가 있어야 전체라는 개념이 체득이 되고 아울러 전부를 말할 수 있다. 우리는 근본적으로 전체를 알 수도 없고 말할 수도 없다. 우리가 전체나 전부를 말한다는 것은 단지 전체라는 틀(구조)을 말하는 것일 뿐인데, 이는 관념적으로 형성되는 것이지 실체는 아니다. 부잣집에서 곱게 자란 도련님은 세상 무서운 줄 모른다는 말도 있고, 고생을 해봐야 세상을 안다는 말도 있다. 즉 여기서 고생이라는 말은 억제이자 결여를 뜻한다. 억제와 결여를 이겨내는 과정, 즉 '극기'의 과정에서 몸에 감각과 경험이 쌓여 어떤 틀을 형성하게 되는데 이것을 우리는 일반적으로 세상이라고 부른다. 그래서 금지가 있어야 전체/전부를 알게 되고 또 말할 수 있게 된다. 굳이 세상 고생을 안 하고도 전체라는 틀을 형성시켜주는 금지의 메커니즘이 바로 예다. 개인들의 개별적인 세상 고생은 각기 다른 세계를 만들어낼 수 있는 반면에 예는 사회적으로 공유된 자기 억제 형식이기 때문에 보편적인 세계를 형성할 수 있는 이점이 있다. 전체가 형성됐다면 해도 되는 것과 해서는 안 되는 것의 부분들도 분명해지게 되므로 사회가 안정되는 것이다.

금지는 이와 같이 세계를 구성하는데, 이 금지의 자리를 차지하는 질료가 바로 신농씨와 같은 아버지다. 그런데 각 주체들에게는 세계의 뼈대가 되는 아버지만 존재하는 게 아니라 아버지의 금지를 어기도록 유혹하는 초자아라는 것도 있다. 이를테면 초자아는 이렇게 유혹한다. "신농씨가 제까짓 게 뭔데 뭘 먹지 말라는 거야? 그게 아마 너무나 좋은 것이어서 혼자만 먹으려고 우리더러 먹지 말라는 것일 게야. 그러니 우리도 한번 먹어보자고!" 오늘날 상업 광고들이 마음껏 즐기라고 선동질해대는 것이 다름 아닌 초자아의 유혹을 자극하는 시장 이데올로기다. 이러한 유혹에 굴복한 개인들은 전에 감히 할 수 없던 금기들을 하나둘씩 범하더니 급기야는 비도덕적인 행위는 말할 것도 없고 재산을 미리 받기 위해서 아비까지 죽이는 비윤리적인 짓까지 저지르는 단계에까지 도달했다. 이제 법에만 저촉되지 않으면 아무 짓이나 하고 즐길 것 같은데, 우리 주위를 잘 살펴보면 그 풍요로움에도 불구하고 의외로 사람들은 즐기지 못하는 것 같다. 지젝이 날카롭게 지적한 바와 같이 그들은 담배와 술, 심지어 커피까지도 마음 놓고 즐기지 못해서 세상을 온통 금연 구역으로 정해놓더니, 알코올 없는 맥주와 카페인 없는 커피를 마시고 앉아 있다.[1] 또한 권리를 부당하게 침해당해도 함께 연대해서 권력에 저항하지 않으려고 하고, 다치거나 손해볼까봐 모험도 하지 않으려고 한다.

세계에 던져진 태초의 인간은 위험한 환경 속에서 어떻게든 이를 이기고 살아남아야 했을 것이다. 위험에 쉽게 굴복하면 곧 죽음이었을 터이므로, 어떠한 위험에도 끝까지 저항하려면 저항할 때

1 이에 관해서는 지젝(2007), 155쪽을 참조하기 바람.

에 보다 더 큰 힘이 나도록 신체가 점차 형성돼갔을 것이라고 짐작할 수 있다. 죽음을 두려워하지 않고 오히려 죽음으로 나아가야 죽음을 이길 수 있는 법이니, 생존을 위해서 인간은 이러한 역설적인 힘을 발생시킬 수 있는 능력을 획득했을 것이다. 이것이 프로이트가 말한바 죽음 충동의 본질이리라. 이 죽음 충동으로 인하여 죽음을 극복할 만한 힘이 생겨나 한갓 삶을 넘어서는 것을 지젝은 삶의 과잉이라고 정의하였다.[2] 삶에서 우리가 경험하는 '신바람'은 물론, 고난 중에도 울컥하는 '감응'이나 '감격의 눈물' 같은 것들이 삶의 과잉의 범주에 들어간다고 하겠다. 이러한 과잉이 느껴질 때 주체는 여기에 가치를 부여함과 아울러 진정한 삶을 산다고 여긴다.

이 힘은 존재처럼 환영적인 것이므로 발생 메커니즘이 있어야 하는데 그것이 거세다. 앞에서 설명한 바와 같이 거세란 속박에 스스로 복종하는 것으로서 행복의 조건이다. 이 거세를 통해서 세계라는 전체 틀이 만들어지는데, 이 틀이 하나의 대타자(Other)로서 주체는 그 속에서 보호받는 느낌과 아울러 이를 지켜가야 한다는 사명감을 갖고 살아가게 된다. 이 대타자가 무너진다면 주체에게는 이보다 큰 위험이 없으므로 이에 극력 저항하게 되는데, 이때가 삶의 과잉 상태가 되는 순간이다. 『논어』「자한편」(子罕篇)에 보면 "천자가 거느린 대군이라고 하더라도 [거기서] 총사령관을 사로잡아 올 수 있지만, 한 사내에게서 그의 의지를 빼앗을 수 없다"(三軍

2 같은 책, 154쪽.

可奪帥也, 匹夫不可奪志也)와 "날씨가 추워진 다음에 소나무와 잣나무가 더디 낙엽이 진다는 것을 알 수 있다"(歲寒, 然後知松柏之後彫也)라는 공자의 말이 있다. 자신이 믿는 세계, 즉 대타자를 위해서 어떠한 고난도 감수하는 지사(志士)의 충절을 말하고 있는데 이것이 가능한 것은 바로 삶의 과잉 때문이다. 이처럼 대타자는 실존하지는 않지만 주체의 행복을 위해서 기능하고 있다. 대타자가 종교의식을 통해서 만들어졌다면 그 기능은 더욱 강해진다. 우리 주위의 제도 종교 중에서도 이거 해라, 저거 하지 말라, 봉사해라, 헌금해라 등의 성가신 명령으로 신도들을 들들 볶는 종교일수록 교세가 크고, 또한 역사적으로 아무리 강력한 권력이라도 종교를 핍박해서 성공한 예가 드문 것 등은 바로 이 삶의 과잉 때문이다.

아무튼 금지에 대한 복종과 성가신 명령으로 행복이 보장되는 것인데, 경제적으로 풍요로워지고 사회복지 제도가 발전한 오늘날에 이르러서는 금지와 복종의 명령이 성가시게 느껴지게 되었다. 즉 이전의 사회에서는 정부 예산도 부족하고 사회 안전망도 미비해 있어서 사람들이 불안한 가운데 살았으므로 언제나 미래가 불투명하였다. 그래서 그들이 의지할 데라고는 신의 가호밖에 없었으므로 삶이 신앙적이었다. 이러한 배경에서의 신앙은 자연스럽게 삶의 과잉을 발생케 했으므로 물질이 풍요롭지 않아도 충분히 행복할 수 있었다. 그러다가 경제 발전으로 사회가 풍요로워지면서 사회 안전망과 더불어 각종 보험이 발달하게 되니까 신의 가호에 대한 의존성이 약화되었고, 또한 대타자에 대한 복종에 회의심이

들면서 그전과 같은 삶의 과잉이 잘 생성되지 않게 되었다. 삶의 과잉이란 고통의 인내로부터 오는 일종의 향락인데, 자본주의 시장이 생산해낸 각종의 엔터테인먼트 산업과 레저 스포츠 산업들이 제공하는 쾌락들은 이것 없이 살아도 되도록 환경을 바꿔주었다. 이제 어디에 복종하지 않아도 행복할 수 있고, 누구의 성가신 금지 명령을 들을 필요도 없다. 거세도 필요 없고 오직 법만 있으면 되는데, 이 법이란 것도 돈으로 수임료 비싼 변호사를 사서 사건 해석을 유리하게 하거나 법망을 피하기만 하면 된다. 이제 그들 앞에는 어떠한 금지도 없다. 하고 싶은 것을 그냥 하기만 하면 된다. 이것이 천국이 아니고 무엇이란 말인가!

금지가 해제되면 삶의 과잉도 사라진다. 삶의 과잉이 사라지면 자연히 물질 이외의 가치는 사라진다. 그렇다면 이제 그들 앞에 남은 것은 생(生) 자체뿐이다. 생은 젊을수록, 그리고 아름다울수록 가치가 있으므로 사람들은 이를 위해서 돈을 아끼지 않고 쓸 수밖에 없으니, 가능한 한 어리게 보이고 싶은 동안(童顔) 신드롬과 성형수술의 유행 등은 바로 여기에 기인한다. 젊어진 생이 더 가치가 있으려면 쾌락을 즐기는 시간이 많아야 하고 또 건강해야 한다. 놀면서도 돈을 벌 수 있는 각종 금융상품이 발달하고 현대판 양생인 웰빙이 출현한 것은 결코 우연이 아니다. 그러나 아무리 발버둥을 쳐도 안타깝게도 생이라는 것은 영원하지 못하고 노쇠와 더불어 그 끝이 있다는, 피할 수 없는 결점을 갖고 있다. 어떻게든 젊고 오래 살면서 쾌락을 즐겨야 하는데 그러려면 건강해야 한다. 건강을 유지하려면 쾌락을 멀리해야 한다. 술과 담배도 끊고, 고기도 먹지 말고, 가난뱅이처럼 조금씩만 먹고, 햇볕도 쬐지 말고, 피로감이 들도록 놀지 말고, 늦은 시간까지 텔레비전도 보지 말고, 감염되지 않도록 사람 많은 데는 가지 말고, 과도하게 흥분하지 않도록 스포츠 게임을 관람하지 말고……. 즐기고 싶어서 금지를 해제했는데, 막상 즐기려 하니 즐길 수가 없는 역설에 걸린 것이다. 앞에 열거한 행위들을 하지 않는다면 도대체 어디에서 생의 즐거움을 찾는단 말인가?

금기 해제의 상징인 윤달이 금기가 된 오늘날의 역설

그래서 오늘날에는 다음과 같은 역설적인 행위들이 등장하고 있는데, 그 하나가 인위적인 향락을 찾는 일이고 다른 하나가 스스로 금지를 만들어내는 일이다.

앞에서 설명했듯이 엔터테인먼트 산업이 제공하는 쾌락이 아무리 즐거워도 고통과 고난에서 수반되는 향락만큼 만족을 주지 못하다. 그래서 쾌락을 찾는 사람들은 이를 충족시키기 위해서 고통을 인위적으로 만들어서 하는 경향을 보인다. 그 대표적인 현상이 텃밭 가꾸기나 주말농장의 유행인데, 농사 일이 얼마나 힘든 것인지는 해보지 않은 사람은 모른다. 시장에 가서 사먹는 것이 훨씬 싸게 먹히는 데도 굳이 이 힘든 일은 하는 것은 다름 아닌 결여된 삶의 과잉을 맛보기 위해서다. 애완동물 키우기도 이른바 '사서 고생하기'라는 점에서 본질은 같은 것이다. 근래 들어 이른바 엑스(X) 스포츠라고 하여 자전거 묘기, 암벽등반, 빙벽등반, 스카이 서핑, 산악자전거, 서바이벌 게임, 래프팅, 파라글라이딩, 번지점프, 행글라이딩, 스카이다이빙 등이 젊은이들 사이에 크게 유행하고 있다. 이 운동들의 공통점은 생명을 담보로 잡힌 매우 위험한 운동이라는 사실이다.

1970~1980년대의 젊은이들은 독재에 항거하는 정치적 투쟁으로 인하여 군대와 비밀경찰로부터 엄청난 핍박을 받는 고난의 세월을 보냈다. 생명까지 위협받는 고난 속에서 생성된 삶의 과잉은 어려운 시기를 이겨내고 우리나라의 민주화를 일궈내는 원동력이 되었던 게 사실이었다. 그런데 모든 것이 풍요로운 가운데 자란 오늘날의 젊은이들은 고난으로부터 오는 삶의 과잉이 결여됐으므로 이를 보충하기 위하여 인위적으로 향락을 생성해내게 되는데 그것이 바로 생명을 담보로 하는 엑스 스포츠인 것이다. 이러한 배경을 이해하지 못한다면 기성세대들이 보기에 요즘 젊은이들의 위험한 운동은 한낱 '죽고 싶어 환장한', 또는 '편히 먹고사는 게 원수 같아서 하는 짓' 정도의 비합리적인 행위에 지나지 않을 것이다. 독재자들이 시민들의 저항을 강력하게 진압하면 수그러질 거라고 생각하고 무력으로 밀어붙여도 오히려 더욱 강한 저항만 불러와 끝내 몰락하게 되는 것은 바로 이 고통과 고난에서 생성되는 향락이 삶의 과잉과 가치를 만들어내기 때문이다.

앞에서 본 바와 같이 금기가 없으면 역설적으로 아무것도 하지 못한다. 그래서 사람들은 다시 스스로 금기를 만들게 되는데, 그 대표적인 역설이 윤달에 대한 금기다. 윤달이란 음력을 사용할 때 계절과의 오차가 너무 커서 이를 보정하기 위한 방법으로 19년에 일곱 번을 추가로 넣어주는 한 달을 가리킨다. 따라서 음력의 윤년은 12달이 아닌 13달이 된다. 옛날 민간신앙에서는 일 년 열두 달의 각 달을 관장하는 열두 개의 신이 있다고 믿었으므로 사람들은 각 달의 신이 싫어하는 금기를 피해야만 했다. 그래서 나라와 가정에서 큰 행사를 하고자 할 때에는 반드시 이 금기를 피하도록 점을 쳐서 택일했던 것이다. 그런데 윤달은 거저 얻은 한 달이므로 이를 관장하는 신이 없는 그야말로 무주공월(無主空月)인 셈이므로 사람들은 '공달', '군달', '썩은 달' 등의 이름으로 부르기도 하였다. 윤달에는 관장하는 신이 없으므로 당연히 금기도 없고, 따라서 액(厄)도 없다. "윤달에는 송장을 거꾸로 세워도 탈이 안 난다"는 속담은 이 때문에 생겨난 것이다. 따라서 이 달에는 금기로부터 자유로워져서 점 칠 필요도 없고 택일할 필요도 없이 서둘러 결혼식이나 집수리나 조상의 묘 이장 등 가내의 중요 행사를 치렀다. 이러한 금기의 일시적 해제는 사회구성원들에게 금기의 위반으로부터 오는 죄의식을 탕감해주고 새 출발을 보장해줄 수 있는 기회로 작용하므로, 제도와 관습의 유지에 매우 중요한 기제가 된다.

그런데 근대화 과정에서 시장주의가 전통적인 금기들을 구습타파라는 명분으로 무너뜨리고 나니까 역설적으로 아무것도 할 수 없게 되었다는 것은 앞서 언급한 바와 같다. 그래서 사람들은 스스로 금지를 만들어내게 되었는데, 그 금지가 엉뚱하게도 금기 없이 어떤 행사도 할 수 있다는 윤달의 속성을 뒤집어서 이 달에는 어떤 행사도 해서는 안 된다는 것이었다. 금지의 이유가 윤달을 '공달', '썩은 달' 등으로 불러 정상적이지 않다는 어감 때문이었다. 그러나 이것은 어디까지나 표면적인 이유이고 그 이면에는 잃어버린 금지에 대한 욕망에 기인한다고 봐야 옳다. 윤달을 금지의 영역에 귀속시켜야 나머지 달에 자유롭게 활동할 수 있기 때문이다.

십자가를 지고, 또는 고행 없이, 천국으로

'극기복례'라는 말에서 알 수 있듯이, 예의 본질은 주체의 잔여에 대한 억제다. 억제의 의의는 하나를 통제하면 나머지 모든 게 자유로워진다는 데 있다. 그러나 어떠한 억압이나 금기가 전혀 없는 자유로운 세계를 꿈꾸는 것은 인간이라면 누구나 갖는 소망이다. 즉, 예를 들어 종교적으로 보자면, 진정한 자유는 신의 허락에서 오는 것인데 신은 거저 자유를 주지 않는다. 기독교에서 야훼는 아브라함에게 그가 늘그막에 겨우 얻은 자식을 바치라고 했고, 예수는 베드로에게 네 십자가를 네가 지고 나를 따르라고 했으며, 욥은 믿음의 진실성을 인정받기 위해 엄청난 시련을 인내해야만 했고, 불교에서도 해탈에 이르기 위해서는 힘든 고행을 이겨야만 한다. 이처럼 자유는 외재적인 고난을 통해서 오는 것이므로 이러한 성가신 과정이 없이도 자유를 얻고 싶은 것이 인간의 솔직한 소망이라는 것이다.

옛날에 한때 플라토닉 러브라는 말이 유행한 적이 있었다. 육욕을 수반하지 않은 정신적인 사랑이란 뜻이라는데, 현실에서 함께할 수 없는 남녀가 관념적으로 사랑하는 관계를 유지하기 위해 생겨난 말인 듯하다. 현실에서는 윤리도덕적인 제약 때문에 이루어질 수 없으니까 아무런 제약이 없는 환상의 공간에서 사랑을 한다는 것이다. 관념상의 사랑이므로 참으로 순수할 것처럼 상상이 되지만 기실 그렇지도 않은 것이, 어차피 현실이 아닌 환상의 공간이니까 여기서는 좀 더러운 생각을 하더라도 용납이 될 수밖에 없기 때문이다. 이러한 경향은 우리에게 초자아가 작동하는 한 피할 수 없으며 바로 이것이 영지주의(Gnosticism)의 본질이기도 하다. 영지주의적 상상은 관념적으로 이루어지므로 억제와 금기 같은 성가신 과정이 없이도 자유를 누릴 수 있는 장점이 있어서 주체들에게는 유혹으로 다가오는 것이 사실이다. 그래서 성인의 말씀은 언제나 일부 제자들에 의해 고된 억제의 과정을 피해 권력의 방면으로 종종 연계되곤 한다.

앞에서 인용한 바와 같이 공자는 "내가 가는 길에는 하나로써 [그것들을 일관되게] 꿰는 것이 있다"(吾道一以貫之)라고 말한 적이 있다. 증삼은 여기서 '하나'(一)를 도로 보고 그것의 속성을 '충'(忠)과 '서'(恕)라는 두 개의 개념으로 해석했다. 우리는 공자가 '나의 도'(吾

道)라고 표현했으므로 그것을 형이상학적으로 보려는 경향이 있지만 평소 그의 가르침으로 미루어본다면 '길'이란 의미에 더 가까웠을 것으로 짐작된다. 「자장편」의 다음 구절을 보면 이 의미가 잘 나타나 있다.

> 자유(子游)가 말했다. "자하의 제자들은 물을 뿌리고 마당을 쓰는 일, 누가 부르면 '예' 하고 대답하는 일, [어른 앞으로] 나아가고 물러나는 일 등을 할 때는 그런대로 잘 한다. 그런데 이런 일들은 지엽적인 것이다. 그들을 근본적인 것으로 돌아가게 해보면 아무것도 없으니 이를 어쩔 셈인가?" 자하가 이 말을 전해 듣고 말했다. "저런, 자유가 잘못 알고 있구나! 군자의 도리라는 것이 앞쪽에 놓인 것만 전하여 가르치고 뒤쪽에 놓인 것은 게을리 해도 된다는 말인가? 이것은 초목에 비유할 수 있으니 그 속성에 따라서 구분하면 되는 것이다. 군자의 도리가 어떻게 [어느 부분에 깊은 뜻이 있다고] 속여질 수 있는가? 처음에서 나중까지 [본말이] 일관된 이는 오로지 성인뿐일 것이다."
>
> (子游曰: 子夏之門人小子, 當洒掃應對進退, 則可矣. 抑末也. 本之則無如之何? 子夏聞之曰: 噫! 言游過矣! 君子之道, 孰先傳焉? 孰後倦焉? 譬諸草木, 區以別矣. 君子之道, 焉可誣也? 有始有卒者, 其唯聖人乎!)

누구나 인정하듯이 가르침에는 순서가 있다. 지엽적이고 구체적인 부분에 대하여 인지하지 못하는 사람이 추상적이고 본질적인 것을 이해할 수는 없는 법이다. 마당을 쓸 때 물을 먼저 뿌리고 쓸어야 먼지가 나지 않는다는 것은 아주 일상적인 지혜인데, 이것도 익히지 못한 사람에게 나라를 다스리는 큰일을 맡길 수는 없지 않은가? 자유(子游)가 지엽적이라고 지적한 일들은 기실 상식에 속하는 것으로서 앞에서 설명한 바대로 중용에 해당하는 일들이다. 학생들은 이런 상식적 과정을 통해서 몸으로써 자신을 억제하고 세상(전체/전부)을 이해하는 방법을 배우는 것이다. 자하가 표현한 대로 '처음에서 나중까지 [본말이] 일관되게' 가르침을 받은 것은 공자의 교육 과정을 그대로 나타낸 것이다. 그런데 이 과정에서 어느 부분은 본질적이고 어느 부분은 지엽적이라고 구분한 것은 성인의 가르침에는 깊은 뜻이 따로 있다고 해석하는 행위다. 이렇게 해석하는 이면에는 분명히 다른 의도가 있을 수밖에 없으니, 그 대표적인 목적이 신비주의다. 즉 공자의 가르침을 보통 사람으로서는 파악하기 힘든 형이상학적 대상으로 만들어놓으면 자연히 그에게서 직접 배운 자신에게 권력이 생기게 마련이다. 그래서 자하가 그의 말을 '속이는'(誣) 일이라고 간접적으로 비난했던 것이다. 자유의 말은 세상의 지엽적이고 성가신 일들을 피해 관념적으로 들어가 약간의 더러운 의도를 드러내 보였다는 점에서 영지주의적이라고 규정할 수 있다.

성가신 일들을 제자들에게 먼저 가르치는 교육관과 가치관을 가졌던 자하도 공자와 같은 성인이 아니었으므로 스스로 관념화에 빠지는 우를 범하기도 했다. 「자장편」의 다음 구절을 보자.

자하의 제자가 자장에게 벗과 사귀는 방법에 대하여 물어보았더니, 자장이 되물었다. "네 선생님은 무어라고 말씀하시던가?" "우리 선생님께서는 '사귈 만한 사람과는 함께 하고 그렇지 않은 사람은 거부하라'고 하셨습니다." 자장이 말했다. "내가 들은 바와는 다르구나. 군자는 현명한 사람을 존중하고 뭇사람들을 받아 품으며, 착한 사람을 갸륵하게 여기고 그렇지 못한 사람을 불쌍히 여긴다. 내가 큰 현자라면 다른 사람들에 대해서 어떻게 품지 않을 수 있겠는가? 내가 현명치 못한 자라면 다른 사람이 장차 나를 거부할 텐데, 어떻게 내가 다른 사람을 거부할 수 있겠는가?"

(子夏之門人問交於子張. 子張日:子夏云何? 對日:子夏日可者與之, 其不可者拒之. 子張日:異乎吾所聞, 君子尊賢而容衆, 嘉善而矜不能. 我之大賢與, 於人何所不容? 我之不賢與, 人將拒我,如之何其拒人也?)

자하가 제자들에게 벗을 가려서 사귀라고 가르친 것은 "자기보다 못한 자와 벗하지 말라"(無友不如己者)와 "해가 되는 벗 세 가지"(損者三友)라는 공자의 평소 가르침을 문자 그대로 실천하려고 했던 것으로 보인다. 이것은 자기 관념 속에 간직한 철학적 원칙과 도를 지키려는 노력으로서 여기서 우리는 자하의 강직한 성품을 읽을 수 있다. 도를 추구하는 도학자의 절개라는 측면에서 보자면 매우 바람직한 가르침으로 볼 수 있지만, 이와 동시에 이웃이야 어찌됐든 나 자신만 충실하고 깨끗하게 살면 된다는 이른바 독야청청(獨也靑靑)의 이기주의적인 마음이 도사리고 있는 것도 사실이다.

이에 비해 자장은 이웃이 좀 부족하더라도, 그래서 내가 성가시더라도 받아 안고 가자는 사회에 대한 책임감과 관계를 중시하였던 것으로 보인다.

이처럼 공자의 가르침은 지엽적인 데서, 그리고 다른 사람들과의 관계 속에서 시작했다. 그런데 후대의 학자들은 증삼의 해석을 더 세분해서 '애'(愛), '공'(恭), '관'(寬), '신'(信), '경'(敬), '민'(敏), '혜'(惠), '례'(禮) 등의 알 듯 모를 듯한 말로 다시 바꿔놓기도 하였다. 이러한 공자의 도를 증삼의 말이나 후대 학자들의 해석처럼 이렇게 하나의 말을 다른 말로써 대체해나가면 쉽게 풀이가 되는 것처럼 보이지만 기실은 점점 더 모호해져가는 경우가 많은데, 이 모호함 속에서 해석하는 사람의 목적론적인 의도, 즉 권력이 개입되기도 한다는 것은 앞의 자유(子游)의 예에서 이미 본 바가 있다. 즉 모든 가르침은 억제라는 성가심의 과정이 있어야 하는데, 이를 피해서 관념의 공간으로 들어가면 결국 다른 게 돼버린다. 이러한 왜곡 현상을 순자는 「비십이자편」(非十二子篇)에서 다음과 같이 비판하였다.

> 고대 제왕들을 대충 모방은 했지만 그들의 근본 강령은 알지 못한다. 그럼에도 그들은 재주는 많고 의지는 크며, 보고 들은 바는 잡다하게 많았다. 그들은 옛날 것들로부터 근거를 찾아서 거기다가 자신들의 학설을 만들어내고는 이를 오행(五行), 즉 다섯 가지 덕행이라고 갖다 붙였으니, 이것은 심히 편벽되고 튀어서 이와 비슷한 것이 없고, 깊고

비밀스러워서 설명할 길이 없으며, 닫히고 묶여서 풀 길이 없다. 그리고 그 말을 어루만지고 꾸며서 이를 높이 받들어 말하기를 "이것이야말로 진실로 옛 군자의 말씀이다"라고 한다. 이것은 자사(子思)가 부르짖고 맹자가 이에 화답한 것이다. 세속 사람들은 어리석고 흐리멍덩해서 왈가왈부 말은 많지만 그것이 잘못된 바를 알지 못하고 있다. 그리고 마침내 이를 받아서 전달하고는 공자와 자유(子游)가 이들로 인해서 후세에 중히 여김을 받을 것이라고 생각하고 있으니, 이는 곧 자사와 맹자의 죄인 것이다.

이 글은 순자가 유가를 비판한 부분인데, 유가의 문인들이 전국시대에 유행했던 오행설에 영합하여 공자의 가르침을 관념적으로 왜곡한 행위를 꼬집어서 비난하고 있다. 특히 공자가 생전에 끊임없이 설파한 인과 예를 형이상학적으로 만들기 위해서 하위 개념인 의(義), 지(智), 신(信) 등과 합쳐서 오행(다섯 가지 덕행)이라고 이름 지은 것은 명백한 관념화의 증거다. 한대의 예제(禮制)에서 오경(五經), 오전(五典), 오례(五禮) 등이 만들어진 것은 여기서 비롯된 것이다.

『대학』(大學)을 보면 '신독'(愼獨), 즉 혼자 있을 때를 조심하라는 말이 있다. 지식이란 계속 추구하다보면 내면을 향해서 천착하게 되는데, 여기에 몰입하면 자유로워진 것으로 착각하고는 자기억제에 대해 긴장하지 않게 된다. 그래서 지식을 이용하여 권력을 행사하려는 약간은 '더러운' 생각을 하게 되는데, 이렇게 해서 지식의 권위를 얻게 되면 성가시게 예를 실천하지 않아도 예를 관념적으로 깊이 아는 사람이 되고 그로 인해 존경도 받는다. '신독'은 바로 이 점을 조심하라고 경계한 말이다.

남송 시기에 한때 성행했던 성리학도 마찬가지 속성을 갖고 있었다. 이에 대해서 여기서 자세히 논할 수는 없지만, 아주 거칠게 일별해도 성리학의 관념성을 신중히 생각해야 하는 부분을 찾아낼 수 있다. 즉 '성리'(性理)라는 말 자체만 보더라도 인간의 본성을 이치로 접근한다는 학문적 의미를 내포하고 있는데, 이는 자칫 인간의 속성을 도식화할 수 있는 우려가 있다. 도식화에서 우리는 전체주의의 냄새를 느낄 수 있는 게 사실이다. 다행히 우리나라나 중국의 역사에서 이를 악용할 계기는 없었지만 말이다.

예와 광기

이처럼 중국에서 영지주의적인 경향이 주류가 되지 않았고 아울러 문화 자체가 관념화로 흐르지 않은 것은 바로 예의 자기 억제 기능이 언제나 중심에 서 있었기 때문이었다고 볼 수 있다. 앞에서 본 바와 같이 자기 억제는 스스로를 구속하여 자유로운 상상을 방해할 것처럼 보일지 모르지만 실상은 그렇지가 않다. 오히려 자기를 억제하고 예를 실천할 때 자유로워질 수 있으니, 공자의 다음과 같은 깨달음은 모두 예부터 비롯된 것이다.

기름기 없는 음식을 먹고 냉수를 마시고서 팔을 구부려 베개를 삼더라도 즐거움이 그 가운데 있다. 의롭지 않은 방법으로 재물을 불리고 지위가 높아지는 것은 나에게 있어서 뜬구름과 같을 뿐이다. (「술이편」)

(飯疏食飮水, 曲肱而枕之, 樂亦在其中矣. 不義而富且貴, 於我如浮雲.)

군자가 기거하는 데 낙후한 동네라는 게 어디 있느냐? (「자한편」[子罕篇])

(君子居之何陋之有?)

세속의 사람들은 재물도 많이 모으고 벼슬도 높아져서 잘 먹고 잘사는 것을 최고의 행복으로 여긴다. 반면에 도를 깨우친 사람들은 공자의 말처럼 세상적인 가치에 마음을 두지 않기 때문에 먹고 사는 게 부족해도, 사는 환경이 열악해도 늘 즐겁고 행복하다. 이러한 즐거움은 다름 아닌 억제에서 오는 것이다. 억제를 통해서 자유가 느껴지기 때문이다. 억제하지 않으면 욕구를 모두 충족시켜야 행복해지는 법인데, 끝없는 욕구를 충족시킬 방법은 도대체 없기 때문에 끝내 행복할 수 없는 것이다.

이러한 예의 속성을 공자는 「태백편」(泰伯篇)의 다음 구절에서 아주 잘 요약하고 있다.

공손하기만 하고 예가 없으면 안절부절못하고, 신중하기만 하고 예가 없으면 두렵고, 용감하기만 하고 예가 없으면 윗사람에게 함부로 굴고, 정직하기만 하고 예가 없으면 박절해진다.

(恭而無禮則勞, 愼而無禮則葸, 勇而無禮則亂, 直而無禮則絞.)

여기서 '공손함', '신중함', '용감함', '정직함' 등은 모두 사회적으로 바람직한 행위들이지만 예의 도움을 받지 못함으로써 뒤의 '안절부절못함', '두려워함', '윗사람에게 함부로 굶', '박절함' 등의 비사회적인 행위로 변질되는 것이다. 이 다듬어지지 않은 비사회적인 행위를 광기라고도 부를 수 있는데, 그렇다면 예는 광기를 다스리는 수단이 되는 것이다. 이들 후자의 행위들에는 모두 '자유롭지 못함'이라는 공통점이 있는 것을 발견할 수 있다. 이로써도 "신이 존재하지 않는다면 더 이상 아무것도 허용되지 않는다"는 라캉의 명제는 입증될 수 있다.

세계의 오래된 나라들은 거의 우수한 문화를 갖고 있는데, 문화의 우수성은 지혜의 축적에 있다. 지혜란 자유로운 상상력에서 나오는 것이고, 자유는 자기 억제에서 비롯된다. 중국의 경우를 보더라도 중국 역대 정권의 처음은 미개 문화권을 뜻하는 오랑캐들이 지배했지만 머지않아 중국 문화에 동화돼온 것은 상상력과 지혜가 부족했기 때문이다. 즉 그들에게는 잔여를 통제할 문화적 방식이 완전하지 못했기 때문에 전체/전부의 개념이 불완전할 수밖에 없었다. 이러한 상태에서는 세계를 감당하기에 역부족일 것이므로 중국의 지혜에 의존하게 되었다는 말이다. 물론 지혜의 축적은 긍정적인 방면에서만 끝나지 않는다. 오래된 문화권 내의 사람들과 거래할 때에 특히 조심해야 하는 것은 그들이 노회한 술수와 간교한 꾀도 드러나지 않게 잘 부리는 외설적인 지혜도 함께 갖고 있기 때문이다.

제7장

또 하나의 기능,
거리두기

앵두나무 처녀의 주체화

이와 같이 잔여를 통제하여 백성들을 사회생활에 적합한 주체들로 만들기 위해서는 전형이 될 만한 도식이 필요한데, 여기서 예라는 규범은 이를 위한 매우 좋은 틀로 기능할 수 있었다. 예의 자기 억제가 일으키는 또 하나의 효과가 사람과 사람 간의 거리 유지다. 『예기』의 전편에 흐르는 일관된 가르침은 자기 억제인데, 이는 기본적으로 봉건사회에서 살아가기 위한 질서 의식을 함양시키기 위한 것이다. 질서라는 것은 세계라는 전체를 유지하기 위해서 각 주체들이 자신의 욕구를 유보하면서까지 따르려 하는 일종의 규범이므로, 달리 말하면 주체가 행위하고 사고할 때 그 근거로 의존하는 대타자가 된다.

일상에서 우리가 어떤 사람을 내 의도대로 지배하거나, 또는 더 심하게 말해서 나의 노예로 만들고자 할 때 맨 먼저 해야 할 일은 그 사람을 개체로 독립시키는 것이다. 누구의 소유인 채로는 내 지배를 받지도 않을뿐더러 내 말을 듣기조차 않을 것이기 때문이다. 그를 먼저 독립시켜놓아야, 속되게 표현하자면, 주인이 없는 빈 공간으로 만들어놓아야 내 말이 먹힐 수 있다는 말이다. 왜냐하면 노예에게 주인 기표는 하나이어야 하겠기 때문이다. 노예 해방이라는 숭고한 명분으로 야기된 미국의 남북전쟁도 이면에는 남부의 농장 노예들을 북부의 공장 노동자로 데려오려는 저의가 숨어 있었고, 영화 「마지막 황제」로 유명한 1932년 만주국의 독립도 중국의 동북 지역을 집어삼키려는 일본의 야욕이 만들어낸 산물이다.

우리나라의 1960~1970년대 산업화 과정에서도 같은 구조의 경험을 발견할 수 있다. 즉 당시 대도시 주변에 세워진 공단에서는 값싼 노동 인력이 많이 필요하였다. 이러한 노동 인력은 농촌으로부터 공급을 받아야 하는데, 가족이나 지역적인 정서로 끈끈하게 연대가 된 농촌 사람들은 좀처럼 집과 고향을 떠나려고 하지 않는 게 문제였다. 이들을 도시로 오게 만들려면 먼저 마음을 집과 마을로부터 떨어질 수 있게 해야 하는데 이것이 바로 개체화다. 즉 당시에는 누구네 집 누나나 누이동생이 홀로 도시에 나가 돈을 벌어서 오빠 또는 남동생들을 공부시켜 출세케 했다는 이야기가 전설처럼 입에서 입으로, 마을에서 마을로 퍼져 다니곤 했다. 말하자면 개인의 숭고한 희생으로 말미암아 가족 전체가 구원받았다는 것이다.

뿐만 아니라 명절 때마다 인사차 내려오는 누이의 몸에는 시골에서는 볼 수 없었던 도시의 화려한 옷을 걸쳤고, 양손에는 말로만 듣던 전기밥솥 같은 선물들이 가득 들려 있었으니, 그 모습은 말 그대로 금의환향 그 자체였다. 작년까지만 해도 평범한 마을 처녀 중의 하나였지만 이제는 아니다. 즉 새로운 주체(들)가 탄생한 것이다. 이에 자극을 받은 마을 처녀들은 더 이상 머뭇거릴 필요가 없었다. 너나나나 들뜬 마음으로 달아나듯 가족과 고향을 떠나 도시로 몰려갔다. 당시 유행가였던 「앵두나무 처녀」 중의 “물동이 호미자루 / 나도 몰라 내던지고, 말만 듣던 서울로 도망을 가니 / 이쁜이와 금순이도 단봇짐을 쌌다네”라는 가사는 이런 개체화 현상을 해학적으로 묘사한 것이리라. 그래서 일손이 부족한 공장에서는 더 많은 노동 인력을 유인하기 위해서 명절 때 직공들을 고향에 보낼 때는 일부러 부피 큰 선물과 화려한 원색 양장을 입혀 보냈다는 뒷이야기가 들리기도 했다.

아무튼 질서를 유지할 대타자를 세우거나 주입하기 위해서는 어떤 방식으로든 개체화가 선행돼야 한다. 개체화란 자신의 정체성을 가족이나 지역사회에서 찾던 개인이 스스로의 타자성을 자각한 사건에서 비롯되는 것으로서, 비유컨대, 개체화 이전에는 사회의 일부분으로 밀착돼 있어서 사회를 통해서 숨을 쉬었다면, 이후에는 자신만의 숨 쉴 공간을 확보하고 스스로 쉬게 됐음을 의미한다.

프로이트의 『쾌락의 원칙을 넘어서』(1920)에 보면 한 살 반 정도의 손자가 혼자서 실패를 던졌다 당겼다 하는, 이른바 '포르트-다'(Fort-Da) 놀이를 묘사한 부분이 나온다. 아이의 엄마는 집안일로 바빠서 아이를 돌보지 못하자 빈 실패에 실을 매달아 장난감으로 주고는 침대 위에서 혼자 놀게 내버려두었다. 처음엔 엄마가 오기만을 기다리던 아이가 엄마가 들락거리기만 하지 아이에게는 관심을 주지 않자 아이는 좀 있다가 스스로 놀이를 찾아하게 되었는데, 그것은 실패를 침대 밖으로 던졌다가 다시 끌어오는 일을 반복하는 놀이였다. 아이는 실패를 던질 때 '오- 오- 오- 오'(Fort : 가다)라고 소리를 내고, 실을 당길 때에 '다'(Da : 오다)라고 외쳤는데, 프로이트는 던졌다가 다시 당김을 반복하는 놀이는 아이가 어머니가 사라진 현실에서 그의 귀환을 기다리는 욕망을 수동적인 차원에서 인내하지 않고 놀이라는 상징으로 대체함으로써 능동적인 위치로 자리바꿈한 사건으로 해석하였다. 즉 경험의 세계에서는 어머니의 귀환을 앉아서 기다리는 수밖에 없지만 놀이라는 상징 안에서는 얼마든지 능동적으로 어머니를 귀환시킬 수 있기 때문이다. 더구나 실패를 던지고 당길 때 '오'·'다'라고 외친 것은 곧 상황을 언어로 분절했다가 다시 연접시킨 행위인데, 이는 자의적이라는 언어의 속성을 활용했다는 점에서 더욱 능동적이고 창조적인 활동이 된다고 말할 수 있다는 것이다. 이것이 엄마가 없는 상황을 장악하고 불안을 극복한 어린아이의 방식이라는 것이 프로이트 이후의 일반적인 해석이다.

이에 대하여 슬라보예 지젝은 다른 해석을 내놓는다. 즉 실패는 어머니의 대역이 아니라, 라캉이 말하는 대상a, 즉 (아이) 자신을 어머니의 욕망의 대상으로 만드는 것을 가리킨다는 것이다. 실패는 아이의 것도, 어머니의 것도 아닌 아이와 어머니 사이(in-between)에 있는, 둘의 교집합으로 본다.[1] 이것 때문에 어머니와 아이는 서로 사랑하고 사랑받는 밀착된 관계가 형성되지만 또한 이것 때문에 불안하기도 하다. 왜냐하면 나를 사랑하는 대상으로 만드는 것, 달리 말하면, 나를 욕망의 대상이 되게 하는 것은 내 자체가 아니라 내 안에 있는 것(대상a)이다. 좀 거칠어지더라도 쉽게 말하자면, 상대방이 나를 사랑하는 것은 내가 잘나서가 아니라 나도 모르는 내 안의 그 무엇에다가 상대방이 자신의 욕망을 투사하였기 때문이다. 그러므로 상대방은 그것을 빼내기 위해서 나를 파괴하려고 시도할 수도 있기 때문에 나는 불안한 것이다. 그것은 기실 내 안에 있는 것이 아니라 둘 사이에 있음에도 불구하고 말이다.

실제로 사랑하는 연인이 상대방을 너무 사랑한 나머지 그를 혹독하게 시험해서 거의 폐인을 만들어놓고는 떠나버리는 경우를 우리는 주위에서 심심치 않게 볼 수 있다. 자신의 욕망인 대상a를 상대방으로부터 빼내기 위해서 상대방을 파괴한 것이다. 어린아이가 자기의 장난감이 너무 재미있어서 이 안에 뭐가 있을까 궁금해서 분해해봤지만 아무것도 없으니까 그냥 버리는 것과 같은 이치라고 하겠다.

---

1 지젝(2007), 98쪽.

지젝은 라캉의 이러한 불안보다 더한 진짜 불안으로 타자의 주이상스에 갇히는 것, 다시 말해서 어머니의 압도적인 현존을 제시한다. 그러니까 앞서의 아이가 실패 놀이를 반복한 것은 어머니의 부재에 대한 불안을 극복하기 위해서가 아니고, 나에게 밀착해서 지배하려는 어머니의 품에서 벗어나 거리를 두고 싶어 하는 무의식적 몸짓이다. 이렇게 아이가 자신만의 숨 쉴 공간을 확보해야 어머니의 방해를 받지 않고 자신의 욕망을 유지할 수 있다는 것이다. 이런 욕망으로 실패를 던졌지만 엄마 없이 살 수 없는 게 또한 현실이니까 아이는 다시 실패를 당겨 들이게 되는데, 이 상반된 양극 사이를 왔다갔다 방황하는 게 '포르트-다'의 본질이라는 말이다.[2]

앵두나무 처녀가 실패처럼 던져지듯 대도시로 달아나는 것은 자유를 찾은 것처럼 보이지만, 대도시에 들어가는 순간 그는 그곳의 또 다른 질서에 들어가 거기에 복종하며 살아야 한다. 이것은 달리 말하면 그가 대도시라는 상징계 속에 편입됐다는 뜻이므로 그의 자유라는 것은 자신의 시선에서만 느낀 상상계 속에의 자유에 지나지 않음을 알 수 있다. 따라서 그는 자신의 욕망을 따라서 자연스럽게 가족과 고향이라는 상징계로부터 떨어져 나와 대도시라는 상징계로 자리 이동을 하게 된 셈이다. 사회구성원들, 즉 백성들을 세계라는 전체의 질서 안에 집어넣기 위해서는 먼저 개체화를 해야 하는 이유가 바로 여기에 있다.

---

2 같은 책, 98~99쪽.

소대장은 왜 대대장을 두려워할까

상징계 속에서 그 질서에 복종하면서 살아가는 주체라고 하더라도 언제나 욕망이 있는 곳을 향하여 바짝 밀착하려 드는 것은 어쩔 수 없는 현상이다. 라캉은 "욕망은 타자의 욕망"이라고 했다. 즉 노예는 주인이 원하는 욕망에 적극적으로 부응하려고 욕망한다. 그래서 주인이 몇 번 그 노력을 가상히 여겨 칭찬해주면 신명이 나서 더 잘하려고 나서게 된다. 이것을 주인이 미처 제지하지 못할 경우 노예는 주인의 권한을 하나둘 침범하게 되고, 점차 나아가 주인 행세를 하는가 했더니 마침내는 주인을 가르치거나 능멸하는 사태에까지 이르는 사례를 우리는 주위에서 흔히 볼 수 있다. 『논어』「양화편」(陽貨篇)의 "계집종과 하인 부류들은 두고 부리기가 힘들다. 이들은 가까이 해주면 함부로 굴고, 멀리하면 원망한다"(唯女子與小人爲難養也, 近之則不孫, 遠之則怨)라는 공자의 말이 이를 잘 대변한다. "오냐오냐하고 놔두니까 하늘 높은 줄 모르고 기어오른다"는 속어도 주체의 욕망이 상징계를 위협할 수 있음을 경계하는 공자 말씀의 저자바닥 버전(version)이라고 말할 수 있으리라.

이처럼 주체들이 대상에 필요 이상으로 밀착하면 질서가 문란해지게 마련이므로 관계들 사이에는 언제나 일정한 거리가 유지되게 할 필요가 있었는데, 그 방법이 매개물을 이용하는 것이다. 추상적으로 거리를 유지하기는 어려우므로 관계들 간에 구체적인 물건을 개입시켜 그 사이를 일정한 간격으로 떼어놓는다는 것이다. 이를테면, 『예기』「표기」(表記)에 "사령(辭令)이 없이는 서로 접촉하지 않고, 폐백의 예가 없이는 서로 만나지 않는다"(無辭不相接, 無禮不相見也)라는 구절이 있다. 이 구절에서 '사령'이란 흔히 외교사령이라고 불리는 말로서 상대방에 대한 존경의 말이나 겸사를 뜻한다. 사령이란 글자 그대로 인사치레로 하는 외교적 수사이므로 진실성이 결여된 형식적인 덕담일 수도 있다. 즉 형식적인 덕담은 내용이 없기 때문에 상대방이 흠을 잡거나 비방할 수 없는 이점이 있다. 그래서 이런 말을 사이에 놓으면 거리를 유지시킬 수 있는 상징성이 잘 기능한다. 또한 원문 '무례불상견'(無禮不相見) 중의 '예'(禮)자는 '폐백 지(贄)'와 같은 뜻으로서 사람과 사람이 만날 때 서로에게 증정하는 예물을 뜻한다. 폐백을 정할 때 내용(질료)보다는 상징성을 강구하는 것도 역시 거리 유지라는 기능을 잘 수행하기 위해서다. 폐백이나 예물을 값비싼 물건으로 내놓으면 상대방을 흥분 또는 긴장하게 하므로 거리 유지의 균형이 깨질 수 있기 때문이다. 남자가 사귄 지 얼마 안 되는 여자에게 값비싼 보석이나 명품을 선물하는 이유를 생각해보라. 궁극적으로 상징을 가장하여 질료 자체를 보게 함으로써 거리를 유지하고자 하는 여자의 의지를 무너뜨리려는 의도가 있지 않겠는가? 아니면 과도한 예물에 여자가 의심으로 긴장한 나머지 떠나버릴 수도 있을 것인즉, 이렇게 되면 거리 유지는 실패할 수밖에 없다.

고대 중국에서 대부(大夫)가 천자 앞에서 자신을 가리킬 때 배신(陪臣)이라고 부르는데, 이때의 '모실 배(陪)'자는 '곱 배(倍)'자와 같은 뜻이다. 즉 대부는 천자를 직접 모시지 않고 두 배가 되는 거리에서 모시는 신하라는 뜻이다. 다시 말해서 대부는 천자의 신하지만 제후의 신하이기도 하므로 제후를 사이에 두고 천자를 간접적으로 모신다는 말이다. 이를테면, 제나라 관중(管仲)은 주나라 천자 앞에서 자신을 '배신'이라고 불렀는데, 이는 천자와 자신 사이에 환공(桓公)이 있기 때문이다. 따라서 여기서 환공은 천자와 관중 사이에서 거리두기의 기능을 하게 된다.

우리의 일상에서도 아랫사람에게 권위를 유지하려면 그들을 두 배가 되는 거리에 있게 해야 한다. 두 배가 되는 거리에 있게 하기 위해서 중간에 거리두기 기능을 하는 이른바 '중간 보스'를 두는 것이다. 군 생활을 경험한 사람이라면 자신의 바로 위에 있는 차상급자는 별로 두렵지 않고 그보다 바로 위에 있는 차차 상급자에게는 늘 긴장했던 기억을 갖고 있을 것이다. 소대장의 군기는 중대장이 잡는 것이 아니라 대대장이 잡는다는 말이다. 이것은 대대장과 소대장 사이에 거리두기가 이루어져 있어서 자연히 권위가 형성돼 있기 때문이다.

사람과 사람 사이의 접촉은 교제(交際)라고 하는데, '사이 제(際)'자의 의미를 자형적으로 분석해보면 '언덕 부(阜)'와 '제사 제(祭)'로 이루어졌다. 제사란 산 사람과 죽은 사람 사이의 틈을 메우기 위한 의식이라는 사실을 바탕으로 하면 '제'(際)자의 본래 의미는 "두 벽이 교차하는 지점을 메우다"가 된다. 두 벽이 교차하는 지점을 다른 매개 없이 바로 붙여버리면 한쪽 벽의 쏠림이 일어날 때 그 힘이 그대로 다른 쪽 벽에 전달되는 위험이 생긴다. 이 위험을 방지하기 위해서 교차되는 부분을 매개물로 메워준다는 것이 '제'의 의미다. 사람 사이의 만남도 이와 마찬가지다. 그래서 『예기』「예기편」(禮器篇)에서는 이러한 매개와 그 기능에 대해서 다음과 같이 자세히 설명하고 있다.

> 그러므로 군자가 예를 행하는 태도는 [예의 형식을] 자기 멋대로 지어내서 [거기다가] 자신의 진정을 표현해내는 것이 아니다. 이 때문에 [제후들은] 일곱 명의 거간(居間)을 데리고 서로 회동을 하는 것인데, 이렇게 하지 않으면 너무 속이 드러나 보인다. [문을 들어설 때마다 주인이] 세 번 먼저 들어가라고 권하고 [이에 손님이] 세 번 사양하면 [서로의 진정을] 알게 되는데, 이렇게 하지 않으면 너무 급박해진다. 그러므로 노나라에서는 장차 하느님에게 제사를 지내고자 할 때에는 반드시 먼저 반궁(頖宮)에서 [후직에게] 이를 고하는 제사를 지낸다. [……] [희생에 쓸 소는] 석 달 동안 우리 안에 매어두고, 7일 동안 산재(散齊)를 시키며, 3일 동안 치재(致齊)를 시키는데, 이는 모두 지극히 삼가고 조신하게 하기 위함이다. 그러므로 예를 수행할 때에는 [주인과 손님의 예법을 관장하는] 빈조(擯詔)가 따라다녀야 하고, [시각장애자인] 악공에게는 상보(相步)가 따라다녀야 하는데, 이는 지극히 문아(文雅)하게 하기 위함이다.
> (是故君子之於禮也, 非作而致其情也. 是故七介以相見也. 不然則已慤; 三辭三讓而至, 不然則已蹙. 故魯人將有事於上帝, 必先有事於頖宮, [……] 三月繫, 七日戒, 三日宿, 愼之至也. 故禮有擯詔, 樂有相步, 溫之至也.)

"예는 자기 멋대로 지어내서 [거기다가] 자신의 진정을 표현해 내는 것이 아니다"라는 구절은 예라는 것은 자신의 생각을 즉흥적인 방식으로 상대방에게 전달하는 것이 아니라, 오히려 그렇게 하지 못하도록 관습화된 코드에 따라 움직이게 하는 절차임을 강조하는 말이다. 이 말은 곧 예에는 각 세절마다 그렇게 하지 않으면 안 되는 의미와 기능이 있다는 뜻이다.

'만만디'는 문명의 징후

이를테면, 제후와 제후가 만나서 정상회담을 하는 경우라면 각자는 자국의 유익을 위해서 상대방의 일거수일투족을 매우 유심히 관찰하게 마련이다. 각자는 자신의 속마음은 가능한 한 숨기고 상대의 속마음을 읽어내려고 갖은 애를 쓸 것임은 자명한 이치다. 이 숨기고 찾아내는 게임에서 나의 잔여(lalangue)에 대한 통제를 실패한다는 것은 상대방에게 내 속마음을 들키는 거나 마찬가지다. 따라서 제후들끼리 서로 만날 때는 가급적 직접 접촉을 피하고 중간에 거간을 두어 매개해야 서로가 실수를 하지 않게 되는 것이다. 거간을 두지 않았을 때 '각'(愨)하게 된다고 했는데, '각'이란 '솔직하다', 또는 속된 말로 '화끈하다'라는 뜻쯤으로 해석할 수 있다. 백성의 안위를 책임져야 하는 위치에 있는 제후가 중요한 국제적인 이슈를 '화끈하게' 풀 수는 없지 않은가? 그래서 일곱 명의 거간들이 차례로 임금의 의사를 전달하도록 예법을 만든 것인데, 이 과정에서 임금의 거친 표현들이 부드럽게 윤색이 되고 또한 자신들이 만일 '몸이 달아 있는' 다급한 상태라면 그러한 약점이 숨겨지기도 한다. "세 번 먼저 들어가라고 권하고 세 번 사양한다"는 것은 문을 통과할 때마다 주인과 손님이 서로 먼저 들어가라고 권하고 사양하는 행위를 세 번 한다는 뜻이다. 이것이 이미 예법에 정해진 형식적인 행위지만 이를 행하는 사이에 내심의 욕심이나 지나친 의욕이 다스려져서 평상심을 유지할 수 있다는 것이니, 이것이 원문에서 말하는 '다다를 지(至)'의 의미다. 이렇게 하지 않으면 상대방을 너무 '다그치게'(戚) 되어서 일을 그르칠 수도 있기 때문이다.

이처럼 주체들이 대상에 밀착하려는 욕망을 누그러뜨리기 위하여 예라는 형식을 통해서 사이를 떼어놓으려 했다. 위의 인용문에서 보듯이, 노나라에서는, 달리 말하면 주나라 예법에서는 하늘에 제사를 지내고자 할 때에는 먼저 반궁에서 후직에게 이를 고지하는 매개적인 제사를 지냈다고 한다. 또한 "희생에 쓸 소는 석 달 동안 우리 안에 매어두고, 7일 동안 산재를 시키며, 3일 동안 치재를 시킨다"고 했는데, 이 모든 절차가 기실 너무 덤벼서 대상에 밀착하지 않도록 제어하기 위한 조치들이다. 다시 말하면 이 매개의 과정을 통하게 되면 드러내 보여서는 안 되는 잔여가 통제되고 이로써 질서가 잡히는 것이다. 이러한 절차가 잘 정비돼 있는 사회를 우리는 문화적, 또는 문명이라고 부른다. 우리는 흔히 중국인들의 느릿느릿한 속성을 희화시켜서 '만만디'라고 부른다. 중국인들의

'만만디'는 나라가 큰 데서 오는 문화적 속성이라고 말하지만, 나라가 커서 그런 것이 아니라 앞서 설명한 매개 형식들의 복잡한 절차에서 기인한 것이라고 봄이 옳다. 세계적으로 보더라도 역사가 오래된 문화 국가의 시민들일수록 절차를 중시하고 '만만디'라는 사실이 이를 입증한다. 따라서 '만만디'는 곧 잔여를 통제하고 있다는 문명의 징후인 셈이다.

인용문의 마지막에 "악공에게는 상보가 따라다녀야 한다"고 했는데, 옛날 궁중의 악공은 시각장애자들이 담당했으므로 이들에게는 반드시 상보라는 안내인이 항상 옆에 붙어 있어야 했다. 즉 시각장애인에게 안내인이 따라다녀야 하듯이, 주인과 손님 사이에는 반드시 예법을 챙겨주는 빈조(擯詔)가 따라다녀야 한다는 것이다. 이렇게 사람과 사람 사이의 관계를 예라는 매개적 절차로 메워서 떼어놓는 것을 문화적, 또는 문명이라고 정의했는데, 원문의 '온'(溫)은 바로 문화적 아름다움, 즉 문아(文雅)함을 뜻하는 것이다.

그래서 「곡례」는 예물 · 예기(禮器) · 제물 · 제기 등 매개 기능을 하는 물건의 형식과 그 다루는 법 등을 상세히 설명한다. 이를테면, 사람과 사람이 만날 때의 예를 교접례(交接禮)라고 하는데, 여기에 반드시 폐백이 있어야 함은 말할 것도 없다. 폐백에 쓰는 물건은 신분에 따라 다음과 같이 정해놓았는데 여기에는 각기 상징하는 바가 있다.

① 천자에게는 손님을 맞이하는 객례라는 게 없지만, 예물을

쓸 때는 검은 기장으로 빚은 창주(鬯酒)를 쓴다. 창주는 제사 때 강신주로 쓰는 것인데, 천자는 하늘과 제후 사이의 경계에 있는 자이므로 천자가 제후를 만나는 것은 신의 강림과 같다는 의미에서 창주를 쓰는 것이다.

② 제후는 규(圭)라는 홀을 폐백으로 쓰는데, 규는 천자가 제후에게 수여한 신표(信標)로서 신분을 나타내는 것이다.

③ 경(卿)은 새끼 양(羔)을 쓰는데, 양은 언제나 떼를 지어 사는 법이므로 여기에는 참모들은 천자의 주위에서 함께 보필해야지 결코 무리를 벗어나 따로 당을 지어서는 안 되고, 아울러 어린 양처럼 청렴결백해야 한다는 상징적 의미가 있다.

④ 대부는 기러기(雁)를 쓴다. 기러기는 철새이기 때문에 오고 갈 때를 잘 알고 있을 뿐만 아니라, 날아갈 때도 위아래의 질서가 명확하다. 따라서 여기에는 대부들은 위아래의 질서를 잘 지키고 특히 물러날 때를 잘 알아서 스스로 물러날 줄 알아야 한다는 의미가 들어 있다.

⑤ 사(士)는 꿩(雉)을 쓴다. 꿩은 깃털이 아름다울 뿐 아니라 야성이 강하다. 그래서 사로잡아서 사육하면 절대로 주는 먹이를 먹지 않고 버티다가 굶어 죽는다고 한다. 이것을 옛날 사람들은 본성이 강직한 것으로 보고 선비들이 본받게 하였고, 아울러 꿩의 화려한 깃털처럼 공부를 통해서 인격을 아름답게 다듬고 꾸밀 것을 권면하는 의미에서 꿩을 폐백으로 삼았던 것이다.

⑥ 서인들은 집오리(匹)를 쓴다. 이때 '匹'자는 '필'로 읽지 않고 '목'이라고 읽는다. 집오리는 새이지만 날아오르지 못하므로 여기에는 서인들은 오르지 못할 나무는 쳐다보지도 말고 오로지 농사나 열심히 지으라는 뜻이 있다.

⑦ 미성년자들은 아무것이나 갖고 있는 것으로 폐백을 삼으면 되는데, 단지 주의할 점은 미성년자는 감히 성인과 함께 예를 행할 수 없으므로, 어른을 뵐 때는 예물을 땅에 놓고 인사하고 물러나면 된다.

⑧ 군인은 야전에서 마땅한 예물을 구할 수 없을 수 있으므로 자신이 갖고 있는 주위의 물건들, 이를테면 갓끈 · 토시(套袖) · 화살 등을 쓸 수 있다.

⑨ 아낙들이 만날 때에는 상수리나 개암열매 · 육포 · 대추 · 밤 등으로써 성의를 표시하면 된다.

이렇게 매개로 쓰는 물질에 형식과 상징을 부여하면 사람과 사람 사이에 넘을 수 없는 선이 그어지는데, 그러면 선을 중심으로 나누어지는 양측 사이에 자연스럽게 상하 또는 우열의 관계가 형성된다. 이것이 바로 봉건질서의 기초가 되는 것이다. 이때 매개 물질을 비싼 보석으로 한다든지, 또는 화려하게 장식을 하는 등, 질료와 형식에 변화를 주면 기능이 더 강화되어 선이 더 확실하게 그어지고 상하/우열의 관계도 잘 분리되긴 하지만, 이 경우 관계가 너무 분리되어 사회적 소통에 장애를 일으키는 약점이 발생할 위험이 있다. 매개 물질은 접근의 한계를 지정해주기만 해야지 소통을 아예 막아서는 안 된다.

하룻밤 재워줄 수 없으면 묵을 곳을 묻지 말라

『예기』「표기」(表記)를 보면 다음과 같은 구절이 있다.

> 군자의 교제는 물과 같고, 소인의 교제는 단술과 같다. 군자는 담박함으로써 관계를 이룩하고 소인은 달콤한 맛으로써 관계를 무너뜨린다.
>
> (君子之接如水, 小人之接如醴. 君子淡以成, 小人甘以壞.)

물은 물질이면서도 마치 없는 것처럼 투명하다. 군자가 폐백을 쓰는 것은 물과 같이 보이지 않게 접근의 한계만 정할 뿐이므로 굳이 가까이 접촉하지 않아도 투명하게 다 보인다. 따라서 한 점의 의혹도 생길 수 없으므로 관계가 원만하게 이루어지는 것이다. 예물에 관한 이야기는 아니지만 「표기」에 "군자는 상을 당한 사람과 있을 때 부의를 할 수 없으면 장례비용에 관해 묻지 않고, 병을 앓는 사람과 있을 때 먹을 것을 보내줄 형편이 아니면 먹고 싶은 것을 묻지 않으며, 나그네에게 하룻밤 재워줄 수 없으면 묵을 곳을 묻지 않는다"라는 구절이 있는데, 말하자면 쓸데없이 주제넘은 말을 해서 상대방에게 기대감이나 유혹을 불러일으키지 않는 것이 물처럼 담백하다는 뜻이다. 반면에 단술은 흐리고 불투명하기도 하려니와 매개물의 단맛 때문에 그 너머에 있는 상대방에 대하여 관심을 갖지 않도록 미혹시킨다. 즉 예물이란 매개 기능을 하는 물질에 불과한 것인데 그 자체에만 관심을 집중한다면 기능이 사라지면서 관계가 단절될 수밖에 없는 것이다. 우리 주위에서 서로 사랑해서 결혼하려는 남녀가 예물이나 예단 때문에 오히려 파혼에 이르는 경우를 심심치 않게 볼 수 있는 것은 바로 이 때문이다.

사회를 안정되게 유지하는 데 있어서 접촉의 행위가 매우 중요하기 때문에 『예기』는 여기에 상당 부분을 할애한다. 즉 고대의 예는 크게 길례(吉禮), 흉례(凶禮), 군례(軍禮), 빈례(賓禮), 가례(嘉禮) 등 다섯으로 나누어 오례(五禮)라고 했는데, 이 중에서 교접례에 해당하는 빈례와 가례가 주류로서 『의례』(儀禮)의 절반 이상을 차지하는 것을 보더라도 그 중요성을 충분히 짐작할 수 있다. 그 중요성이란 다름 아닌 거리두기인 것이다.

이상에서 살펴본 바와 같이 자기 억제와 거리두기라는 기능을 수행하기 위해서 만들어진 형식적 기제가 예다. 예는 형식에 초점이 맞춰져 있기 때문에 자칫 이념적인 면이 결여돼 예가 경직될 위험성이 있다. 그래서 이를 보완한 것이 '양'(讓)이라는 윤리성이다. '양'이란 양보 또는 겸양이라는 뜻으로서, 예가 궁극적으로 추구하고자 하는 목적이다. 즉 예를 수행함으로써 생성되는 것은 '인'(仁)이지만 이 인이 사회적으로 얻어내는 것은 '양'이라는 말이다. 예를 흔히 '예양'(禮讓)이라고도 부르는 것은 이 때문이다. 거리두기란 달리 말하면 선 긋기로서 곧 분리를 뜻한다. 니체적인 관점에서 본다면 관계가 발생한다는 것은 그로부터 어떤 힘을 발생시키기 위한 것이다. 같은 힘을 생성시킨다고 하더라도 양자가 긍정적 의지를 갖느냐 부정적 의지를 갖느냐에 따라 그것이 적극적 힘이냐 아니면 반응적 힘이냐의 차이를 보인다.[3] 예는 적극적 힘을 생성시키기 위하는 데에 초점이 맞춰져 있음은 말할 것도 없다. 그러므로 관계에 참여하는 쌍방은 긍정적 의지를 가지고 자발적으로 참여하도록 예는 작동한다. 이 자발적 참여를 유도하는 것이 바로 '양'이다. 그러므로 이 '양'은 어느 한쪽에서만 일어나지 않고, 지위고하를 막론하고 상호간에 일어나야 한다. '양'이라는 개념은 실제 언어 사용에서는 존양(尊讓), 경양(敬讓), 비양(卑讓) 등으로 쓰이고 있는데, 모두 상대방을 높이고 자신을 낮추면서 양보한다는 의미가 내포돼 있다.

이러한 자발적 양보는 궁극적으로 적극적인 힘을 생성하기 위한 것인데, 아무리 힘의 생성을 위한 것이라고 하더라도 양보가 즐거울 리는 없다. 양보를 즐거운 행위로 만들어주는 방도가 바로 예라는 형식 자체를 수행하는 것이다. 즉 예의 반복 연습과 실천은 몸에 자연스럽도록 익히면 향락이라는 즐거움이 오게 되는데 이것이 감응의 본질이라고 했다. 고통스런 연습을 통해서 단련된 목소리나 몸놀림을 무대 위에서 또는 경기장에서 연출했을 때, 가수나 선

---

3 이에 관해서는 서동욱(2002), 113쪽을 참조하기 바람.

수 본인뿐 아니라 관중에게까지도 생성되는 감응을 상상하면 쉽게 이해할 수 있다. 이 작은 감응 때문에 예를 실천하는 행위는 자신을 세계에 적극적으로 결합하려는 방도가 된다고 앞에서 이미 설명한 바가 있다.

제8장

"일흔에는 마음이 하고자 하는 대로 따라가도 규범을 벗어나지 않았다"(七十而從心所欲, 不踰矩)의 진실

예의(禮儀)와 예의(禮義)의 차이

이처럼 예란 카오스의 세계에 질서와 삶의 틀을 제공하기 위해서 만들어진 일종의 기호체계이므로 당연히 여기에는 실체가 있을 수 없다. 그런데 사람들은 언제나 기호(정확히는 기표)에 의해서 만들어지는 의미(기의)를 하나의 무한성의 실체(세계)로 해석하려는 형이상학적인 경향을 보인다. 다시 말해서 기호는 대상을 지시하고 그 대상은 실체라고 믿고 싶어한다는 말이다. 이를테면, 어떤 이른바 청순가련형으로 생긴(또는 연출된) 젊은 여배우가 영화 작품에서 천사와 같은 역할을 맡아 연기해서 이른바 '뜨게' 되면 대중들은 그녀에게 성녀의 이미지를 갖게 되고 또한 성녀가 되도록 강요한다. 그래서 어쩌다 그녀에게서 인간적 냄새가 풍기기라도 하면 무척 실망하고 분노한다. 자신들도 그녀에 대한 분노가 기실 말도 안 되는 것인지를 알았는지 "어떻게 성녀가 그럴 수 있느냐"라고 하지 않고, 꼭 "공인이 그럴 수 있느냐"고 말한다. 국가의 녹을 받는 것도 아닌데 왜 공인이라고 탓하는지 알 수 없다. 아무튼 그녀가 청순가련형으로 생긴 것은 우연적인 것이고, 천사의 이미지로 만든 것은 기호 활동이며, 대중들이 성녀로 여기는 것은 자의적인 것이다. 즉 우연성에다가 자의적인 관념을 부여한 의도적인 기호 활동이라면 거기에는 실체가 없는 환상이라는 말이다. 지젝은 『혁명이 다가온다』에서 "무한성은 유한성 너머에 있는 게 아니라, 유한성 자체의 존재 결여, 그것의 부정적인 자기-삭제에 불과하다"[1]라고 설파했다. 이 말은 라캉의 "이름이 사물에 구멍을 만든다"는 명제를 '다시쓰기'(rewrite)한 것으로 보인다. 즉 어떤 사물에 이름(기표)을 붙이면 그 사물에는 의미(기의)가 발생한다. 이 의미는 기실 사물의 실체와는 관계가 없는 우연적인 것이다. 이를테면, 여우에게 '여우'라는 이름을 붙인 순간, 여우의 실체는 사라지고 '간교하다'라는 이미지적인 기의가 그 실체를 대체한다. '간교하다'라는 기의는 인간들의 자의적인 의미일 뿐, 생존하기 위해서 사냥을 하며 살아가는 여우의 속성과는 아무런 관련이 없다. 결국 '간교함'이라는 무한성의 의미는 '여우'라는 유한성의 기호가 기실 아무것도 없는 텅 빈 결여의 상태이기 때문에 가능했던 것이니, 이 결여란 다름 아닌 이

1 슬라보예 지젝 지음, 이서원 옮김, 『혁명이 다가온다』(서울: 도서출판 길, 2006), 59쪽.

름이 그 대상에 구멍을 낸 자기-삭제의 결과인 것이다.

예도 기호체인 이상 현실에 구멍을 내고 무한성의 의미를 생산해낼 수밖에 없다. 무한성의 의미를 신비롭게 생성해내야 그로써 권력을 만들고 유지할 수 있으므로 자연히 그 생성 수단인 예를 호사스럽게 만들고 치장하거나, 의미를 형이상학적으로 해석하게 된다. 『예기』「예기편」(禮器篇)에 "예라는 것은 사물 중에서 가장 지극한 것이다"(禮也者, 物之致也)라는 구절이 있는데, 이는 『예기』의 저자도 부지불식간에 이러한 기호작용에 빠졌음을 입증하는 예라고 하겠다. 오늘날에도 결혼식과 장례식을 호화롭고 성대하게 치르는 경향을 보이는 것은 바로 이 작용을 상업적으로 활용하고 가공했기 때문이다. 교회나 사찰을 지을 때도 값비싼 건축 자재를 쓰고 유명 건축설계사를 동원해서 웅장하게 건축하는 것도 그러한 건축물(기호체)이 무한성의 의미를 생성해기 때문인데, 여기서 무한성의 의미란 신이 그 건축물에 존재할 것이라는 믿음을 뜻한다. 과연 신은 화려하고 웅장한 건축물에만 존재하는 것일까?

유한성 너머의 무한성을 지향하려는 사람들의 그릇된 욕망을 공자도 경계하였기 때문에 예의 기호적 한계성을 인정하고 그것을 넘지 않으려고 노력한 흔적이 『논어』의 곳곳에 보인다. 물론 공자가 기호라는 개념을 갖고 있었던 것은 아닐 테지만, 예의 기능이 어느 선까지라는 균형 감각은 분명히 갖고 있었다는 말이다. 이를테면 「자한편」(子罕篇)에 다음과 같은 구절이 있다.

삼실로 삼은 면류관이 원래 예에 맞다. 오늘날에는 검은 실[명주실]로 삼는데, 이는 절약하기 위해서다. 나는 [이렇게 하는] 뭇사람들의 방식을 따르겠다. 당(堂) 아래서 절을 하는 것이 원래 예에 맞다. 오늘날에는 당 위에서 절을 하는데 이는 교만한 짓이다. 비록 뭇사람들의 방식과 어긋난다고 하더라도 나는 당 아래서 절하는 예를 따르겠다.

(麻冕, 禮也, 今也純, 儉, 吾從衆. 拜下, 禮也, 今拜乎上, 泰也. 雖違衆, 吾從下.)

면류관은 원래 삼실로 삼는 게 예법에 맞는데, 삼실로 삼는 일은 세공이 매우 많이 들기 때문에 값이 비쌌다. 그래서 후대 사람들은 비용을 절감하기 위해서 삼실 대신 값이 저렴한 명주실로 대체해서 쓰게 됐다는 것이다. 면류관은 예복이므로 그것이 값이 비싸다고 해서 예의 기능을 더 잘 하는 것이 아니므로, 예복의 모양을 갖췄다면 저렴한 것으로 대체해도 상관이 없다는 말이다.

옛날 예법에 의하면 임금에게 절을 할 때는 먼저 당 아래에서 엎드려 올리면 임금이 극구 말리고, 다시 당 위에로 올라와 절을 올리는 방식이었다. 그러다가 나중에는 당 아래에서의 1단계 의식을 형식적이라고 여기고는 생략해버렸다. 그래서 공자 시기에는 당 위에서의 두 번째 단계만 수행하게 됐다는 것인데, 공자는 이것이 신하들이 교만해졌기 때문이라고 판단했다. 신하들이 겸손한 마음으로 임금을 섬기려면 다시 옛날의 예법을 따라야 한다는 것이 공자의 생각이었다. 다시 말해서 예의 절차를 바꾸면 의미가 전혀 달라질 수 있으므로 함부로 바꿀 수 없다는 것이다. 즉 기호는 기표에서 기의가 발생하므로 형식을 나타내는 데 쓰는 질료는 뭘 써도 아무 상관없지만 형식을 바꾸면 의미가 바뀌어버리므로 함부로 생략하거나 고치면 안 된다는 말이다. 이것이 바로 앞서 말한 공자의 균형 감각이다.

예가 하나의 기호체계라면 무엇보다 상징성에 충실해야 한다. 「향당편」(鄕黨篇)의 다음 구절은 공자의 상징에 대한 감각이 어떠했는지를 잘 알 수 있다.

> 병환 중에 임금님께서 문병 오시면, 머리를 동쪽으로 두시고 입조할 때 입는 예복을 몸 위에 덮어놓고 띠 자락을 그 위에 늘어놓으셨다.
>
> (疾, 君視之, 東首, 加朝服拖紳.)

옛날에는 방 안에서는 서쪽이 더 높은 곳이었으므로 존장은 동쪽을 향하고 아랫사람은 서쪽을 향해 앉는 것이 예였다. 공자는 문병을 받는 환자였으므로 머리를 동쪽에 두고 누움으로써 임금과 마주 대하는 모양새를 취했다. 또한 병석에 누운 사람이 예복을 입을 수 없으므로 누운 채로 조복을 위에 덮고 띠를 늘어놓았다. 공자의 이러한 행위는 철저하게 상징적이었음은 누가 봐도 알 수 있다. 즉 그는 예의 실체가 무엇인지를 확실히 알고 있었음을 뜻한다. 그래서 그는 상징 너머의 무한성에 빠지지 않고 언제나 균형 감각을 유지할 수 있었던 것이다.

「술이편」을 보면 "사치하면 겸손하지 않게 되고, 검소하면 고루해진다. 겸손하지 않은 것보다는 차라리 고루한 것이 낫다”(奢則不孫, 儉則固. 與其不孫也, 寧固)라는 공자의 말이 있다. 여기서 ‘사치하다’는 것은 남보다 잘나 보이려는 욕망을 뜻하고, ‘검소하다’는 것은 형식적인 것은 비용만 들 뿐이므로 절약하기 위해서 형식을 최소화하자는, 이른바 실용주의적인 생각을 뜻한다. 예를 사치하게 치르려는 것은 남보다 잘나 보이기 위해서이므로 자연히 다른 사람을 업신여기게 마련이고, 반대로 예의 형식적인 면을 너무 소략하게 하면 이는 남은 배려하지 않고 자신 위주로만 생각하는 것이므로 고지식함을 피할 수 없다. 어떤 학자는 공자가 겸손하지 않기보다는 차라리 고지식한 것이 낫다고 말한 것은 후자는 병폐가 자신에게 제한되지만 전자는 다른 사람을 능멸하는 행위가 되므로 그렇게 말한 것이라고 해석하지만, 후자도 다른 사람을 무시하기는 마찬가지이므로 교만함에 있어서는 같다고 볼 수 있다. 후자가 좀 낫다고 볼 수 있는 이유는 전자가 결여 위에 덧씌운 무한성에 빠질 수 있는 반면에 후자는 비교적 실사구시적이어서 그럴 위험성이 적기 때문이리라.

사람은 환상을 좇는 욕망으로 살아가는 동물이므로 언제나 잔여가 광기의 형태로 드러나려고 한다. 예는 이 광기를 다스리기 위한 기호체인데, 오히려 사람들은 결여에 불과한 이 기호체에다가 형이상학적인 의미를 부여함으로써 관념화하려는 경향을 보인다. 관념이란 ‘나쁜’ 생각이 허용되는 공간이라고 앞서 이미 이야기한 바 있다. 권력자들은 처음에는 순박하게 예의 형식을 강구하는 예의(禮儀) 쪽으로 밀고 나가는 게 일반적인데, 이 방면으로 과도하게 나가는 것은 그래봤자 질료를 사치하게 치장하는 것에 불과하다. 앞서의 예처럼 검소해도 예복의 형태만 갖추면 될 텐데 굳이 값비싼 비단으로 만들려 하는 것이 그 대표적인 예다. 그러나 권력은 여기서 그치지 않고 예의에다가 관념적인 해석을 가해서 여러 가지 이데올로기를 만들어내는 쪽으로 향하게 되는데, 이것이 이른바 예의(禮義)다. 예의는 궁극적으로 예를 형이상학적으로 보이기 위하여 여기에 '의'(義) 또는 '의리'(義理)를 부여하는 행위다. 의리라고 하면 '윤리적으로 옳은 이치'라는 긍정적인 이미지를 갖게 되지만 이는 근본적으로 만들어낸 관념적인 허구에 지나지 않으므로 권력에게는 어떤 '나쁜' 생각에 빠질 수 있는 유혹에 취약하다. 중국 역사에서 예의는 예의 회복이라는 기치 아래 추구된 적이 많았지만 기실은 권력 이데올로기의 생산에 다름 아니었음이 이를 입증한다.

마르크스의 고뇌, 『예기』가 해결한다

고대 중국인들은 주체의 잔여를 적절히 통제해서 사회적인 틀 속에서 살아가게 하기 위한 수단으로 예를 만들었다. 예가 발생하게 된 이러한 배경을 잘 설명한 것이 『예기』「예운편」(禮運篇)의 다음 구절이다.

무엇을 일컬어 인정(人情), 즉 사람의 정이라고 하는가? 기쁨 · 분노 · 슬픔 · 두려움 · 사랑 · 증오 · 욕심 등 일곱 가지는 배우지 않아도 할 수 있는 것이다. 무엇을 일컬어 인의(人義), 즉 사람의 의리라고 하는가? 아비는 자애롭고 아들은 효성스러우며, 형은 훌륭하고 동생은 우애로우며, 지아비는 의롭고 지어미는 순종하며, 윗사람은 아랫사람에게 은혜를 베풀고 아랫사람은 윗사람을 잘 따르며, 임금은 인자하고 신하는 충성스러운 것, 이 열 가지를 일컬어 사람의 의리라고 한다. 신뢰를 중시하고 화목함을 가꾸는 것, 이를 일컬어 사람의 이익이라고 한다. 빼앗기를 다투고 서로 죽이는 것, 이것을 일컬어 사람의 걱정거리라고 한다. 그러므로 성인이 사람의 일곱 가지 정을 다스리고, 열 가지 의리를 지키게 하며, 신뢰를 중시하고 화목함을 가꾸며, 사양함을 숭상하고, 쟁탈을 없애는 방도에서 예를 버리면 무엇으로써 다스릴 수 있겠는가? 마실 것과 먹을 것, 그리고 남녀의 일은 사람의 큰 욕구가 그곳을 향해 있고, 사망과 빈고는 사람의 큰 증오가 그곳을 향해 있다. 그러므로 욕구와 증오라는 것은 마음의 두 끄트머리이다. 사람이 그 마음을 숨기면 이를 헤아리기 어렵다. 아름다움과 미움이 모두 그 한마음 속에 있어서 그 기색을 볼 수 없으니, 이를 오로지 하나의 방법으로써 해소하기를 원한다면, 예 이외에 무엇으로써 가능하겠는가?

(何謂人情. 喜怒哀懼愛惡欲, 七者弗學而能. 何謂人義. 父慈 · 子孝 · 兄良 · 弟弟 · 夫義 · 婦聽 · 長惠 · 幼順 · 君仁 · 臣忠, 十者謂之人義. 講信修睦, 謂之人利. 爭奪相殺, 謂之人患. 故聖人之所以治人七情, 修十義, 講信, 修睦, 尙辭讓,去爭奪, 舍禮何以治之. 飮食男女, 人之大欲存焉, 死亡貧苦, 人之大惡存焉. 故欲惡者, 心之大端也. 人藏其心, 不可測度也. 美惡皆在其心, 不見其色也. 欲一以窮之, 舍禮何以哉.)

여기서 말하는 인정이란 사람으로 태어나 배우지 않고도 발출할 수 있는 정욕을 뜻하는데, 이는 기실 잔여를 지칭하는 말이다. 이것을 억제하여 사회적인 행동을 하게 할 때 이 사회적인 행동이 바로 인의(人義)이고, 이 인의를 만들어내는 실천적 기제가 즉 예라는 것이다. 따라서 예를 실천하면 인환(人患), 즉 사람의 걱정거리가 예방된다. 그러나 정욕을 억제해서 사회적 행동을 하게 했다고 해서 모든 게 해결되는 것은 아니다. 잔여는 욕망에서 비롯되는데 이것이 사회적으로 바람직하게 작용했을 때 주체가 의욕적이 된다. 뿐만 아니라 사망과 빈고 같은 것은 사람들이 두려워서 그 앞에서 위축이 되는 것들이다. 그렇다고 해서 이를 피해서는 살 수가 없으므로 여기에 담대히 맞설 힘도 주어야 한다. 예는 정욕을 억제하기도 하지만, 다른 한편으로 의욕을 북돋고 두려움에 맞설 수 있도록 고안됐다는 것이다. 심지어는 억제만 할 것 같은 남녀의 정욕도 적절히 북돋아주고자 한 것이 『예기』의 정신이었다.

정욕의 억제와 의욕의 고취 사이의 갈등은 동서고금을 막론하고 정치가들의 오래된 고민이었다. 마르크스의 경우도 그가 『자본론』을 쓰면서 끊임없이 회의한 것이 인간의 정욕과 의욕 사이의 모순이었다고 한다. 즉 경제 활동에서 욕망은 의욕으로 기능해서 경제를 활성화하지만 동시에 정욕으로도 기능하여 사람을 탐욕스럽게 만들어 각종 사회 문제와 불평등을 야기한다. 예는 바로 마르크스가 고민한 문제를 해결하고자 했다는 말이다. 그러니까 고대 중국의 예제 사회에서는 예를 실천하는 것이 생활 자체가 된다. 따라서 『논어』 「안연편」(顔淵篇)의 다음 문장이 가능해진다.

> 예가 아니면 보지 말고, 예가 아니면 듣지 말며, 예가 아니면 말하지 말고, 예가 아니면 움직이지 말라.
>
> (非禮勿視, 非禮勿聽, 非禮勿言, 非禮勿動.)

삶의 모든 행위들을 예라는 틀을 통해서 수행하라는 것인데, 앞에서 이미 설명한 대로 예를 수행하면 거기서 인이라는 감응이 생성되고 이 힘으로써 인생을 살아갈 수 있게 된다. 이런 배경으로 인해서 사회적 제도가 충분히 발달하지 않은 고대 중국 사회에서는 삶을 일정한 도식에 의해서 사는 것이 가능했다.

예가 제시한 일생의 도식

옛날 사람들이 어떤 패턴의 삶을 살았는지를 알아볼 수 있는 곳은 『의례』(儀禮)와 『예기』다. 『의례』는 남자의 일생을 통해서 해야 하고 겪어야 할 각종 활동과 의식들을 정리해놓았고, 『예기』는 사람이 일생을 사는 동안 신분에 따라서 영위해야 할 일상생활의 방식을 인생 단계별로 정리, 기록해놓았다. 이들 자료에 의하면 인생의 단계는 크게 세 부분으로 나누어지는데, ① 유아 단계(1세~6세), ② 미성년 단계(6세~20세), ③ 성년 단계(20세 이상)가 그것이다. 유아 단계와 미성년 단계에서의 예법에 관해서는 『예기』「내칙」(內則)에 상세히 기록돼 있다.

유아 단계에 있는 어린이는 무엇이든 스스로 할 수 없으므로 어른들이 어린이를 위한 예를 행하는데, 여기에는 태어난 아이를 받기 위한 접생(接生)의 예, 갓난아이를 잘 보살피기 위한 양자(養子)의 예, 갓난아이의 이름을 지어주는 명명(命名)의 예, 그리고 부친과 정기적으로 만나는 상견례 등이 있다.

6세 이전에도 일상적인 것은 스스로 할 수 있도록 가르친다. 이를테면 밥은 스스로 먹게 하되 반드시 오른손으로 수저를 들도록 가르친다. 아이가 말을 할 수 있게 되면, 남아는 명쾌하게 '네'라고 대답하고, 여아는 완곡하게 '예'라고 대답하도록 가르친다. 이 두 가지는 매우 일상적이어서 이데올로기적으로 백색인 것처럼 보이지만, 기실 여기에는 보이지 않는 억제가 숨어 있어서 봉건적인 관념 틀을 형성시킨다. 왼손잡이의 특수성을 무시하고 오른손만 쓰게 하는 것은 '삐딱한' 생각을 억압해서 체제를 벗어나서는 안 된다는 관념을 형성시키기 위한 조치다. 옛날부터 왼쪽은 '반'(反), '비주류', '불순종' 등의 의미로 통했기 때문이다. '사람 인(人)'자의 고문자를 보면 사람이 왼쪽을 향하고 있는 모양으로 그려져 있는데,

문자학자들은 그 이유를 사람은 원래 삐딱한 본성을 갖고 태어났으므로 오른쪽을 보도록 가르쳐야 하기 때문이라고 해석하기도 한다. 남아는 명쾌하게 '네'라고 대답하고, 여아는 완곡하게 '예'라고 대답하도록 가르치는 것이 무의식적으로 남녀의 차별을 가져온다는 사실은 굳이 말할 필요도 없을 것이다.

이렇게 보육해서 6세가 되면 사회생활을 하기 위한 기본적인 틀을 익히도록 가르치기 시작한다. 그 내용을 보면 다음과 같다.

> 여섯 살이 되면 숫자와 [동서남북] 방위 이름을 가르친다. 일곱 살이 되면 남녀가 자리를 같이해서는 안 되고 음식도 함께 먹어서는 안 된다. 여덟 살이 되면 문을 드나들거나 자리에 나아가 앉아 밥을 먹을 때, 반드시 어른보다 뒤에 하게 해야 하는데, 이것이 겸양을 가르치는 시작이다. 아홉 살에는 날짜 세는 법을 가르친다. 열 살이 되면 집밖의 스승에게로 나아가 밖에서 기거하면서 글자 쓰기와 셈을 가르친다. 옷은 비단 바지저고리로 입히지 않고, 예는 처음에 배운 대로 따르도록 한다. 아침저녁으로 아이가 지켜야 할 예절을 배우게 하고, 스승에게 꼭 외워야 할 구절이나 대답의 형식을 써달라고 해서 이를 익히게 한다. 열세 살이 되면 음악을 배우고 『시경』을 외우며 피리를 들고 춤추는 작무(勺舞)를 배운다. 열다섯 살의 다 큰 아이가 되면 상무(象舞)를 출 줄 알아야 하고, 활쏘기와 마차 몰기를 배워야 한다.

이러한 교육 역시 일상적인 것이지만 이 과정을 반복하다보면 봉건적 질서의 수립에 필요한 관념이 틀로서 자리 잡게 된다. 앞서 말한 남성 우위의 남녀유별은 말할 것도 없고, 적자(嫡子)와 서자(庶子)의 구별, 신분의 구별, 귀족과 상민(常民)의 구별 등이 하나의 헤게모니로서 자연스럽게 받아들여지게 된다.

20세가 되면 성인이 되는 관례(冠禮)를 치름으로써 책임 있는 사회적 일원이 된다. 성인이 되고 나서의 삶의 패턴을 「내칙」은 다음과 같이 적고 있다.

> 스무 살이 되면 머리를 올려 갓을 쓰고는 예[오례]를 배우기 시작한다. 갖옷과 비단 옷을 입을 수 있고, 대하(大夏) 춤을 배우며 효성스럽고 우애로운 일을 돈독히 행하며, 널리 배우되 남을 가르치지 않고 [배운 것을] 안으로만 받아들이고 [그것으로 뭘 해보겠다고] 밖으로 드러내지 않아야 한다. 서른 살이 되면 장가를 들고 남자로서 해야 할 일들을 맡아보기 시작한다. 널리 배우되 정해진 방향이나 내용이 없어야 하며, 벗에게 겸손하되 그의 의지를 관찰해야 한다. 마흔 살이 되면 처음으로 벼슬에 나아가는데, 사물의 자연스런 이치에 근거해서 계획을 입안하고 주장을 내놓는다. [임금과 자신의] 가는 길이 맞으면 짐을 메고 따라가지만 그렇지 못하다면 그 곁을 떠나간다. 쉰 살이 되면 대부에 임명되어 나라의 정치를 맡아본다. 일흔 살이 되면 공직에서 물러난다.

뒤에서 다시 설명하겠지만 옛날에는 성년이 되는 관례를 매우 중시하였다. 관례는 미성년 시기와의 단절을 상징하므로 주체로서는 '거듭 태어남'을 의미한다. 그래서 관례의 의식에서 새로운 이름, 즉 자(字)를 받는 것이다. 이제 성인이 되었으므로 책임 있는 성인으로서 살아가야 할 예를 본격적으로 배워야 한다. 따라서 이때의 예는 일상생활의 방식인 오례(五禮), 즉 길례(吉禮), 흉례(凶禮), 군례(軍禮), 빈례(賓禮), 가례(嘉禮) 등을 가리킨다. 이 오례란 경조사, 손님맞이, 각종 연회, 군복무 규정 같은, 사람이 살아가면서 늘 겪어야만 하는 예절들이다. 이런 것들이 일상에서 도식화돼 있지 않으면 인간관계에서 쓸데없는 오해와 갈등이 일어날 수밖에 없다. 도식화라고 해서 우리는 예의를 부정적으로 보기도 하지만 일상의 모든 행사마다 진실성을 강구하다보면 기실 나중에는 정신적으로 피곤해서 살기가 힘들어진다. 앞에서 「학이편」의 "사후 3년 동안 [생전의] 아버지가 하시던 가사를 고치지 않으면 가히 효성스럽다고 말할 수 있다"라는 구절을 설명한 바 있는데, 이로써 도식화가 얼마나 편하고 유용한지를 알 수 있다.

성인은 책임 있는 사회인이므로 옷을 점잖게 입는 등 외모를 갖춤으로써 사회라는 대타자를 형성하는 데 일조해야 한다. 사실 사회란 실재하지 않는 추상적인 개념이지만 그것이 존재한다고 믿게 되는 것은 개인들의 규범적인 행동을 통해서 대타자가 형성되기 때문이다. 그러니까 내가 만나는 사람들이 모두 엉망으로 옷을 입고 또 행동한다면 질서 있는 사회를 상상할 수가 없다는 말이다. 갖옷과 비단 옷 등으로 점잖게 차려입고 절도 있게 행동한다면 우리는 무의식적으로 규범적인 사회를 상정하게 되는데, 성인이 되어 이렇게 한다면 간접적으로 사회에 기여하는 셈이 되는 것이다. 겸손한 행동도 사회 개념 형성에 마찬가지 효과를 발생시킨다.

성인으로서 할 수 있는 일 중에 또 하나 주목할 만한 것은 '대하 춤'을 배우는 일이다. 대하는 하나라 우임금의 무곡인데, 잘 알려져 있다시피 우임금은 황하의 범람을 잘 다스리고 영토를 넓혀 중국의 위세를 크게 떨친 성군으로 추앙돼온 사람이다. 그러므로 대하의 무곡에 맞춰 추는 춤을 배운다는 것은 성인으로서 장차 치국의 큰 포부를 갖는다는 상징적 의미가 있다. 이것은 어디까지나 상징적 의미이지, 주체들이 갖는 사회적 의미는 좀 다르다. 즉 관례를 통해서 어른이 되긴 했지만 주체의 입장에서는 이것이 실감이 나질 않는 게 사실이다. 오늘날에도 청소년이 성인이 됐다는 실감은 술집을 마음대로 드나들 수 있고 남의 눈치 안 보고 담배를 꺼내 물 수 있을 때다. 즉 술과 담배는 성인의 정체성을 확인해주는 일종의 코드가 된다. 마찬가지로 옛날에는 성인들만의 폐쇄적인 특권을 확인할 수 있는 것 중의 하나가 바로 대하 춤인 것이다. 물론 대하 춤에 치국의 포부라고 하는 심장한 의미가 내포돼 있긴 하지만, 그것은 어디까지나 상징적인 것으로서 실제로 춤추는 사람들이 언제나 의미를 생각하면서 추는 것은 아닐 것이다. 그것은 기실 성인 남자들만 할 수 있고 미성년자들과 여자들에게는 금지돼 있다는 특권의 코드일 뿐이다.

이런 과정을 거쳐 30세에 결혼을 하고, 40세에 관직에 나아간

후, 50세가 되면 고위 공직자가 되어 정치에 참여하다가 70세가 되면 은퇴하는 과정을 거치는 것이 옛날 사람들이 이상적으로 여겼던 대략적인 삶의 도식이다. 옛날 사람들이 이러한 삶을 반복할 수 있었던 것은 예라는 삶의 틀이 기제(메커니즘)로 작용하였기 때문이다. 이미 갖춰진 형식 속으로 무정형의 삶이 들어가는 순간부터 같은 패턴의 삶이 재생산되는 것은 불을 보듯 빤한 이치다.

지학(志學)에서 이순(耳順)까지, 이는 공자만의 삶이 아니다

우리는 흔히 인생의 여정을 개괄해서 말할 때 「위정편」(爲政篇)의 다음 구절을 인용한다.

> 나는 열다섯에 배움에 뜻을 두고, 서른에 홀로 서게 되었고, 마흔에 의혹을 갖지 않게 되었고, 쉰에 천명이 무엇인지를 알게 되었고, 예순에 귀로써 순종하게 되었으며, 일흔에는 마음이 하고자 하는 대로 따라가도 규범을 벗어나지 않았다.
>
> (吾十有五而志于學, 三十而立, 四十而不惑, 五十而知天命, 六十而耳順, 七十而從心所欲, 不踰矩.)

동아시아 지역에서 인생을 살아온 사람들은 앞의 공자의 말이 정확히 무슨 뜻인지는 몰라도 대개는 단편적인 단어에만도 고개를

끄떡이며 깊은 동의를 표시하는 것이 보통이다. 그것은 예라는 도식을 통해서 살아왔기 때문에 얻어진 공통적인 개괄일 것이다. 오늘날은 더 이상 예를 의식하며 살지는 않지만 이미 유교문화의 상당 부분에서 예의 흔적은 지울 수 없이 많이 남아 있지 않던가. 아무튼 공자의 이 말을 실사구시적으로 따져보자면 예에 의한 도식적 삶과 매우 관계가 깊다는 사실을 인정하게 된다. 즉 공자도 이 패턴을 통해서 생을 살았기 때문에 자신의 경험에서 이러한 개괄이 나왔을 테니 말이다. 사실 유물론적인 관점에서 말하자면 전체로서의 세상은 존재하지 않는다.[2] 주체에게 세계는 근본적으로 '무'(無)인데, 주체가 개별적으로 어떤 경험을 했느냐에 따라서 세계는 찍혀지는 것이라는 말이다. 풍선은 누른 곳에서 누른 힘만큼 반응한다. 마찬가지로 주체도 도전받은 부분이 도전받은 만큼 응전(반응)함으로써 경험을 생성시키고, 이로써 세계를 형성한다. 그래서 전체로서의 세계가 존재할 수 없다고 말한 것인데, 전체가 불가능하다면 그 세계는 기실 주관적인 환상일 수밖에 없다. 실험실에서 얻은 과학 이론으로써 물질세계를 모두 설명할 수 없는 것처럼 말이다. 아무튼 각자의 경험에 따라서 각자는 각기 다른 세상을 갖게 될 것이지만, 같은 문화적 틀 속에서 경험을 공유한다면 그들의 세상은 상당 부분 공유될 수 있음에는 틀림없다.

고대 중국에서는 남자 아이가 10세가 되면 소학(小學)에 들어

2 같은 책, 56쪽.

가 아침저녁으로 어린이가 지켜야 할 예의범절을 배우고, 15세가 되면 기초적인 성인의 예의를 배우며, 20세가 되면 태학(大學)에 들어가 예의(오례)를 본격적으로 배웠다. 이러한 교육제도의 배경을 감안할 때, 공자가 열다섯 살에 배움에 뜻을 두었다는 말에서 배움의 대상은 곧 예라는 사실을 짐작할 수 있다. 왜냐하면 오늘날에도 배우겠다는 결심의 감응은 세상을 움직이는 힘에 대한 동경에서 나오는 것인데, 당시에 있어서 이러한 힘은 세상을 형성하고 있는 예이기 때문이다. 『예기』「학기」(學記)에 의하면 태학에 들어가서 7년을 공부하면 소성(小成)이 되고, 9년을 공부하면 대성(大成)이 된다고 한다. 즉 대성에 이르면 대략 30세가 되는데, 이것이 바로 공자가 말한바 "서른에 홀로 서게 되었다"는 구절의 뜻이다. 『논어』「태백편」에 "시[경]에서 일어나고, 예에서 몸을 세우며, 음악에서 완성된다"(興於詩, 立於禮, 成於樂)라는 구절이 있는데, 여기서 '시에서 일어나다'라는 말은 개성적인 감응은 시를 배움으로써 얻고, '예에서 몸을 세우다'라는 말은 예를 사회성의 도구라고 봤을 때 사회적 보편성을 자신의 정체성으로 삼게 되었다는 뜻이다. 즉 온전한 인격체가 되려면 먼저 개성이 갖춰져야 하고 다음으로 사회성이 있어야 한다. 개성은 시를 통해 함양하고 사회성은 예를 통해서 얻게 된다는 말이다. 따라서 공자는 이 두 가지를 제도 교육의 학업이 끝나는 서른 살에 갖춤으로써 이제 누구의 가르침이 없어도 주체적으로 사고하고 행동할 수 있다는 뜻을 이 짧은 구절로 기술한 것이다.

본격적으로 예를 배우기 시작하면서 10년이 되자 공자는 '마흔에 의혹을 갖지 않게 되었다'고 했다. '의혹 혹(惑)'자를 글자의 형태로써 분석해보면 '마음 심(心)'과 '부분 혹(或)'자로 이루어졌다. '혹'(或)자에는 '지경 역(域)'자나 '나라 국(國)'자에서 알 수 있듯이, '일부분'이라는 의미가 내포돼 있다. '국'(國)자를 '일부분'이 아니라 '전체'라는 의미로 봐야 하지 않느냐고 반문할 사람이 있을 수도 있는데, 중국의 경우 전체는 '천하'이고, '국'은 그 아래에 있는 제후의 나라를 가리킨다는 사실을 기억해야 한다. 아무튼 자형으로 보자면 '혹'(惑)자의 의미는 '마음이 부분적인 것에 사로잡혀 있다'가 된다. 그러니까 마흔에 '의혹을 갖지 않게 되었다'는 말은 지엽적인 것에 얽매이지 않았다는 뜻이 된다. 즉 10년 동안 예를 배웠더니 예의에 통달하게 되어 세부적인 사항까지도 헷갈리지 않고 매끈하게 수행할 수 있었다는 말이다. 오늘날의 우리도 무슨 일에든지 10년을 계속하면 눈을 감고도 할 수 있을 정도로 속된 말로 '도사'가 되지 않던가? 어느 공중파 텔레비전에서 매주 방송하는 그 무슨 「생활의 달인」인가 하는 프로그램을 연상하면 '불혹'의 의미를 이해할 수 있으리라. 따라서 이때의 예는 예를 구체적으로 수행하는 실천적 형식, 즉 예의(禮儀)를 가리킴을 알 수 있다. 가정에서 가사에 관련된 각종 예의를 잘 알아야 가장 노릇을 제대로 할 수 있듯이, 관리도 공무에 관련된 예의를 꿰뚫고 있어야 업무를 잘 처리할 수 있는 법이다. 앞의 「내칙」의 인용문에서 마흔 살이 되면 처음으로 관직에 나아간다고 한 말은 바로 이 점에 기초한 말이다. 관직에 나아간 뒤 임금과 자신의 "가는 길이 맞으면 짐을 메고 따라가지만 그렇지 못하다면 그 곁을 떠나간다"고 했는데, 가는 길이 맞는지 안 맞는지를 판단하는 기준은 말할 것도 없이 예의다. 그래서 관직에 나아가려면 예의에 대하여 상세히 알고 있지 않으면 안 되는 것이다.

일반적으로 '불혹'을 글자 그대로 해석하여 '미혹되지 않음'으로 여기고 있지만, '미혹됨'이란 유혹을 당하여 무엇이 진실이고 거짓인지를 분별하지 못한다는 뜻인데, 이러한 유혹은 궁극적으로 인간의 욕망으로부터 비롯된다. 즉 살아 있는 한 욕망은 끊임없이 일어나고, 욕망이 있는 한 미혹됨도 그칠 수 없다는 말이다. 그 증거로 공자는 40대 중반에 인정(仁政)의 실현이라는 꿈을 안고 주유천하에 나섰지만 인정은커녕 모진 고난 끝에 60대 중반에 고향으로 돌아왔다는 사실을 들 수 있다. 그가 정말로 미혹되지 않았다면, 다시 말해서 진실이 무엇인지 알았다면 보나마나 실패할 주유천하를 떠나지도 않았을 것이다.

사람은 처음 무엇을 배워야 할 때에는 의심 없이 힘을 집중해서 배우고 익히지만, 나중에 좀 배워서 익숙해지면 '배워보니 뭐 별거 아니네. 꼭 이렇게 할 필요가 있을까? 다른 방식으로도 할 수 있는 것 아닌가?' 하는 초자아의 유혹을 스스로 받게 된다. 즉 자신이 열심히 배워 익힌 예에 대하여 스스로 되돌아보고 회의하는 메타 인식의 상태에 들어가는 것이다. 이런 의혹으로 인하여 스스로 이런저런 시도를 해보며 또 10년 동안 살다보면 결국에는 옛 사람들이 살아온 방식, 즉 예에 따라 사는 게 옳다는 결론에 이르게 된다. 천명(天命)이란 운명, 즉 '우연히 받아든 몫'이라는 뜻이다. 예란 하늘에서 갑자기 떨어진 천륜이나 불변의 이치 같은 것이 아니라 인간이 만들어낸 우연적인 사물이다. 이 우연적인 사물로 인해서 내 자신이 생겨나고 또 나의 자리가 정해지고 주어진 것이다. 그러니까 예를 회의하다가 그 우연성을 인정하는 것이 곧 쉰 살에 알게 되는 천명이다. 우연히 받아든 자기 몫을 인정할 수 있는 경지에 이르러야 부질없는 욕심을 버릴 수 있다. 이런 사람이 정치 지도자가 되면 사심 없이 나라를 다스릴 수 있으므로, 앞의 「내칙」의 인용문에서 "쉰 살이 되면 대부에 임명되어 나라의 정치를 맡아본다"고 말한 것이다.

예의 우연성과 그것에 의해 주어진 몫을 인정한다고 하더라도, 오히려 이런 깨달음 때문에 예와 현실 사이에 피할 수 없는 간극이 느껴지는 게 사실이다. 아무리 천명을 인정한다고 해도 예가 포섭하지 못하는 현실의 모순은 남게 마련이다. 여기서 예는 사실상 막다른 골목에 서게 되는데 이를 극복하는 방도가 음악인 것이다. 앞에서 여러 번 지적했듯이 예는 수행 자체 속에서 느껴지는 경험적 감응으로 지식을 형성한다. 이 깨달음의 과정에서 반성적 고찰에 오랜 시간이 걸리는 음악이 맨 나중에 오는 것은 당연하다. 이것이 바로 '귀로써 순종하게 되는' 이순(耳順)의 단계인 것이다. 여기서 귀로 순종한다는 말은 거칠게 말하자면 음악, 또는 음악적인 소리에 감응한다는 뜻인데, 이는 달리 말하면 소리 자체, 즉 메시지 자체에서 의미를 터득한다는 말이다.

이순에 이르기 전까지 익히고 수행해온 예는 주로 의미론적이고 산문적이라고 볼 수 있다. 왜냐하면 주나라 초기의 예는 음악과 조화를 이룬 문자 그대로 예악이었는데, 점차 시간이 지나면서 음악의 기능이 약화되고 상징적 기능만이 중시돼왔기 때문이다. 맹자는 일찍이 "천자의 흔적이 사라지자 『시』가 없어졌고, 시가 없어진 다음에 『춘추』가 지어졌다"(王者之迹熄而詩亡, 詩亡然後春秋作)라고 설파한 적이 있는데, 이는 인간 본연의 정서적 모습을 담은 시가 이성적으로 논리를 추구하는 산문에 의해서 대체될 수밖에 없는 역사의 운명을 개탄한 말이다. 시라는 것은 전언, 즉 메시지 자체가 감응의 형태로서 깨달음을 주는 것인데, 감응은 감성적인 것이어서 그 내용을 명쾌하게 설명할 수가 없다. 그래서 권력은 이 감응을 자신이 내세우는 '의'(義), 즉 이데올로기의 정당성을 설명하는 데 활용한다. 권력을 세울 때는 반드시 먼저 시(노래)와 음악으로써 자신의 정당성을 포장하고, 다시 이를 해석, 해설하는 과정을 밟는 것이 보통인데, 중국 한대 초기의 시학과 우리나라 조선 초의 『용비어천가』(龍飛御天歌)가 그 대표적인 예다. 시의 감응에 권력의 담론을 입혀 해석하려면 구구하게 설명하는 산문이 될 수밖에 없는 것이다. 이와 대조적으로 권력에 대한 역담론이나 또는 자유에 대한 깨달음은 반대로 시(노래), 또는 음악으로 표현하는 것이 공감을 얻기 쉽다.[3] 유신 및 군사독재로 암울했던 지난 1970~1980년대에 우리가 김민기, 메르세데스 소사, 밥 딜런 등의 저항 가수들의 노래에

탐닉했던 것은 바로 이 때문이다.

「술이편」을 보면 "선생님이 제나라에 계실 적에 순임금의 음악을 들으시고 석 달 동안이나 고기 맛을 모르고 진지를 드셨다. 그리고 말씀하셨다. '음악이 이런 경지에까지 이를 수 있을 줄은 상상도 하지 못했다'"(子在齊聞韶, 三月不知肉味, 日: 不圖爲樂之至於斯也)라는 구절이 있다. 이 구절은 흔히 소(韶)라고 하는 순임금의 음악이 훌륭함을 공자가 칭찬한 것으로 해석하지만, 다른 각도에서 보자면 음악의 위대함을 소의 연주를 계기로 깨닫게 되었다고도 볼 수 있다. 왜냐하면 음악이란 메시지 자체가 감응을 생성해내는 것이므로 연주에 따라서 감동이 다르기 때문이다. 평소 예악을 충실히 실천해온 공자가 제나라에서 소를 처음 들었을 리가 없을 터이니, 아마 그곳에서 훌륭한 연주가의 연주를 듣고 새삼스럽게 이 깨달음이 왔을지도 모른다는 말이다. 동서고금을 막론하고 진리는 들음에서 온다고 보편적으로 표현한다. 어느 나라 말에서든지 '듣다'(listen)라는 동사는 '따르다'(聽從)라는 동사와 동의어로 통하는 것이 아주 단적인 예다. 공자가 "아침에 도를 들으면 저녁에 죽더라도 괜찮다"(朝聞道, 夕死可矣)라고 하여 깨달음의 수단을 들음에 두지 않았던가? 모든 종교의 경전이 시나 노래로 이루어진 것은 아름다운 메시지의 소리가 생성하는 감응이야말로 존재를 감각하게 해주기 때문이다. 따라서 이순이란 바로 예를 넘어 메시지의 소리

---

3 이에 관해서는 김근(2008), 57쪽의 「음악과 디오니소스」를 참조하기 바람.

자체에서 더 큰 깨달음이 온다는 사실을 아는 단계라는 뜻이 된다. 비유컨대 이전까지는 그릇 안에 든 사물에만 관심을 가져왔다면, 이제는 그릇 자체의 아름다움과 의미를 볼 수 있게 됐다는 뜻이리라.

영화 「밀양」의 역설

"일흔에는 마음이 하고자 하는 대로 따라가도 규범을 벗어나지 않았다"는 말은 규범을 의식하지 않고 살아도 규범에 어긋나는 일이 없을 만큼, 요즘 말로 바꿔 말하자면, 스트레스 받지 않고 살게 되었다는 말이다. 규범 중에서 가장 중요한 것은 당연히 예일 것이다. 예라는 규범이 없이도 예에 맞는 행위를 할 수 있다면 그것은 성인의 경지일 테고, 또한 영적 영역일 터다. 그렇다면 예(좀 광의적으로 보자면 율법까지 포함해서)라는 문자 너머에 이런 영적 영역이 있다는 말인가? 이 부분을 좀 더 분석적으로 접근해보기로 하자.

앞에서도 잠깐 언급한 바 있지만, 행복이란 어떤 우연한 조건을 자발적으로 받아들일 때 시작되는 것이다. 그래서 원치 않는 것을 원할 수 있어야 행복할 수 있다고 했다. 『신약성서』 「로마서」를 보면 "율법이 들어온 것은 범죄를 더하게 하려 함이라. 그러나 죄가 더한 곳에 은혜가 더욱 넘쳤다"(5:20)라는 구절이 있다. 여기서 은혜라는 행복의 감정이 생성된 과정을 역으로 추산해보면, 이는 죄를 지음에서 나온 것임을 알 수 있다. 그렇다면 죄는 어떻게 생겨나게 됐는가? 무엇이 죄인가를 알게 하는 것이 바로 율법이다. 알랭 바디우는 욕망 자체가 죄는 아니고, 자율성 · 자동성으로서의 욕망의 삶이 죄라고 정의한다.[4] 다시 말해서 무의식적인 욕망의 원리에 의해 자동적으로, 그리고 반복적으로 사는 삶을 말한다. 이것은 거의 생리적인 원리에 따라서 사는 것인데, 생리적인 삶이란 필연적으로 죽음을 향해 갈 수밖에 없으므로 죄는 사망의 길이 된다. 『신약성서』 「야고보서」의 "욕심이 잉태한즉 죄를 낳고, 죄가 장성한즉 사망을 낳느니라"(1:15)라는 구절은 바로 이를 가리킨다.

율법은 이러한 욕망의 반복 회로를 차단하고 욕망의 대상을 지정해주기 위해서 세워진 것이다. 그러니까 욕망의 회로를 차단한 율법에 의해서 주체에게는 두 가지 현상이 나타나는데, 하나는 금지에 의해서 죄의 개념은 생겼지만 그 금지가 오히려 더 강력한 욕망을 불러일으켜서 끝내 죄를 짓게 만드는 경우다. 앞서 말했듯이 죄의 대가는 죽음인데, 이를 향해 가다가 우연한 계기로 이 길을 벗어나 삶의 길로 다시 돌아서게 되면 그 순간 구원이라는 지양(止揚)이 일어난다. 이 지양은 주체에게 엄청난 영적 행복을 가져다주는데, 이것이 이른바 앞서 인용한 '죄가 더한 곳에 은혜가 더욱 넘쳤다'는 구절의 뜻이다. 죄 지은 자가 진정으로 회개하거나 용서를 받았을 때 감격의 눈물과 희열을 겪게 되는 사실은 2007년에 장안의

---

4 알랭 바디우 지음, 현성환 옮김, 『사도 바울』(서울: 새물결, 2008), 153쪽.

화제가 됐던 영화 「밀양」(이창동 감독)에서 유괴범이 자신은 회개하고 구원받았다면서 오히려 용서하러 간 신애(전도연 분)를 위로하는 역설적인 장면을 상기하면 쉽게 이해가 될 것이다.

헤겔은 일찍이 진정한 의미를 얻기 위해서 처음부터 진정한 의미를 찾고자 추구하면 실패할 수밖에 없다는 사실을 간파하였다. 진정한 의미를 얻으려면 먼저 오류를 겪어야만 다다를 수 있다는 말인데,[5] 이것이 이른바 테제가 반테제를 계기로 고양된다는 이른바 지양이다. 진리란 관념 속에 있는 것이 아니라 거기에 다다르기 위한 공정 속에 있는 것이라면, 외재적인 것과 외상(外傷)적으로 만나야 진리에 접근할 수 있을 것이다. 다시 말해서 죄를 짓거나 좌절을 경험하지 않고는 영적 영역에 들어갈 수 없다는 말이다. 따라서 전자의 과정이 '지'(止)라면 후자는 '양'(揚)의 과정이 되는 셈이다. 공자가 경험한 성인의 경지를 유물주의의 관점에서 봤을 때, 이는 칠십 평생 동안 온갖 풍상을 겪으면서 얻은 수많은 지양의 과정에서 얻은 결과이리라. 우리 주위에서도 인생의 수많은 좌절을 이기고 살아온 백전노장 같은 사람에게서 이런 풍모를 느낄 수 있지 않던가?

다른 하나가 앞에서 설명한 바와 같이 예(또는 율법)를 철저히 지킴으로써, 다시 말해서 스스로 거세되고 복종함으로써 향락을 발생시키는 것이다. 이 향락이 실제적으로는 우리에게 행복으로

---

5 지젝(2007), 136쪽 참조.

받아들여지고 있으므로, 예를 성심껏 수행하거나 율법을 철저히 지키는 일은 곧 예와 율법이 우리에게 지정해준 욕망의 대상이라고 말할 수 있다. 예를 들어 쉽게 설명하자면, 우리는 군인들의 병영 생활이 엄격한 규율에 의해 통제되므로 무슨 수용소 생활 같은 것을 연상하지만, 기실 훈련을 통해서 익숙해지면 나름대로 재미도 있고 행복감도 느끼게 된다. 이것은 기실 향락에 의한 효과지만 우리는 이를 군인정신이 충일하게 함양된 것이라고 해석한다. 즉 군인정신이란 군율이 신병들에게 욕망하도록 의도한 궁극적인 대상이라는 말이다. 이렇게 해서 군인정신이 일단 배양이 되면 군율의 수행 과정을 굳이 실천하지 않아도 이것은 당분간 유지된다. 앞의 네 번째 단원에서 '존속하다'(in-sist)라는 말의 개념을 설명한 바 있는데, 이것과 같은 효과라고 말할 수 있다. 그래서 아무리 군기가 바짝 든 군인이라고 하더라도 이 '존속'의 효과 때문에 군율의 실천을 소홀히 하게 되는데, 이것을 일컬어 우리는 '너무 익숙해서 나태해졌다', '군기가 빠졌다', '교만해졌다' 등의 말로 표현한다. '존속'이란 환영적인 유사 존재이므로 군율의 수행이 없어지면 잠시 지속하는 것 같다가 이내 사라지기 때문이다. 다시 말해서 군율에의 복종을 중지함으로써 향락의 생성이 따라서 무너졌다는 말이다.

그렇다고 해서 예를 너무 의식하면 예가 도식화되어 경직된 태도나 행위가 나온다. 즉 고루해지는 것이다. 따라서 예는 의식함과 의식하지 않음 사이에 있어야 하는 것이니, 구체적으로 말하자면, 예를 의식해서 예의 효과가 발생하면 즉각 예를 잊어야 하고, 효과가 사라지려고 하면 다시 예를 의식하는 행위를 반복하라는 말이다. 그러니까 마치 예가 없는 듯이 예를 실천하는 것이므로 이것은 결핍을 가장해서 욕망을 지속하는 행위와 같다고 볼 수 있다. "시장이 반찬"이란 속담에서도 알 수 있듯이, 배가 고프면 반찬이 없어도 밥이 맛있다. 따라서 식사를 맛있게 하려면 배가 고픈 상태를 유지해야 한다. 즉 아무리 먹을 게 풍족하다고 하더라도 배 터지게 먹지 말고 80%만 먹고 20% 정도는 남겨놓아야 다시 맛있게 먹을 수 있다는 말이다. "더 먹고 싶을 때 숟가락을 놓아라"라는 '지족'(知足)의 격언은 바로 이 원리에 근거한다.

영적 영역이란 직접 도달할 수 있는 곳이 아니라, 반드시 기호(정확히는 기표)와 같은 형식의 도움을 받아 그 효과로서 접근할 수 있는 것인데, 안타깝게도 형식은 그 고정성 때문에 의미를 경직시켜서 영적 상태를 이해하거나 감각할 수 없게 만드는 결점이 있다. 그래서 영적 상태에 도달했다고 느끼는 순간 거기까지 실어다 준 형식(기호)은 버려야 하는 것이다. 장자가 일찍이 "의미를 터득했으면 말은 잊는다"(得意忘言)라고 한 말은 바로 이 뜻이다. 그러나 이 의미적 효과는 본질이 시뮬라크르라서 오래 갈 수 없으므로 다시 형식에 의존하는 방식을 반복해야 한다. 이는 마치 형식이 없는 듯이 형식을 사용하는 것이니, 더 먹을 수 있지만 숟가락을 내려놓는 것처럼 대타자를 속이는 행위가 된다. 이것은 또한 같은 시나 노래가 반복해서 불리는 이치이기도 하다.

『신약성서』「고린도전서」(7:29~31)를 보면 다음과 같은 구절이 있다.

> 형제들아 내가 이 말을 하노니 그때가 단축하여진 고로 이후부터 아내 있는 자들은 없는 자같이 하며, 우는 자들은 울지 않는 자같이 하며, 기쁜 자들은 기쁘지 않은 자같이 하며, 매매하는 자들은 없는 자같이 하며, 세상 물건을 쓰는 자들은 다 쓰지 못하는 자같이 하라. 이 세상의 외형은 지나감이니라.

이 구절에서 '세상의 외형이 지나감'이란 곧 형식이 필요 없는 영적 영역의 도래를 뜻한다. 거기서는 우는 외형이 없이도 울 수 있고, 매매하는 행위가 없이도 매매할 수 있다. 그런데 아직 그곳에 이르지는 않았으니 곧 이를 그때까지는 그에 대한 준비를 하고 있어야 하는데, 그것이 바로 우는 외형이 없이 우는 것, 즉 '울지 않는 자같이 우는 것'이다. 우는 외형이 없이 울려면 먼저 우는 형식을 빌려서 울고 울자마자 우는 형식을 버리는 것이다. 그래야 '그때의'(영적 상태에서의) 울음이 어떤 것인지 경험할 수 있다는 말이다. 장자의 "의미를 터득했으면 말은 잊는다"와 완전히 같지 아니한가?

재여부재지간(材與不材之間)의 진실

이와 관련하여 짚고 넘어가야 할 게 하나 있다. 『장자』 「산목편」(山木篇)을 보면 나무와 기러기를 소재로 한 대화가 있다. 장자가 제자들과 함께 산길을 가다가 목수가 나무를 베는데 재목이 될 만한 것만을 골라서 취하는 것을 보았다. 그러고 나서 친구네 집에 들렀는데, 친구가 거위를 잡아 대접을 하려 할 때 하인에게 잘 우는 놈과 울지 않는 놈 중에서 울지 않는 놈을 잡으라고 시키는 것을 보았다. 그러자 한 제자가 "어제 숲속에 있던 나무는 재목이 되지 못해서 제 수명을 다했고, 여기 거위는 재목이 돼서 제 수명을 다했습니다. 선생님은 장차 어느 쪽에 머무시겠습니까?"라고 물으니, 장자가 "나는 장차 재목됨과 재목이 되지 않음의 사이에 처할 것이다"(周將處夫材與不材之間)라고 대답하였다. 내가 지적하고 싶은 것은 다름 아니라 '재목됨과 재목이 되지 않음의 사이'(材與不材之間)가 무슨 뜻인지를 속 시원히 해석해준 사람을 아직 보지 못했다는 점이다. 물론 내가 들은 바가 적은 탓이긴 하겠지만 말이다. 그래서 앞의 변증법적인 방식을 적용해서 이 구절을 해석해보고자 한다.

인간은 혼돈과 무지에서 언어를 창조하고 이를 통해 사물을 만들어내었는데, 이렇게 나온 사물을 우리는 지(知)라고 부를 수 있다. 이 지를 끝까지 추구해나가면 종국에는 다시 혼돈과 무지의 세계를 만나게 된다. 이성적으로 끝까지 밀고 나가면 종국에는 종교를 만난다는 것이 헤겔의 역설이 아니던가? 기실 예술은 모두 이 무지와 혼돈의 세계를 겨냥하면서 창작활동을 지속한다. 장자의 이야기에서 '재목'은 (유한성의) 사물이자 지이고 언어(기호 또는 형식)다. 이에 비해 '재목이 되지 않음'은 (무한성의) 영생(永生)이자 혼돈이고 영적 영역이다. 따라서 후자인 무한성의 영역에 들어가기 위해서는 전자인 유한성의 도움을 받아야 한다. 이것을 장자는 그 다음 구절에서 "한번은 용이 됐다가 한번은 뱀이 되듯이, 시간과 더불어 같이 변화하면서 어느 한쪽에 집착하지 않으려고 한다"(一龍一蛇, 與時俱化, 而无肯專爲)라고 부연 설명했는데, 이는 용으로 지양되기 위해서는 뱀의 과정을 거쳐야 할 뿐 아니라, 이는 일회성으로 그치지 않고 시간이 흘러감에 따라서 반복돼야 도에 이를 수 있음을 말하고자 한 것이다. 그러나 사람들은 이와는 달리 유한성의 물질이나 무한성의 영적 영역 중에서 어느 한쪽에 집착하려는 것이 현실이다. 반복되는 지양을 통해서 도를 경험한 사람은 기꺼이 혼돈과 무지의 영역으로 돌아갈 수 있는 것이니, 『장자』「지북유편」(知北游篇)의 "산림아, 언덕아, 나를 흔쾌히 즐기게 하는구나!"(山林與, 皐壤與. 使我欣欣然而樂與)라는 구절은 이래서 가능한 것이다.

다른 한편으로 장자는 "재목됨과 재목이 되지 않음의 사이에 처하는 것은 도와 비슷한 것 같지만 기실 도는 아니다. 따라서 [궁극적으로] 재앙을 면키 어렵다"라는 말을 덧붙이고 있다. 즉 지양의 과정을 통해 경험하게 되는 도는 진정한 도가 아니라 사이비 도라는 말인데, 이는 도의 경지에 이를 수 있는 현실적인 방법이 이것밖에 없어서 어쩔 수 없이 이에 의존하지만 유한성의 사물이나 형식을 사용한다는 점에서 인위적이라는 한계를 피할 수 없음을 인정한 말이라고 하겠다. 이 말을 다른 말로 바꾸면 영적 영역이란 유한성에 의해서 생성된 관념일 뿐이지 실체가 아니라는 의미로 해석할 수 있다. 그럼에도 이 관념은 (형이상학적인) 대타자로서 기능하면서 우리의 사유와 행위를 거기에 의존하게 한다.

우리는 루치아노 파바로티가 거침없이 하이 시(High C)로 올라갈 때 짜릿한 쾌감을 경험하게 되는데, 이 쾌감은 대타자와의 조우라는 환상에서 오는 것이다. 그런데 이상한 것은 하이 시로 올라갈 수 있는 성악가가 파바로티만이 아닐진대 유독 파바로티에 열광하는 것은 그가 100%의 힘으로 올라가는 것이 아니라 80%의 힘으로도 너끈히 올라가기 때문이다. 즉 100%의 힘으로 올라가면 보이지 않는 힘겨움 때문에 대타자에 도달했다는 느낌이 나지 않지만, 80%의 힘으로 올라가면 20%의 여유로 인하여 대타자에 도달했다는 환상이 생기는 것이다. 나는 개인적으로 칼 뵘이 지휘한 오페라 「돈 지오바니」(Don Giovanni)(프라하 국립극장 오케스트라)를 무척 좋아한다. 이 안에 있는 아리아는 모두 주옥같지만 그중에서도 내가 특히 감동하는 노래는 마지막 장면에 기사장(Il Commendatore)의 석상이 나타나 부르는 아리아다. 이 노래는 다른 성악가가 아닌 꼭 마르티 탈벨라(Martti Talvela)가 부른 것이어야 한다. 그의 묵직한 베이스 음성이 넉넉하게 높이 올라가면서 돈 지오바니를 꾸짖을 때, 나는 분노한 신의 음성을 듣는 듯한 느낌을 받는다. 연비가 좋은 중형 승용차를 타도 별로 불편함이 없는데도 굳이 비싼 대형 승용차를 선호하는 것은 그 넉넉함으로 인하여 대타자와 접근해 있다는 환상도 주요 이유 중의 하나가 된다. 타이거 우즈의 스윙 폼이 보기만 해도 시원한 것은 그가 80%의 힘만으로 클럽을 휘두르기 때문이다. 이러한 예는 모두 대타자가 실체가 없는 관념의 산물이라는 데서 비롯된 것이다.

따라서 "일흔에는 마음이 하고자 하는 대로 따라가도 규범을 벗어나지 않았다"는 말은 공자가 영적 영역에 도달해서 성인이 되었다는 뜻이 아니라, 앞서 설명한 지양의 과정을 자연스럽게 반복할 수 있게 되었다는 말이다. 즉 예라는 형식을 통해서 인이라는 영적 상태에 도달하면 예를 잊는 과정을 힘들이지 않고 넉넉하게 함으로써 인을 유지할 수 있게 되었다고 분석할 수 있다.

이러한 경지에 이른 사람이라면 반드시 등용하여 나라 다스리는 일을 맡기는 것이 마땅할 텐데, 앞서 인용한 「내칙」은 오히려 "일흔 살이 되면 공직에서 물러난다"고 규정했다. 이 경지는 앞서 장자가 지적한 바와 같이 사이비 도에 이른 상태다. 사이비 도라고 하더라도 천도, 즉 혼돈과 무지의 단계에 근접해 있기 때문에 그보다 낮은 단계인 지(知)의 세상을 다스릴 수 없다. 따라서 이 단계에 이른 사람은 공직에서 물러나야 하는 역설에 부닥치게 되는 것이다. 이를테면, 아무리 훌륭한 대학교수라고 하더라도 유치원 아이를 가르칠 수 없는 것과 마찬가지다. 유치원 아이는 그 단계의 지적 코드에 익숙하도록 훈련받은 유치원 교사라야 제대로 가르칠 수 있는 법이다. 규범에 얽매이지 않는 사람이 규범에 의존해야만 하는 단계에 있는 사람들을 가르칠 수는 없지 않은가? 「고린도전서」(8:9)에 "그런즉 너희 자유함이 약한 자들에게 거치는 것이 되지 않도록 조심하라"라는 구절이 있는데, 이는 규범에 얽매이지 않고도 규범의 영역을 자유롭게 사는 사람은 규범에 따라 살아야만 하는 사람들에게 시험을 줄 수 있기 때문에 규범 없이 사는 사람으로 보이지 않도록 조심하라는 말이다. 그래서 자유의 경지에 도달한 사도 바울도 "그러므로 만일 [음]식물이 내 형제로 실족케 하면 나는 영원히 고기를 먹지 아니 하여 내 형제를 실족케 하지 않게 하리라"(8:13)라고 하여 스스로 규범이 있어야 하는 낮은 단계에 머물려고 했던 것이다. 따라서 영적 경험이라는 것은 순전히 개인적일 수밖에 없는 것이다.

이처럼 고대 중국의 삶은 예라는 틀로써 짜놓았으므로 공자가 말한 단계적 도식이 성립될 수 있었다. 이 도식을 성인만이 겪는 과정이라고 보면 안 된다. 정도의 차이는 있을 수 있겠지만 어느 누구의 삶이든지 예를 실천하면서 살아가면 이러한 보편적인 결과가 나올 수밖에 없다는 말이다. 물론 흔히 도식화라고 하면 부정적으로 보는 경향이 있는데, 예에 의한 인생의 도식화는 그렇게만 볼 수 없다. 폐쇄적인 전통사회에서 삶을 전형적으로 짜놓고 살아가는 것은 사회를 안정적으로 유지시키는 데 도움이 되기 때문이다. 그러나 이것을 과도하게 밀고 나갔을 때 사회가 소통이 안 되고 계층이 분리되는 부정적 현상이 나타날 수 있기도 하다. 오늘날 우리가 무슨 명문 고등학교를 나와야 무슨 명문 대학 무슨 학과에 들어갈 수 있고, 또 그 대학을 나와서 어떤 과정을 겪어야 사회에 나와 무슨 직업을 가질 수 있다고, 무슨 정석처럼 믿는 관습은 기실 예의 이러한 도식화가 극단적으로 발전한 데서 비롯된 것이라고 봐야 할 것이다.

제9장

관례(冠禮): 성년이 되려면 아픔의 형식이 있어야 한다

도식화의 또 하나의 기능 : 지식의 전수

삶의 방식이라는 개념으로서의 중국 문화가 형성된 밑바탕에는 예가 있었다. 이 예는 앞서 설명한 바와 같이 그들의 삶을 여러 가지 방면에서 도식적으로 짜놓았다. 이러한 도식화는 삶뿐 아니라 일반적인 사물에도 그대로 적용되었는데, 이것은 사물에도 질서를 부여함으로써 사람뿐 아니라 환경도 정형적인 틀로 짜서 안정적으로 유지하고자 하는 목적에서 비롯되었다. 대표적인 예를 들어보면 다음과 같다.

① 복희씨(伏羲氏)가 처음으로 사물 · 벌레 · 새 · 짐승 등에 이름을 붙이셨다.

② 복희씨가 새끼를 꼬아 여러 가지 그물을 만들어 사냥도 하

고 물고기도 잡게 해주셨다.

③ 옛날의 백성들은 모두 새와 짐승의 고기를 먹고 살았는데, 신농씨(神農氏)에 이르러 백성들이 많아지자 새와 짐승으로는 부족하게 되었다. 그래서 계절의 변화에 근거하고 땅의 이점을 분석한 다음, 따비와 쟁기를 제작하여 백성들에게 농사짓는 법을 가르쳤다.

④ (신농씨 때에) 해가 중천에 뜨면 저자를 만들어 천하의 백성들을 모두 오게 하였다. 이때 천하의 모든 재화를 가지고 와서 서로 교환한 다음 집으로 돌아가게 하였으니, 백성들 각자는 자신에게 필요한 것을 얻을 수 있게 되었다.

⑤ 천하의 백성들은 들이나 동굴에서 거처하며 아직 가옥을 알지 못하였으므로 새와 짐승들과 같은 곳에서 지냈다. 이에 황제씨(黃帝氏)가 나무를 베고 건재를 엮어서 궁실을 건축하였는데, 위에는 마룻대를 얹고 아래는 처마를 놓았다.

이렇게 사물의 근원을 도식적으로 밝혀놓은 예는 수도 없이 많다. 이렇게 하면 정권의 입장에서는 사물에 대한 권력이 발생한다. 『천자문』에 보면 '축물의이'(逐物意移: 사물을 쫓아다니면 뜻이 바뀐다)라는 구절이 있다. 사물은 주체가 어떤 욕망으로 바라보느냐에 따라 전혀 다른 사물로 보이게 마련이다. 그러므로 권력은 사물에 처음부터 공적인 의미를 부여해서 다른 사물로 볼 수 없도록 제어하는 것이 필요하다. 오늘날 자본 권력이 물건을 많이 팔아먹기 위하여 자신들이 생산한 제품(사물)에 자의적으로 신화성을 부여하고 소비자들의 욕망을 불러일으킨다. 그러나 잔뜩 부풀어 오른 욕망은 무엇으로도 채울 길이 없으므로 사람들은 풍요로운 사회 속에 살고 있음에도 '만족할 수 없음'이라는 불행을 면할 수 없는 것이다. 예로써 사물을 도식화한다는 것은 곧 사물에 일종의 종법(宗法)을 발생시켜서 틀을 형성하고 사람들을 그 환경 속에 살게 하는 것인데, 틀이라는 조건에 충실하면 행복해진다는 논리는 이미 앞에서 말한 바와 같다.

예의 도식화가 갖는 또 하나의 장점은 공적인 교육제도가 따로 없던 시절에 지식을 전수하는 기능을 수행했다는 사실이다. 그 대표적인 예가 『예기』의 「월령」(月令)인데, 그 일례를 들면 다음과 같다.

> [맹춘(孟春)인 정월에는] 제사는 지게문에다가 지내고, 제사를 지낼 때에는 지라를 맨 앞에 놓는다. 동풍이 불어 언 땅을 녹이고, 겨울잠을 자던 동물들이 떨쳐 움직여 소생하기 시작하며, 얼음 밑에 있던 물고기가 녹은 얼음들 사이로 올라온다. 수달은 물고기를 잡아서 어제(魚祭)를 지내고, 계절에 따라 움직이는 기러기는 북쪽으로 날아간다. 이때에 천자는 동향 당(堂)인 청양(靑陽)의 북쪽 실(室)에 거처하면서 정령을 시행한다. 시절에 순응하기 위하여 난새 방울을 단 수레를 타고, 청룡 말로써 수레를 끌게 하고, 용의 형상을 그린 푸른색 깃발을 수레의 가로목에 꽂고 푸른색의 옷을 입고, 푸른색의 패옥을 차고 다니며,

보리와 양고기를 먹는다. 그리고 종묘에서 쓰이는 그릇들은 모두 트이고 뚫리게 조각한 것들을 사용한다. [……] 이 달에는 악정(樂正)에게 명하여 공 · 경 · 대부의 자제들로 하여금 학관에 들어가 춤을 익히게 한다. 그리고 일 년 제사의 의전 절차를 정리하게 하여 산 · 숲 · 강 · 못 등에서 제사를 지내게 하는데, 이때에는 희생으로써 암컷을 써서는 안 된다. 나무 베기를 금지하고, 새 둥지를 뒤지지 못하게 하며, 농작물에 유익한 유충 · 짐승의 새끼 · 갓 날기 시작한 어린 새 등을 죽이지 말도록 하고, 새끼도 잡지 말고 새알도 꺼내지 않게 한다. 또한 이때에는 성곽을 증축하지 못하게 하고, 혹시라도 백골이나 썩은 살점이 아직 붙어 있는 뼈를 발견하게 되면 이를 모두 땅에 묻어주게 한다.

맹춘의 달에 여름의 정령을 시행하면, 바람과 비가 제때에 오지 않아서 초목이 일찍 말라 낙엽지고 나라에는 두려운 재앙이 있게 된다. 또한 이때에 가을의 정령을 시행하면, 백성들이 무서운 돌림병을 앓게 되고 질풍과 폭우가 자주 몰려와서 명아주 · 가라지 · 쑥 등의 잡초가 무성하게 자라나게 된다. 겨울의 정령을 시행하면 큰물이 범람하여 재난이 되고, 큰 눈과 서리가 내려서 일찍 파종한 보리가 수확되지 않는다.

이런 방식으로 일 년 열두 달 각 달에 천자를 비롯해서 모든 백성들이 반드시 해야 할 행사와 업무들을 기록해놓았다. 따라서 모든 일이 일 년 단위로 반복되는 전통사회에서는 이렇게 도식화해놓으면 별다른 교육 과정이 없어도 지식 전수가 가능하게 된다. 이것이 행위로 표현해야 하는 예의(禮儀)의 장점이다.

『좌전』「소공 20년」을 보면 다음과 같은 사건이 기록돼 있다.

> 12월에 제나라 임금이 패(沛) 땅에서 사냥을 할 때에 사냥 업무를 관장하는 우인(虞人)에게 활을 갖고 나오도록 불렀으나 [우인이] 나타나지 않았다. 임금이 사람을 시켜 그를 잡아들이게 했더니, 그가 가기를 거절하며 말하기를 "돌아가신 옛날 우리 임금님들께서 사냥하실 적에는 붉은 깃발로써 대부들을 부르셨고, 활로써 무사들을 부르셨으며, 가죽 갓으로써 우리 우인들을 부르셨습니다. 소인은 가죽 갓을 보지 못하였기에 감히 나아가지 않았던 것입니다"라고 하였다. 임금이 이 말을 듣고는 그를 풀어주었다. 중니(仲尼)가 말하기를 "'도의를 지키는 것은 관직을 지키는 일만 못하다'(守道不如守官)는 말이 있는데, 군자는 이 말이 옳다고 생각한다"라고 하였다.

지존인 임금이 활을 가져오라고 했으면 이유여하를 막론하고 신속히 대령했어야 할 하급 아전인 우인이 단지 가죽 갓이라는 절차가 없었다고 해서 거부했다는 것은 신하는 임금에게 복종해야 한다는 도의적인 측면에서 본다면 지극한 불충에 해당할 것이다. 그러나 예의(禮儀)란 다른 말하자면 상징체계를 뜻한다. 상징이란 혼돈의 세계를 형식적으로 표상함으로써 명료하게 만들고자 하는 노력이다. 그런데 도의라고 하는 추상적인 관념에 근거해서 신하가 움직여주기를 바란다면, 신하는 자의적인 해석에 의해 돌출적으로 행동할 수가 있다. 물론 이때의 행동은 나름대로는 충성하려는 마음에서 비롯된 것이므로 비난하기가 어려울 것이다. 따라서 이러한 위험을 감수하지 않으려면 상징체계는 철저하게 형식적이어야 한다. 우리는 흔히 본심이나 의도만 좋다면 그 행위가 좀 바람직하지 않아도 괜찮다고 생각하는 경향이 있는데, 이 도의적인 측면을 중시하다보면 종국에는 둘 다 잃게 된다. 왜냐하면 이 도의라는 것은 관념적이어서 그 실제가 어떠한지를 결코 알 수 없으므로 결국은 흐지부지될 수밖에 없기 때문이다.

'기수 빳다' 동영상을 다시 보다

어떤 사건이 발생하면 사람들은 진상조사위원회를 구성하여 이른바 '진상 조사'라는 것을 실시한다. 그런데 세상의 어떠한 진상 조사도 진상을 제대로 밝혀내지 못하는 역설에 걸린다. 여기서 진상이 사라지는 이유는 바로 의도의 도의성 때문이니, 본래의 마음이 어떠했는가를 건드리는 순간 모든 게 모호해져버린다는 말이다. 그러니까 진상 조사의 피조사자가 그 위기를 모면하려면 본래의 마음을 거론하여 물 타기를 하면 된다. 우리는 형식을 매우 부정적으로 보는 경향이 있는데, 이는 형식의 상징성을 무시하고 질료성에만 집착하는 형식주의와 구별하지 못하는 데서 오는 오해일 뿐이다. 이처럼 예의의 도식화는 삶의 지식을 명료하게 전수함으로써 도의가 올바로 유지될 수 있게 해준다. '도의를 지키는 것은 관직을 지키는 일만 못하다'는 공자의 말은 바로 이를 뜻한다.

얼마 전 수도권의 어느 대학에서 속칭 '기수 빳다' 동영상이 그대로 방송을 타는 바람에 사회적인 파장을 불러온 적이 있었다. 이런 사건은 유독 그 대학에서만 발생했던 것은 아니고 그전부터 종종 있어왔는데, 그때마다 학교 당국은 재발 방지를 굳게 약속해왔지만 잘 근절되지 않는 게 현실이다. 그렇다면 이게 왜 이렇게 사라지기가 어려운 것인가? 결론부터 말하자면 대안이 없기 때문이다. 그들도 이 은밀한 의식에 인권 침해의 요소가 있다는 걸 모를 리 없지만 그들이 궁극적으로 전수해서 가르치고자 하는 바가 이 방법 외에는 딱히 없기 때문이라는 말이다. 우리는 일반적으로 교육이란 머리로 이해시킴으로써 수행하는 것쯤으로 알고 있지만, 의식과 같이 몸에 어느 정도의 단련과 고통을 가함으로써 수행하기도 한다. 교육 목표가 명확하게 분석돼 있는 경우라면 머리로 이해시킬 수 있지만, 그들이 겨냥하는 연대 의식처럼 목표가 감성적이라면 머리로는 거의 불가능하다고 봐야 한다. 이런 측면에서 본다면 '기수 빳다'라는 의식은 예의(禮儀)의 극단적 형태라고 볼 수 있겠다. 아무튼 가해자 자신들은 그 방법으로만 배워 경험적 효과를 본 것이므로 이제 와서 다른 대안을 찾기가 쉽지 않은 것은 사실이리라. 그래서 이것이 그치질 않고 지속되는 것이다.

앞에서 지적하였듯이, 예의 본질은 근본적으로 형식이다. 우리는 흔히 형식이란 내용을 담아내는 일종의 그릇쯤으로 여기지만, 데리다가 일찍이 "텍스트 바깥에는 아무것도 없다"고 설파했듯이, 형식은 그 자체로 메시지이지 뭘 담는 게 아니다. 이를테면 학생은 어떤 선생을 만나느냐에 따라서 각기 다른 인격체로 자라난다. 학생은 스스로 깨닫지 못하기 때문에 선생이 외부로부터 개입해서 학생의 균형 상태를 흔들어놓아야 한다. 이렇게 함으로써 학생은 선생이라는 형식을 통해 세계를 보게 되는 것이다. 따라서 선생은 학생의 형식이자 지식이 된다. 이런 이유 때문에 레닌도 인민에 대한 당의 개입을 고집했는데, 그 이유는 인민들에게는 적절한 계급의식이 자생적으로 생기지 않기 때문이라는 것이다. 당이 외부로부터 인민에게 개입해서 그들을 영도한다면 당은 인민의 형식이 되는 셈이다.[1]

이처럼 형식은 그 자체가 메시지이기 때문에 아무리 훌륭한 관념적 이론이라고 하더라도 형식화하지 않으면 일반인들에게는 크게 의미가 없다. 형식화란 쉽게 말해서 일반인이 인식하고, 이해하고, 활용할 수 있는 형태로 수정(modify)하는 작업을 말한다. 이를테면 $E=mC^2$이라는 상대성원리의 관념적 공식을 일반인에게 설명하는 것은 쉬운 일이 아니지만, 핵반응을 활용한 수소폭탄이나 핵발전소라는 형식을 통해 보여주면 적어도 그 힘이 어떠하다라는 것쯤은 눈과 피부로 이해할 수 있다. 이러한 형식화는 가끔 역사의

1 지젝(2006), 68쪽.

흐름을 바꾸는 위대한 사건을 발생시키기도 하는데, 그 대표적인 예가 사도 바울과 레닌이다. 바울은 그리스도 사건을 십자가에서의 죽음과 부활로 형식화하였다. 신의 아들이 죽었다는 것은 신이 초월을 포기함으로써 인간처럼 육체로 사유하게 되었다는 뜻이고,[2] 육체의 사유란 결국 고난을 뜻하므로 고난 속에서 신을 만나는 부활을 경험하고 성령을 내재화하는 형식을 보여줌으로써, 바울은 유대교와 단절된 보편성의 종교인 기독교를 세상에 드러나게 하였던 것이다. 레닌은 당과 인민을 조직하여 러시아혁명을 성공으로 이끌었는데, 이는 마르크스주의를 형식화한 결과다.

당나라 때 안록산의 난을 촉발한 원인 중의 하나로 지목되고 있는 현종과 양귀비의 애정 행각이 기실 스캔들임에도 불구하고 이것이 황제와 절세미인 사이의 인간적인 사랑 이야기로 회자돼오고 있는 것이 사실이다. 중국 역사에서 이런 종류의 성적 추문이 현종에게만 있었던 것이 아닐진대, 이것이 유독 현종에게서만 로맨스가 된 까닭은 바로 백거이(白居易)의 장편 서사시 『장한가』(長恨歌) 때문이었다. 즉 한낱 스캔들에 지나지 않은 사건을 그의 감수성이 시라는 형식을 통해서 모든 사람들이 공감할 수 있는 비극적 애정으로 형식화한 결과라는 말이다.[3] 백거이 이후에도 많은 시인과 문호들이 이 사건을 주제로 작품을 써냈는데, 이들의 감응은 기실

---

2 이에 관해서는 알랭 바디우(2008), 136쪽을 참조하기 바람.

3 이에 관해서는 김근(2008), 42~43쪽을 참조하기 바람.

『장한가』에서 비롯된 것이지 추문 사건 자체에서 온 것이 아니라고 보는 것이 옳다. 이를 보더라도 사건 자체보다도 형식화가 얼마나 중요한지를 짐작할 수 있다.

공자가 중국 역사에서 중요한 인물이 된 것은 바로 오랜 기간 기능을 상실해왔던 예를 다시 현실의 토대 위에서 형식화했기 때문이다. 이를테면 진정한 예가 뭔지 모르는 당시 사람들에게 효(孝 : 아버지의 법에 복종)와 제(悌 : 다투지 않음)에 충실함으로써 인(仁)을 적극적으로 실천하는 형식을 가르쳤다는 말이다. 그렇기 때문에 효와 제라는 형식을 실천하게 되면 그 속에서 당시의 지식과 더불어 세계를 알 수 있게 되는 것이다.

동안(童顔) · 꽃미남 신드롬의 본질

또 하나 예의 도식화가 긍정적인 것은 의식이라는 상징적 행위를 통해서 단절을 인식하고 성장을 지속할 수 있게 해준다는 사실이다. 유기체로서의 생리적인 삶의 모습이 연속선상에 있는 것처럼 정신적인 삶의 양상도 그렇게 연속적으로 이어지는 게 아니다. 다시 말해서 유기체가 영양만 공급해주면 저절로 성장하고 생식하고 노쇠해가는 과정을 밟아간다고 해서 정신적인 성장도 여기에 따라 저절로 이루어지는 게 아니라는 뜻이다. 인간의 정신적인 성장은 상징체계라는 틀을 거쳐야만 가능하다. 따라서 유기체의 몸이 성장하면 그에 따라서 상징체계도 연속적으로 커져야 하는데, 이것은 인위적으로 만들어야 하는 것이므로 그렇게 연속적으로 이어지게 할 수가 없다. 그래서 일정 기간 동안 하나의 틀 속에서 적응하게 한 다음에 어느 정도 성장했다고 판단되면 다음 단계의 더 큰 틀 속으로 옮겨줘야 한다. 마치 애벌레가 성충으로 성장하기 위해서 몇 번의 변태 과정을 거쳐야 하는 것처럼 말이다. 그래서 정신적 성장을 유도하는 상징체계 내의 각 과정들 사이에는 연속이 아닌 단절이 발생하는 것이다.

새로운 상징체계로 진입하는 것을 입문(initiation)이라고 부른다. 'initiation'을 컴퓨터 용어에서는 초기화라고도 하는데, 앞서의 소프트웨어와 정보들을 모두 지워버리고 단절시켜서 거기에 영향을 받지 않는 상태로 전환한다는 뜻을 담고 있다. 앞에서 말했듯이 동일한 사회에 사는 사람들은 동일한 상징체계를 공유함으로써 소통한다. 그러다가 몸이 성장하면 다시 성장한 주체들이 소통할 수 있는 다른 상징체계로 들어가 그것을 공유하게 된다. 그런데 여기서 어느 한 주체가 이미 몸이 성장했음에도 성장된 주체들을 위한 다른 체계 속으로 입문을 하지 않으면 어쩔 수 없이 여전히 미성년의 체계 속에서 홀로 살게 되는데, 어른이 돼서도 유치한 사고와 행동을 하는 사람들이 이에 해당한다.

옛날에는 이런 사람들은 사회에서 배척을 당해서 사회생활을 하기가 쉽지 않았지만, 오늘날의 상황은 꼭 그렇지만은 않고 오히려 유치한 사유와 행위가 '어린이의 순수함을 유지하고 있다'라는 얼토당토한 말로 포장되어 선망의 대상이 되는 경우까지 발생하고 있다. 이것은 근대 이후 강력한 대타자와 그 상징체계가 회의와 불신을 받음으로 인해서 상징체계에서 벗어난 개인화가 많이 이루어졌기 때문이다. 즉 '어른이라면 모름지기 이러이러해야 한다'라는 도덕적 당위성을 담보해줄 어떠한 권위도 없는 상태인데, 내가 평생 어린이로 지낸들 누가 뭐랄 수가 있는가? 요즘 흔히 하는 말투 중 하나가 '지가 뭐 보태준 거 있어?'인데, 보태준 것, 즉 돈을 주지 않았다면 누구든 누구에게 이래라 저래라라고 할 권력과 권위를 행사할 수 없다는 말이다. 이렇게 개인화가 이루어진 이상 이미 거의 부정돼버린 성인들의 상징체계로 들어갈 필요가 없기 때문에 오늘날에는 성년식을 따로 하지 않는다. 일부 종교단체나 정부기관 등에서 몇몇 젊은이를 데려다가 성년식 이벤트를 하긴 하지만, 이를 보는 시선에는 무슨 시대착오적인 짓을 보는 것 같은 회의로 가득 차 있기도 하다.

상징이라는 것은 일종의 신념이므로 하루아침에 생기거나 없어지지 않는다. 그럼에도 불구하고 앞의 것과 뒤의 것은 기실 다른 체계로서 단절돼 있는 것이므로, 하루아침에라도 앞의 것은 벗어던지고 뒤의 것을 입어야 하는 게 현실이다. 따라서 뒤의 것을 입고 이에 의지해서 살아가려면 확실한 방법으로 새것을 기억하게 하지 않으면 안 된다. 이렇게 기억시키는 방법이 몸에 고통을 주어 몸으로 직접 익히게 하는 방법이다. 원시 문화나 부족들 사이에서 성년식을 행할 때 몸에 문신을 하는 등, 가혹한 의식을 수행하는 것은 바로 이 때문이다. 『예기』「관의」(冠義)도 보면 매우 엄격한 성년식의 절차를 적어놓고 있다.

> 옛날에 관례[성년식]를 행할 때에는 점을 쳐서 관례 날짜와 의식을 주재할 사람을 정하였으니, 이는 관례를 엄숙히 여기고 예를 중시하게 하기 위한 방도였다. 예를 중시하는 것은 치국의 근본이다. 그러므로 관례는 평소 주인이 오르내리는 동쪽 섬돌에서 행하는데, 이는 장차 주인의 대를 이을 사람이라는 것을 나타내기 위함이다. 성년이 될 사람은 손님의 자리에서 주인에게 술을 받는다. 이때 주인은 그에게 점차 높아가는 순서로 세 번 관을 씌워주는데, 이는 나이가 들수록 성취를 더해가라는 뜻이다. 관 쓰기를 마치면 자(字)를 지어주는 것이 성년이 되는 도리다. 그리고 모친을 뵈면 모친이 그에게 답하는 절을 하고, 형제들에게 인사하면 형제들도 그에 답하는 절을 한다. 이는 성년이 되었으므로 성년에 대하여 예를 행한다는 뜻이다. 선비의 예복인 검은색 갓과 검은색 도포를 입고 임금에게 폐백을 드리고 나서, 다시 폐백을 들고서 경대부와 마을의 원로들을 찾아뵙는데, 이는 성년으로서 뵙는다는 뜻이다.

사람이 태어나서 받는 이름은 명(名)이라고 하고, 성년식에서 받는 이름은 자(字)라고 하는데, 이름을 다시 받았다는 것은 어른으로서 '거듭났음'을 상징한다. 그래서 성년 이후부터는 모든 남자는 자로써 불러주었다. 이처럼 새로운 주체를 어른이게 해주는 상징체계, 또는 상징들의 총화가 곧 그의 정체성이 되는 것이다. 상징체계가 강력한 대타자로서 주체의 정체성이 되면 주체는 자아를 확인하기 위한 별다른 조치를 개인적으로 취하지 않아도 된다. 이를테면, 수염을 기르고 상투를 틀어 올리는 것이 어른의 상징이라면 어른으로 보이기 위해서는 이것만 하면 되지, 개인적인 차원(또는 상상적인 차원)에서 다른 수식을 더할 필요는 없다는 말이다.

다른 예로써 이해를 돕자면, 원래 귀족에 속한 사람은 귀족임을 상징하는 홀만 갖고 있으면 되지만, 귀족이 아닌 사람이 귀족처럼 보이고 싶으면 돈을 엄청 들여 자신을 호화롭게 꾸미려 한다. 즉 상징계에 의해서 정체성이 주어지지 못한다면 주체는 개인적으로 상상계에서 정체성을 스스로 찾거나 만들게 된다는 말이다. 그래서 옛날에는 대타자로서의 상징체계가 강력했으므로 주체들이 대상(들)에 의한 욕망에 의해서 쉽사리 휘둘리지 않았다. 그리고 일단 성년이 되면 미성년과 단절되어 더 이상 미성년에 대한 미련이 없었다.

그러나 오늘날의 주체들이 대타자를 불신하고 성년의 상징체계에 들어가는 의식을 무시한다고 해서 순전한 개인적 삶을 영위할 수 있을까? 앞서 지적했듯이, 대타자의 실체가 결여라고 해서 불신을 받는 곳에서는 대상(들)로부터 오는 작은 타자라는 욕망이 배회할 수밖에 없다. 호랑이가 없는 산에서는 토끼가 왕이라 했던가? 성년의 상징체계에 의한 정체성이 부재하거나 지배하지 못하는 곳에는 당연히 미성년의 욕망이 횡행하게 된다. 그래서 유치한 사고와 행동을 아무렇지도 않게 할 뿐 아니라, 심지어 어린이의 단계에서 벗어나지 않으려는 이른바 피터팬 신드롬에 갇히기까지 한다. 오늘날 어떻게든 한 살이라도 더 어려 보이려는 동안(童顔)에의 욕망이나, 남자가 여자처럼 예쁘게 보이려는 꽃미남에의 욕망 등은 모두 여기서 비롯된다. 대타자의 지배가 느슨한 곳은 타자의 욕망이 지배하게 된다. 이를테면, 앞서 말했듯이 옛날에는 남자다워 보이기 위해서는 대타자의 상징체계가 요구하는 남자의 조건이면 충분하였다. 즉 수염을 기른다든가, 술과 담배를 즐긴다든가 등의 몇 가지 상징만 있으면 됐는데, 대타자가 느슨해진 상태에서는 그러한 상징들로써는 의미가 없고(오히려 그런 상징들은 남자가 깔끔하지 못하다는 부정적인 인상만을 갖게 만든다), 타자들 즉 관심의 주체인 여성들의 욕망이 남자들의 모습을 결정하는 데 중요한 지배 요소가 된다. 앞서의 동안과 꽃미남은 바로 여성들의 욕망의 결과인 셈이다. 이를 위해서 남성들도 성형수술을 자행하고 있는데, "몸과 머리털과 살갗 등은 부모로부터 받은 것이므로, 이를 감히 헐거나 다치지 않게 하는 것이 효도의 시작이다"(身體髮膚, 受之父母, 不敢毁傷, 孝之始也)라는 『효경』(孝經)의 말을 철석같이 신봉했던 옛날 대타자의 강력한 힘을 상기해보면, 이것이 오늘날 대상들로부터 오는 작은 욕망(들)의 힘에 의해서 얼마나 무기력해졌는가를 쉽게 짐작할 수 있다.

대타자의 상징체계가 느슨해지고 대상(들)로부터 오는 욕망이 지배하는 사회적 분위기는 자본주의가 상품을 팔아먹기에 안성맞

춤인 환경이 된다. 수요를 창출하려면 사람들이 계속 새로운 것을 사야 하는데 그러려면 변화란 좋은 것이라는 관념을 주입시켜야 한다. 그래서 오늘날 변화는 진보이자 좋은 것이라는 등식과 함께, 변화를 거부하는 것은 게으름의 상징이자 죄악이라는 등식을 병렬시키고 있는데, 이는 근대의 개인화의 흐름을 이용해서 자본주의가 만들어낸 시장 이데올로기인 것이다.

딸을 성폭행하는 아버지 : 실재로 귀환한 아버지의 모습

라캉은 일찍이 정신병을 정의하면서 "상징계로부터 배제된 것은 실재로서 회귀한다"라는 유명한 말을 남긴 바 있다. 국가의 존엄성은 상징에 의거할 때 지켜지는 것이다. 왜냐하면 국가는 실체가 모호해서 상징이 아니면 감각할 수 없기 때문이다. 백두산 · 한라산 · 한강 · 낙동강 등의 자연 지형들은 우리나라 사람들의 정신을 하나의 모습으로 형성하는 데 있어서 매우 중요한 기능을 하는 상징들이다. 따라서 이들의 모습이 바뀌면 불가피하게 우리의 정신도 따라서 바뀌게 돼 있다. 그런데 변화 이데올로기에 젖은 우리는 바꾸면 무조건 좋은 줄 알고 상징을 무시하고 4대강을 파 뒤집어놓도록 허락하고 말았으니, 이제 이 강들이 우리가 모르는 어떤 실재의 모습으로 변하여 분명히 우리의 삶을 침범할 텐데, 그때 우리의 정신적인 모습은 또 어떻게 변할지 두려운 마음을 금할 길이 없다.

세상에 공짜는 없는 법이다.

앞서 라캉의 명언이 재확인되는 현상이 오늘날 한국의 중년 남성상이다. 요즘 대학입시생을 둔 '엄마'들 사이에서는 아이를 좋은 대학에 들여보내기 위한 세 가지 조건이 마치 격언처럼 퍼져 있다고 한다. "첫째, 할아버지의 재력. 둘째, 어머니의 정보력. 셋째, 아버지의 무관심." 여기서 우리를 실소하게 하는 부분은 세 번째인 아버지의 무관심이다. 우리나라가 전통적인 가부장 사회였다는 사실을 상기한다면 세상이 참 많이 변했다는 놀라움을 금할 수 없다. 레나타 살레클은 "존중은 타자 속의 결여에 대한 주체의 관계와 관련이 있다"[4]고 했다. 이를테면, 아버지에 대한 존중은 아버지의 결여, 즉 그가 실제로 무능하다는 사실에 대한 인정을 주체가 회피하기 위한 방식으로 하는 행위라는 것이다. 실제로 아버지의 권위는 아버지 자신에게서 온다기보다는 가부장제도(또는 관습)라는 구조적 위상에서 오는 것이 사실이므로, 이는 기실 상징적 힘이라고 볼 수 있다. 따라서 상징체계를 벗어나면 아버지의 실재는 무능하기 짝이 없는 결여 상태가 된다. 극단적으로 말하자면 구조의 상징적 자리를 채워주는 질료가 바로 아버지의 실재라는 말이다. 상징체계가 대타자로 중시되던 옛날에는 아버지가 상징의 힘에 의지하여 존중을 받았었는데, 대타자에 대한 불신으로 인하여 아버지에게서

4 레나타 살레클 지음, 이성민 옮김, 『사랑과 증오의 도착들』(서울: 도서출판 b, 2003), 235쪽.

상징의 틀이 벗겨지면서 아버지의 실재가 적나라하게 드러난 것이 오늘날 아버지의 모습이다. 그런데 대학입시는 상징의 힘으로 해결될 과제가 아니라, 실재적인 힘이라야 돌파할 수 있는 현실이다. 할아버지의 재력은 말할 것도 없이 실재적인 힘이고, 어머니의 정보력도 실재적인 힘을 발휘한다. 여기서 아버지도 뭔가 실재적인 힘으로 일조를 해야 하는데, 상징적인 힘을 제외하고 나면 아버지 자체는 기실 결여이므로 뭐 도움이 될 만한 게 없다는 것 또한 현실이다. 그런데 이러한 현실을 알지 못하는 일부 아버지들이 아직도 상징적 힘이 통하는 줄 알고 이래라저래라 참견을 하기도 하는데 이는 시대착오적 행위라서 입시 준비에 오히려 방해가 될 뿐이다. 그래서 가만히 모른 척하고 있는 게 그나마 도와주는 것이라는 취지에서 '아버지의 무관심'이 필수 요소로 꼽히게 된 것이다.

앞에서 "상징계로부터 배제된 것은 실재로서 회귀한다"고 했다. 그렇다면 이처럼 상징적 힘을 상실한 아버지는 어떠한 실재적 모습으로 귀환하게 되는가. 상징적 힘을 상실했다는 것은 힘과 아울러 의무감과 책임감도 상실했다는 의미가 된다. 오늘날 아버지가 경제적으로 살기 힘들다고 아이를 쉽사리 고아원에 보내는 것이라든가, 자신의 딸을 성폭행하는 것, 그리고 사업에 실패 좀 했다고 해서 집으로 돌아가지 않고 노숙자로 전전하는 것 등은 바로 상징적 힘을 잃은 아버지의 대표적인 실재적 모습이라고 하겠다. 그리고 오늘날 기혼 남성들 가운데에 자그마한 결정도 일일이 아내에게 물어봐야 하는 이른바 '와이프 보이'가 적지 않은 모양이던데,

이 역시 실재적 모습으로 귀환한 아버지의 상이라고 말할 수 있다.

자유롭게 선택한 짜장 곱빼기의 부자유함

상징의 힘을 무시하고 실재적인 힘을 중시하는 이른바 '실용주의'를 표상하는 속담 중에 "꿩 잡는 게 매"라는 말이 있다. 풀어 말하자면, 새 중에 매라는 종이 따로 있는 게 아니라 무엇이든지 꿩만 잘 잡으면 그게 곧 매라는 말이다. 설사 그게 꿩처럼 생겼다고 하더라도 꿩만 잘 잡으면 매가 될 수 있다니, 순전히 실용적인 기능과 효율에 의해서 사물의 존재는 결정된다. 그렇다면 이 세상의 모든 사물은 실용적 가치에 의해서 존재가 결정될 것인데, 그 가치가 늘 일정하다면 몰라도 수시로 변화할 수밖에 없으니 이렇게 불안정한 세계에 사는 것은 불안을 피할 수 없다. 이러한 불안을 피하기 위하여 상징적인 틀, 즉 예를 만들어 그 안에서 안정된 삶을 추구해왔던 것이다. 따라서 실체가 아닌 예에 따라 사는 삶은 필연적으로 도식적이 될 수밖에 없다. 아버지가 결여의 존재이지만 힘으로서 존중하는 것은 대표적인 도식화다.

『의례』(儀禮) 「향사례」(鄕射禮)의 활쏘기 의식을 예로 들어 설명해보자. 주인이 손님을 모시고 활쏘기를 할 때는 주인이 손님에게 두 번 절 하고는 먼저 쏘시라고 권한다. 그러면 손님은 사양하고 주인이 먼저 하시라고 청한다. 주인이 두 번 절하고 사대에 오르면 손님도 두 번 절하여 응답을 한다. 활쏘기는 축구의 승부차기처럼 심리적 안정감이 중요하므로 먼저 쏘는 사람이 유리하다. 그래서 명중에 대한 욕심이 있는 사람은 당연히 먼저 쏘고 싶어 하지만, 이 의식에서는 주인이 먼저 쏘도록 규정하고 있다. 그렇다고 하더라도 주인은 손님에게 먼저 권하고, 손님은 이를 사양하여 주인에게 다시 양보하는 모양으로 의례적 절차를 만들어놓았다. 즉 이것은 처음부터 거절하도록 돼 있는 도식화된 허례(虛禮)인 셈이다. 그런데 여기서 명중에 욕심이 난 나머지 주인이 권할 때 대뜸 손님이 먼저 사대에 올라간다면 어떻게 될까? 보나마나 의식이 끝난 후 두 사람의 관계는 적대적으로 변할 것이다. 그렇다면 손님은 이렇게 반문하지도 모른다. “어차피 주인이 먼저 쏠 거면 왜 쓸데없이 나한테 빈말을 했느냐?” 물론 의미 없는 빈말임에는 틀림이 없지만 이 허구라는 틀의 보호 아래서 주인과 손님 두 사람은 적절한 거리를 유지하면서 교감 있는 관계를 지속시킬 수 있는 것이다.

여기서 잠시 내가 아는 청년의 실제 경험을 이야기해보겠다. 이 청년은 고등학교와 대학교 과정을 외국에서 보냈기 때문에 우리의 예문화에서 형성된 빈말 속의 교감이 무엇인지를 잘 모르고 있었다. 그가 군에 입대해서 신병 생활을 하던 중, 소속 부대 원사의 인솔 하에 선임병 대여섯 명을 따라서 대민 지원을 나갔더란다. 하루 종일 일하고 귀대할 때, 인솔자인 원사가 오늘 수고가 많았으니 자기가 중국음식을 쏠 테니 마음대로 시키라고 하면서 본인이 먼저 “짜장 보통!” 하더란다. 그러자 선임병들이 마치 약속이나 한

듯 모두 짜장 보통 하나씩을 시켰다. 마지막으로 이 청년에게 선택이 요구되자 너무 기쁜 나머지 "짜장 곱빼기!"라고 말해버렸다. 이 순간 모든 사병들이 그를 쳐다봤는데 그 싸늘한 분위기는 그 눈치 없는 청년도 느낄 정도였다고 한다. 원사가 껄껄 웃으면서 "암, 신병 때는 언제나 배고프지" 하고 물 타기를 하는 바람에 그냥 넘어갈 수 있었다. 그런데 고난은 귀대한 후에 찾아왔다. 그날 저녁 고참병이 청년을 화장실로 부르더니 얼차려를 세워놓고 하는 말이 "다들 짜장 보통 먹는데 혼자 곱빼기 먹으니까 좋더냐?" 이러더란다. 나중에 휴가를 나온 그 청년은 나에게 이렇게 불평했다. "아니, 그러면 처음부터 다들 짜장 보통 한 그릇씩 먹자고 하지, 왜 선택할 수도 없는 선택을 하게 했느냐?"고.

자유롭지 않은 선택을 자유로운 선택인 듯 가장해야 하는 것은 말할 것도 없이 도식적인 틀에 해당한다. 이 빤한 도식적 스토리를 반복하는 것은 그 나름대로의 장점이 있어서 그러는 것인데, 그것이 양쪽 모두에게 보험의 기능을 수행한다는 사실이다. 우선 밥을 사는 사람의 입장에서는 내가 마음껏 먹으라고 호기를 부리더라도 얻어먹는 사람들이 자장 보통 1인분씩만 먹는다는 보장만 있다면 그는 언제든 마음 놓고 짜장면 정도는 베풀 수 있게 된다. 한편 얻어먹는 사람의 입장에서는 자유가 아니지만 자유 선택을 하는 것처럼 가장함으로써 우리는 정해진 틀을 잘 지키고 있으니 걱정 마시라는 확신을 주어야만 다음에도 또 얻어먹을 수 있는 것이다. 만일 여기서 도식적인 틀을 벗어나 정말로 먹고 싶은 대로 짬뽕이랑

탕수육이랑 마구 시켜서 비용이 예산을 초과한다면 이 위험으로 인하여 다음부터는 베풀어주기가 힘들어지는 게 현실 아닌가. 결국 도식적 틀 안에서 정해진 절차만 잘 지킨다면 양측 사이에는 시혜와 실리를 서로 마음 놓고 주고받을 수 있는 교감적인 관계가 발생하게 된다.

공자는 「팔일편」에서 다음과 같이 말하였다. “군자에게는 다투는 일이 없지만 활쏘기를 할 때에는 예외다. [활쏘기에서는 경쟁이 치열하지만 이 경우에도] 두 손으로 읍을 하여 상대에게 경의를 표하면서 사대에 올라가고 내려오며, 그러고는 술을 들어 [상대와 마주 서서] 마시고는 [예를 마친다.] 이렇게 다투는 것이 군자로다”(君子無所爭. 必也射乎! 揖讓而升下, 而飮. 其爭也君子). 여기서의 활쏘기 의식은 천자 앞에서 실력을 가리는 대사(大射)이므로 경쟁이 얼마나 치열할지는 가히 짐작할 수 있다. 그러나 경쟁은 상징의 틀로써 보호막을 쳐놓지 않고 실행할 경우 자칫 경쟁자들 간에 파국을 가져올 위험성이 있다. 그래서 앞서의 빤한 도식화된 절차에 따라 경쟁하게 만드는 것인데, 이는 파국이라는 실재를 만나지 않도록 보호하는 기능을 수행한다.

경쟁 과정에서의 파국을 방지한다는 것은 다른 말로 바꾸면 힘들 간의 균형을 유지한다는 말에 다름 아니며, 따라서 여기에는 정치적인 함의가 내포돼 있다고 보아도 된다. 즉 예는 매우 정치성이 짙은 수단이 된다는 말이다. 예의 이러한 정치성은 그 기원에서부터 찾을 수 있다. 『예기』 「예운편」에 “무릇 예의 처음은 먹고 마시는 일로부터 시작되었다"(夫禮之初, 始諸飮食)라는 구절이 있다. 「예운편」의 다른 구절에 "마실 것과 먹을 것, 그리고 남녀의 일은 사람의 큰 욕구가 그곳을 향해 있다"(飮食男女, 人之大欲存焉)라고 말했듯이, 먹고 마시는 일은 사람이 생존을 위해서 필수적인 일이므로 이를 많이 확보할수록 미래가 불안하지 않을 것이라는 믿음 때문에, 여기에 자연히 탐욕이 생겨난다. 그런데 먹고 마실 수 있는 물질이 유한하다는 데서 탐욕들 사이에 충돌이 일어나게 되는데, 이것이 바로 '빼앗기를 다투고 서로 죽이는'(爭奪相殺) 재앙의 시작인 것이다. 이런 재앙을 피하려면 먹고 마실 것을 골고루 나누어야 한다. 여기서 '골고루'를 어떻게 실현할 것인가 하는 균형감의 과제가 떠오르게 된다.

재할천하(宰割天下) : 고기를 나누는 도식으로 천하를 다스리다

감각이란 경험적인 것으로서 관념상으로는 상상이 불가능하다. 그렇다면 고대 중국인들은 이 정치적인 균형 감각을 어떻게 상상해냈을까? 『사기』 「진승상세가」(陳丞相世家)를 보면 다음과 같은 고사가 나온다.

> 마을에서 토지 신에게 제사 지낼 때, [제사 후] 진평(陳平)이 제사 고기를 나누어주는 일을 맡아보았는데, 고기의 분배가 매우 공평하였다.

마을의 원로들이 "훌륭하구나, 진씨네 아들이 고기를 나누어주는 방식이"라고 칭찬하자, 진평이 "아아, 이 사람에게 천하를 다스릴 기회가 주어진다면, 여기서 고기를 나누는 일처럼 해볼 텐데요!"라고 말하였다.

음식 중에서도 고기는 분배에 매우 민감한 물건이다. 맛도 맛이지만 어느 부분을 떼어 받느냐에 따라 받는 사람의 위상도 달라지기 때문이다. 따라서 고기 분배란 어떤 방식으로 하더라도 불평이 나오게 마련인데, 진평은 오히려 정말로 훌륭하게 해냈다고 마을 사람들로부터 칭찬을 들었다. 이러한 균형 감각이 천하에 그대로 적용된다면 그것이 곧 정치인 것이다. 중국어에서 나라를 정치적으로 지배하는 일을 '재할'(宰割)이라고 쓰는데, 직역하자면 '백정처럼 고기를 나누다'가 된다.

그렇다면 진평은 도대체 어떻게 고기를 나누었기에 모두가 불만이 없었던 것일까? 『사기』에는 이에 대한 기록이 없으므로 우리는 『예기』 「제통」(祭統)의 기록을 통해서 그 분배 방식을 짐작해볼 수 있다.

무릇 제사에는 준(餕)이라는 것이 있다. 준이란 제사의 마지막 절차로서 이에 관해서 알지 않으면 안 된다. 이런 까닭에 옛날 사람들의 격언에 "끝마무리를 잘 하는 사람은 마치 처음과 같다"(善終者如始)라는 말이 있었던 것이니, 윗사람이 먹고 남은 음식을 아랫사람이 먹는 일,

즉 준이 바로 이것이다. 그러므로 옛날의 군자가 말씀하시기를 "시동(尸童)도 귀신이 먹고 남은 것을 먹는다. 이는 은혜를 베푸는 방식이니 이로써 정치를 관찰할 수 있다"라고 하였다. 이런 까닭에 시동이 [먹고] 일어나면 임금과 경(卿)들 네 사람이 남은 것을 먹고, 임금이 일어나면 대부 여섯 사람이 남은 것을 먹는데 이는 신하들이 임금이 남긴 것을 먹는 준인 것이다. 대부가 일어나면 사(士) 여덟 사람이 남은 것을 먹는데 이는 지위가 낮은 사람이 지위가 높은 사람이 남긴 것을 먹는 준이다. 사들이 일어나면 그 아랫사람들이 거기에 놓인 밥상들을 각기 들고 나와서 당(堂) 아래에 진열해놓는다. 그러면 제사에 참여한 모든 집사들이 나와 나머지 음식을 다 먹고는 밥상을 치우는데, 이것이 아랫사람이 윗사람이 남긴 것을 먹는 준이다. 무릇 준의 도리는 한 등급씩 내려갈 때마다 나눠먹는 사람들이 더 많아지는 법이니, 이것이 바로 귀천을 구별하는 방도이고, 모두가 시혜를 누리는 일이 일어나도록 하는 [상징적인] 모양이다.

제사의 기능에는 여러 가지가 있지만 그중 하나가 조상을 매개로 해서 사회집단 구성원들을 통합하는 일이다. 제사를 지내고 나면 제사 음식을 나누어 먹게 되는데 이때 음식 분배가 적절치 않으면 통합의 의미가 사라져 제사를 지내나마나하는 상태가 된다. 우리 속담에도 "먹은 뒤끝에 의(義) 갈린다"라는 말이 있지 않던가? 그래서 제사 음식의 배분은 매우 신중하면서도 공평하게 이루어지게 하는 것이다.

인용문에서 우리는 공평한 배분의 원칙 두 가지를 알 수 있는데, 하나가 '모두가 시혜를 누리는 일이 일어나도록 하는 일'이고, 다른 하나가 '귀천을 구별하는 것'이다. 이 원칙에 근거한 구체적인 분배 방법이 준(餕)이다. 윗글에서 알 수 있듯이 준의 원리는 소수의 윗사람이 먹고 남은 것을 많은 수의 아랫사람들이 나누어 먹는 방식이다. 이것이 공평할 수 있는 것은 제사를 지내고 난 즉석에서 참여자들이 당장 먹을 수 있는 양에 제한될 수밖에 없다는 사실 때문이다. 다시 말해서 집에 싸가지고 갈 수 있는 잉여가 가능하지 않으므로 윗사람들이 실컷 먹더라도 아랫사람들이 먹을 수 있는 나머지는 언제나 남아 있다는 말이다. 따라서 신분이 높은 사람에게 먼저 먹을 수 있는 권리를 주어서 좋은 것을 골라 먹게 한다면, 그 자체가 존자에 대한 배려이자 균형을 맞추는 일이 된다. 이것을 「제통」에서는 다음과 같이 쓰고 있다.

> 제사에 쓴 희생고기를 베어 나눌 때에는 뼈의 부위로써 기준을 삼았다. 뼈에도 귀천이 있었으니, 은나라 사람들은 [뒷다리의] 허벅지를 귀한 것으로 여겼는데 주나라 사람들은 [앞다리의] 팔뚝을 귀한 것으로 여겼으니, 이는 무릇 앞쪽이 뒤쪽보다 귀하다고 생각했기 때문이다. 제사 고기를 나누는 일은 제사에는 반드시 [아래로 흐르는] 은혜가 있음을 밝히기 위한 방도이다. 그러므로 존귀한 자는 귀한 뼈를 취하고 비천한 자는 천한 뼈를 취한다. 이는 존귀한 자라고 해서 더 많이 받고 비천한 자라고 해서 [분배에서] 빼버린다는 것이 아니라, 누구에게나

공평하게 나눠준다는 의미를 나타내 보인 것이다. 혜택이 공평하면 정치가 시행되고, 정치가 시행되면 일이 성사되고, 일이 성사되면 공적이 세워지게 된다. 공적이 세워지는 방도를 잘 알지 않으면 안 된다. 제사 고기를 나누는 일은 혜택이 반드시 공평해야 함을 밝히기 위한 방도이다. 정치를 잘 하는 자는 이와 같은 것이니, 그래서 "여기에서 정사의 공평함이 무엇인지를 알게 된다"라고 말하는 것이다.

제사에 참여한 사람들은 어느 누구도 배제하지 않고 위에서 아래까지 고기의 양을 똑같이 나누어 받는다. 대신에 윗사람은 좋은 부위를 차지하고, 아랫사람들은 흔한 부위들을 나누어 갖는데, 이처럼 양은 똑같이 나누되 질에서만 귀천의 차이를 두는 것이 『예기』에서 말하는 분배의 균형 감각이다. 이러한 경험적인 균형감을 국가의 부를 분배하는 방식에 도식적으로 적용한 것이 바로 중국 정치의 원형이다.

앞서 지적했듯이 대타자란 실체가 아니라 개인들의 경험적인 행위들이 지속될 때 형성되는 가상적인 것이다. 이를테면, 우리는 국민이 함께 생산한 부가 얼마나 되는지, 또 이것이 어떤 방식으로 분배가 되는지 구체적으로 알 길이 전혀 없다. 물론 국가의 부가 실체이기는 하지만 이것이 우리에게 드러내는 것은 숫자라는 추상적 모습이기 때문이다. 따라서 우리는 내게 주어진 타자에 대한 한정된 경험, 즉 내가 직접 볼 수 있는 이웃들의 소비 능력(이웃의 수입은 그들의 지출에 의해서 짐작될 뿐이다)에 근거해서 국내총생산(GDP)과

분배 상황을 추리하게 되는데, 바로 이 한정된 경험의 연속이 대타자로 기능한다. 경제에서 체감 경기가 중요하게 취급되는 것은 이 때문이다. 가까운 내 이웃(타자)에 대한 연속적인 경험이 대타자가 되기 때문에 저자바닥의 속담에 "교수와 군인은 사회에 나와서 사업을 못한다"는 말이 생겨난 것이다. 즉 교수와 군인은 거의 일방적인 권력 관계로서 타자들을 접하면서 살아온 사람들이므로 그들에게 형성된 대타자는 일방적인 담론 또는 명령으로써 유지될 수 있는 가상적 세계라는 점에서 현실과 너무 동떨어질 수밖에 없기 때문이라는 말이다. 마찬가지로 제사 후에 고기를 투명한 원칙으로 균형 있게 나누는 행위를 지속한다면 이것이 대타자가 되어 나라의 모든 부도 이런 식으로 분배될 것이라고 기대하게 된다. 여기에 앞서 말한 '재할천하'(宰割天下), 즉 '천하를 고기를 나누듯 공평하게 다스리다'라는 일상적인 말은 이러한 도식에 대한 믿음을 강화해준다.

오늘날 연예인들이 좀 '떴다' 하면 자신을 관리하는 이벤트 중의 하나로 장애인 등 사회적 약자를 돕는 자선 행사에 적극 참여하는 게 일반적인데, 이것도 이런 행사를 통해서 사람들에게 자신에 대한 긍정적인 대타자를 형성시켜주기 위한 조치다. 그래야 나중에 혹시 자신에 대한 나쁜 소문이 돌더라도 '자선 행사를 많이 하는 그 착한 사람이 그럴 리가 없어'라며 대타자를 믿어줄 것이기 때문이다. 이처럼 경험에 의존하면 비록 제한적이라는 치명적 결점은 있어도 관념에서처럼 '삐딱하거나' '나쁜' 생각을 떠오르게 하지 않는 장점이 있다. 중국의 예가 법과 달리 강제성이 미약함에도 사회를 지탱하는 힘이 강했던 것은 바로 예가 경험에 근거한 상징체계이므로 관념적으로 다른 생각을 할 힘을 원천적으로 봉쇄했다는 사실과도 관계가 깊다고 본다.

이와 같이 예라는 상징체계는 도식적으로 구성된 정신적인 틀이다. 이 틀은 인격을 갖춘 성인(成人)들로 구성된 성숙한 사회를 지향하면서 동시에 이러한 성인들을 배양해냈다. 따라서 이러한 사회의 구성원들은 예의 상징체계가 이상으로 삼는 인격의 코드를 자신의 자아 이상(Ego Ideal)으로 삼아야 한다. 사크 알렝 밀레는 귀족을 자신의 욕망을 자아 이상에 희생하는 주인으로 정의했다.[5] 이것은 곧 앞에서 이미 설명한 "자신을 억제하여 예에 의거해서 실천한다"(克己復禮)라는 말에 다름 아니다. 예의 코드들이 모두 주체들이 동일화해야 하는 자아 이상이 되는 셈이므로, 예는 곧 귀족의 표상이 된다. 지젝은 "지식이 대상에 외재적인 것이라면, 의식은 실천적인 것으로, 대상 자체를 변화시키는 행위다"[6]라고 말한다. 다시 말해서 예라는 정신적 틀에 의해 형성된 의식은 현실세계를 예가 지향하는 사회로 변화시킨다는 말이다. 이것이 예를 질서의 근간으로 하는 중국을 비롯한 동아시아 사회에서의 귀족, 달리 말하

---

5 살레클(2003), 24쪽.

6 슬라보이 지젝 지음, 박정수 옮김, 『How to Read 라캉』(서울: 지식하우스, 2009), 29쪽.

면 사대부들의 본질인 것이다.

체계란 그 자체로 완성된 것이므로 다른 체계와의 단절을 특징으로 한다. 앞에서 언급했듯이 성년의 체계에 들어오면 미성년의 체계는 벗어던져야 성인으로서 기능을 제대로 할 수 있는 법이다. 예가 오랜 동안 우리 사회를 유지해왔다면 이 사회는 근본적으로 정신적으로는 귀족적 사회라고 말할 수 있다. 상징이 지배하는 귀족적 사회란 매우 주체적인 사회다. 우리 역사는 외세의 침략으로 인하여 위기의 순간들이 적지 않았지만 그때마다 민중들이 일어나 나라를 구한 것은 바로 귀족적인 주체의 힘 덕분이었다. 물론 민중들의 신분이 실제로는 귀족은 아니었지만 정신은 귀족적이었다는 말이다.

해방 이후 오늘날까지 우리는 다시 정신적인 위기를 맞고 있는데, 천박한 자본주의와 사대 매국노들에 의한 도전이 바로 그것이다. 이들에게는 상징적 힘에 대한 경외는 없고 오로지 돈이라는 실재적인 힘에만 의존하기 때문에 아무런 도덕적 갈등도 없이 사대를 하고 나라 팔아먹는 짓을 자행하는 것이다. 성숙한 성인들의 상징체계라는 단절된 틀이 없으므로 지나간 부끄러움의 역사를 과감히 단절할 생각은 않고 함부로 역사의 연속선상에 놓으려고 한다. 일제강점기가 우리나라 근대화에 도움이 됐다고 함부로 지껄이면서 식민지 역사를 우리의 상징 질서 안에 넣어보려는 더러운 의도가 그 대표적인 예다. 독재자 이승만과 박정희를 무슨 역사적 위인이나 되는 양 포장해서 되살리려는 현상들이 모두 새로운 주체로 다시 태어나려는 단절의 노력을 방해하고, 민중을 살찐 노예로 전락시키려는 더러운 음모가 뒤에 도사리고 있는 것이다. 사도 바울이 그리스도를 유대교와 단절시키지 않았더라면 오늘날의 보편적 종교로서의 기독교는 나올 수 없었을 것이라는 사실을 우리는 반드시 기억해야 하리라.

제10장

돌아온 탕자: 두 개의 아버지 사이에서

'아니면 말고' 식의 수사와 폭로

예의 본질이 사람이 자의적으로 만들어낸 상징적인 질서의 틀이라는 명제는 두 개의 아버지의 등장이라는 또 다른 명제를 낳게 한다. 아버지의 기능은 권위와 정통성의 상징이다. 집안 내에서도 명령의 궁극적인 근거는 아버지다. 명령의 내용이 비합리적이라고 판단되더라도 그것이 아버지에게서 나왔다면 그 자체가 합리성이 되어 가족의 구성원이 모두 따라야 하고 또 따른다. 예의 수행도 마찬가지다. 자의적인 상징 틀을 의무로서 지키게 하려면 예 자체가 권위로서의 아버지가 돼야 한다. 이것이 첫 번째 아버지다.

상징적 질서로 이루어진 사회에서 내가 일원으로서 살아가려면 거기에 걸맞은 나 자신을 형성해서 내놓아야 하는데 이를 우리는 자아라고 한다. 그러므로 자아의 정체성은 사회적 상징 질서의 영향 하에 놓일 수밖에 없다. 즉 자아에게 있어서 사회적 상징 질서가 대타자로서의 기능을 수행한다는 말이다. 이것을 자아 이상이라고 하는데 앞서의 아버지가 이에 해당한다. 그런데 이러한 외부적 힘 외에 내부에서 자아를 움직이는 것이 또 하나 있는데 바로 초자아다. 초자아는 관념적인 것이어서 앞서 말했듯이 좀 '나쁜' 생각을 갖고 은근히 '즐기도록' 부추기는 경향이 있다. 어떤 사람이 근거도 없이 떠도는 소문 때문에 괴로워하면서 결백을 주장하면 '증거는 없지만 아니 땐 굴뚝에 연기가 나겠어?' 하며 의혹을 끝내 버리지 않는 행위는 초자아의 작용이다. 깨끗한 이미지를 갖고 있는 정적을 일단 아무 혐의나 뒤집어 씌워서 검찰로 소환하기만 해도 그에게 치명적인 도덕적 흠집이 생기게 되는데, 이것 역시 앞의 초자아의 작용을 악용한 예다. 권력자들과 정치인들이 걸핏하면 '아니면 말고'식의 수사와 폭로를 자행하는 것은 이러한 원리를 바탕에 두고 있다.

이 책의 서문에서 언급한 바 있는 「개그콘서트」에서 한때 인기를 누렸던 「워, 워, 워」라는 코너가 이러한 초자아의 모습을 형상적으로 잘 보여준다. 즉 여기에는 희망이(HM), 소망이(SM), 절망(JM)이 세 사람이 나오는데, 희망이와 소망이가 교과서적인 이야기를 나누면 절망이가 불쑥불쑥 끼어들어서 현실적인 이야기로 딴죽을 걸거나 김새게 만듦으로써 두 사람이 절망하며 무너지는 것을 즐긴다. 여기서 희망이와 소망이가 자아 이상을 상징한다면 절망이는 바로 초자아의 모습을 그려냈다고 볼 수 있다.

우리의 일상에서도 이런 일을 종종 경험한다. 이를테면 "페인트 칠 주의! 절대 만지지 마시오!"라는 팻말이 붙어 있는 곳엔 어김없이 손가락 지문이 남겨져 있는 것을 볼 수 있는데, 이런 '못된' 심보도 초자아의 명령으로 생긴 결과다. 눈앞에 보이는 텍스트를 있는 그대로 믿지 않고 꼭 '삐딱하게' 비틀어 보는 즐거움으로 유혹하는 힘, 이 초자아가 바로 두 번째 아버지에 해당한다. 상상력이 뛰어나고 호기심이 많은 사람들 중에 이 두 번째 아버지의 힘과 유혹에 쉽사리 굴복하는 사람이 많을 것은 쉽게 짐작할 수 있을 것이다.

'어묵과 떡볶이'라는 상징으로는 서민경제라는 실재를 구원할 수 없다

『예기』「중니연거」(仲尼燕居)에 공자가 제자들에게 예를 가르치는 대목이 나온다.

> 공자가 말씀하셨다. "공경하는 마음은 있지만 그것이 예에 맞지 않으면 이를 일컬어 '거칠다'(野) 하고, 태도가 공손하기는 하지만 그것이 예에 맞지 않으면 이를 일컬어 '뺀질이'(給)라고 하며, 용감하기는 하지만 그것이 예에 맞지 않으면 이를 일컬어 '우직하다'(逆)고 한다. '뺀질이'는 자애로운 인의 모습을 흩트려놓는다."
>
> (子曰: 敬而不中禮, 謂之野, 恭而不中禮謂之給. 勇而不中禮謂之逆. 給奪慈仁.)

공자가 "자장(子張)아, 너는 좀 지나친 편이고, 자공(子貢)이는 약간 부족한 편이다. 정나라의 자산(子産)은 민중의 어머니와 같은 사람이어서 그들을 먹여줄 수는 있었지만 가르칠 수는 없었다"고 말씀하시자, 자공(子貢)이 자리에서 일어나 "감히 묻자온대 장차 어떻게 하면 가장 적당한 가운데(中)에 이를 수 있겠습니까?"라고 물으니, 공자가 "그것은 예를 통해서 가능하다. 무릇 예는 정 가운데를 유지하는 방도이다"라고 대답하셨다.

(子曰: 師! 爾過, 而商也不及. 子產猶衆人之母也, 能食之, 不能教也. 子貢越席而對曰: 敢問將何以爲此中者也? 子曰: 禮乎禮. 夫禮所以制中也.)

위 인용문에서 "정나라의 자산(子産)은 민중의 어머니와 같은 사람이어서 그들을 먹여줄 수는 있었지만 가르칠 수는 없었다"라는 공자의 말은 예라는 상징 질서의 속성을 가장 잘 나타낸 표현이라고 볼 수 있다. 자산의 이 이야기는 『맹자』「이루」(離婁) 하의 고사를 참조하면 쉽게 이해할 수 있다.

자산의 국정 스타일은 사람들이 맨발로 강을 건너다니는 것을 보고는 불쌍히 여긴 나머지 자신의 수레로 사람들을 건너다주는 방식이었다. 맹자가 이를 보고 다음과 같이 평하였다. "자애롭기는 하지만 정치하는 법을 모른다. 추수가 끝난 9월 한 달이면 작은 인도교를 만들 수 있고, 10월까지 하면 수레도 다닐 수 있는 큰 다리를 세울 수 있으니, 이렇게 하면 백성들이 강 건널 걱정을 하지 않아도 된다. 임금이 정치를 제대로만 한다면 행차할 때에 사람들을 물리쳐 길을 비우게 해도 되는 법인데, 무엇 때문에 사람들을 일일이 강을 건너게 해준단 말인가? 정치하는 자가 모든 사람들을 다 만족하게 해줘야 한다면 매일 그 일을 해도 부족할 것이다."

앞에서 '자산은 민중의 어머니와 같은 사람'이라는 말과 여기서의 '자애롭기는 하지만 정치하는 법을 모른다'는 말은 기실 같은 말이다. 즉 자산은 어머니같이 자애로운 사람이어서 맨발로 강을 건너는 사람들을 보면 일일이 다 건너게 해주어야 한다. 그런데 문제는 그 많은 사람을 매일같이 어느 세월에 다 건너게 해줄 수 있느냐는 것이다. 다시 말해서 어머니는 실재를 보고 있기 때문에 아무리 자애롭고 능력이 있다고 하더라도 실재를 모두 커버할 방법은 이 세상에 없다는 말이다. 그래서 상징적인 방법을 동원하게 되는데, 이것이 다리를 가설하는 방법이다. 다리를 가설한다는 것은 아무것도 없는 허공에다가 무언가를 만들어 올리는 일이고, 무엇보다 백성들이 하기 싫은 노동을 하도록 강제해야 한다는 점에서 상징 질서의 속성과 같지만, 일단 만들어놓기만 하면 개인 각자들의 고통과 고뇌라는 실재가 해결되는 장점이 있다. 예란 이와 같이 허공에다가 자의적으로 가설해놓은 상징체계이고 또한 사회구성원들이 싫어도 따라야 하는 질서지만, 이를 받아들인다면 개개인이 일일이 대처해야 하는 모든 실재들을 쉽사리 처리할 수 있을 뿐 아니라 실재에서 오는 위험으로부터 보호받을 수도 있다. 아주 간단한 예로, 직장에서 상조 규정을 만들어놓으면 경조사가 있을 때 누구에게 얼마를 보내야 하는지를 놓고 일일이 고민할 필요가 없지 않은가?

이 책의 앞머리에서 나는 "경제적인 문제는 경제적인 방법으로는 풀 수 없다는 것을 직관적으로 파악한 공자는 그 해결책을 좀 더 근본적인 것, 즉 예에서 찾았다"고 썼다. 여기서 경제적인 문제란 곧 실재를, 예는 상징을 각각 뜻한다. 먹여 살리는 실재의 문제를 직접 풀겠다고 나서면 자산처럼 자애롭다는 말은 들을지언정 근본적 해결은 볼 수 없다. 이것이 "자산은 민중의 어머니와 같은 사람이어서 그들을 먹여줄 수는 있었지만 가르칠 수는 없었다"는 구절의 본뜻이니, 예라는 상징은 싫어도 배워서 익혀야 하는 것이고, 또 그래야 행복할 수 있기 때문이다. 오늘날 우리나라의 정치 행태는 춘추시대처럼 잘 먹고 잘살자는 실재의 해결에 초점이 맞춰져 있기 때문에 정치를 한다기보다는 기실 경영을 한다고 보는 편이 옳다. 대통령을 비롯한 정치인들 중에 시이오(CEO) 출신이 많은 것은 결코 우연이 아니다. 그래서 이들은 국가의 정책이나 당면 문제를 상징적 차원보다는 실재적 차원에서 해결하려는 경향을 보인다. 서민 경제가 어렵다는 여론이 나올라 치면 금방 저자바닥으로 달려 나가서 어묵과 떡볶이를 사먹는 이벤트를 벌이고, 또한 이런 행위가 사람들에게 어느 정도 먹히는 것은 이들의 시선이 모두 실재에 초점이 맞춰져 있기 때문이다. 그러나 상징을 버리고서 실재를 해결할 방법은 어디서도 찾을 수 없는 것이 인간의 운명이다.

앞에서 설명한 바와 같이 예의 근본적인 기능은 절제다. 예의 절제 기능이 중용적으로 이루어지면 인(仁)의 상태가 되는데, 사람에 따라서는 이 절제가 부족할 수도 있고 과도할 수도 있다. 절제가 부족하면 주체의 실재, 즉 잔여(lalangue)가 너무 드러나서 '거칠다'(野)는 평가를 듣게 되고, 과도하면 주체의 실재가 너무 압도되어 형식만을 중시하는 '뺀질이'(給)라는 말을 듣게 된다. 공자가 자장은 좀 지나친 편이고 자공은 약간 부족한 편이라고 평가한 것은 자장은 후자 쪽이고 자공은 전자 쪽이라는 말이다. 아닌 게 아니라, 『논어』에서 가끔 보이는 일화를 보더라도 자장은 예의 형식적 측면을 중시하는 보수적 경향을 보였고, 자공은 현실에서 의미를 갖지 못하는 형식은 과감히 생략해버리는 진취적 경향을 보였다. 춘추 말 천자가 더 이상 존재하지도 않은 데도 고삭(告朔)의 예를 올리는 것은 아까운 양 한 마리만 버리는 일이라고 여기고 이를 없애려다가 공자에게 핀잔을 들은 일이 그 대표적인 예다.[1] 반면에 그는 상상력이 뛰어나서 공자에게 칭찬을 자주 듣기도 했는데, 앞서 설명했듯이 이는 초자아의 유혹에 취약하다는 뜻이기도 하다.

형식(예)이 실재를 압도한다는 말은 곧 아버지의 힘이 강하게 지배함을 뜻하므로 여기에 두 번째 아버지가 개입할 여지가 별로 없다. 반면에 예가 실재를 압도하지 못하면 아버지의 힘에 대한 회의가 생기고 두 번째 아버지가 개입하면서 자아를 유혹하게 된다. 이 지점이 예가 무너지는 계기가 된다. 그래서 옛날의 의식 있는 신

1 『논어』 「팔일편」의 "子貢欲去告朔之餼羊. 子曰: 賜也! 爾愛其羊, 我愛其禮"를 참조하기 바람.

하들은 예의 힘이 약화된 틈을 타서 두 번째 아버지의 유혹이 실재를 향하지 않도록 임금을 경계하는 일에 주력하였다. 『좌전』 「은공 5년」의 다음 기록은 이를 잘 보여준다.

5년 봄에 우리 임금님이 장차 당(棠) 땅에서 실시되는 고기잡이를 시찰하고자 하셨다. 그러자 장희백(臧僖伯)이 간하였다. "무릇 물품이 제사와 군사 같은 나라의 큰일과 관련해서 익힐 만한 것이 못되거나, 재화가 제사와 군사 같은 나라의 큰일과 관련해서 쓸 용도로 마련하는 일이 아니라면 군주는 그곳에 거동하지 않는 법입니다. 군주란 장차 백성을 '궤'(軌)와 '물'(物)에 들여보내는 사람입니다. 나라의 큰일(제사와 군사)을 익혀서 규범에 잘 들어맞도록 하는 것을 일컬어 '궤'라고 하고, 재화를 골라서 본래의 빛깔이 잘 나도록 닦아두는 것을 '물'이라고 합니다. 사물이 규범에 어긋나고 본래의 빛깔이 나지 않는 것을 일컬어 정사를 어지럽히는 일이라고 부릅니다. 정사를 어지럽히는 일이 자주 시행되는 것은 패망하는 방도입니다. [……] 아무 짐승이나 새의 고기는 종묘 제사상에 올려서는 안 되고, 짐승의 가죽과 이빨, 뼈와 뿔, 털과 깃털도 예기(禮器)나 병기에 사용해서는 안 되므로 임금님께서는 이들을 사냥하지 말아야 하는 것이니, 이것이 바로 옛날의 제도입니다. 산과 들, 강과 못에서 나는 생산품들은 일반적인 기물에 쓰기 위한 재화들이므로, 노예들이 할 일이고 담당 관리들이 할 일이지, 임금님께서 직접 간여할 일이 아닙니다." 그럼에도 임금님은 "나는 장차 국경 지방을 시찰하려고 하는 것이다"라고 말씀하시고는 마침내 출발하여 어구들을 진열케 하고는 이를 구경하셨다. 희백은 병을 핑계로 거기에 따라가지 않았다. 『춘추』의 경문은 이를 "우리 임금님께서 당 땅에서 어구들을 진열케 하셨다"(公矢魚于棠)라고 기록하였으니, 이는 예에 어긋난다는 뜻이기도 하고, 또한 [정말로] 도성으로부터 먼 지방[으로 시찰 갔다는 사실]을 말하고자 한 것이기도 하다.

이 고사는 임금은 상징적인 자리에 있는 사람이므로 제사와 군사 같은 나라의 상징적인 대사가 아니라면 저 아래의 실재적인 일에 간여해서는 안 된다는 취지를 말하고 있다. 상징적인 자리에 있는 사람도 어쩔 수 없는 인간이기 때문에 개인이 경험하는 실재에 호기심을 갖기도 하고 자신이 실재라는 대상에 대하여 갖고 있는 욕망을 실현해보고 싶어 할 것은 당연하다. 다른 사람들처럼 마음껏 산과 들로 뛰어다니며 사냥도 하고 싶고 물가에 가서 물고기도 잡고 싶지만, 그렇게 했다가는 임금의 불완전한 인간적인 모습, 즉 실재가 드러나서 권력의 상징성이 훼손을 입어 정치력이 통하지 않게 될 위험이 있기 때문에 임금 자신도 절제를 하고 신하들도 이를 극구 말리는 것이다. 그런데 임금 자신이 예를 지키지 않아 절제가 약해지자 두 번째 아버지인 초자아가 작동해서 고기잡이라는 실재에 접촉하도록 유혹받은 것이 위의 사건이다. 오늘날의 예로써 비유하자면, 서민경제가 어려우면 대통령이 상징적인 차원에서 서민을 위한 정책만 펴면 될 것인데, 이것은 하기 싫고 서민을 위하는 것처럼 보이려니까 시장 바닥이라는 실재에 뛰어들게 되는 것과 같다. 이참에 그나마 떡볶이와 어묵 몇 그릇이라도 판 포장마차 주인은 몇 푼이라도 건졌겠지만 나머지 좌판 주인들은 실망과 상처만 입었을 테니, 이러한 행위가 대통령이라는 상징적 자리에 대한 훼손으로 이어지게 한다는 말이다.

그래서 장희백은 실재에 간여하는 임금의 잘못을 막지 못했다는 사람들의 비난을 의식한 나머지 병을 핑계로 따라가지 않았던 것이다. 이 사건을 『춘추』의 경문(經文)은 "우리 임금님께서 당 땅에서 어구들을 진열케 하셨다"(公矢魚于棠)라고 기록했는데, 이것이 이른바 『춘추』필법(春秋筆法)의 대표적인 예다. 우선 『춘추』는 임금이 저지른 과오라고 하더라도 가감 없이 있는 그대로 기록하였다. 여기서도 은공이 굳이 고기잡이를 구경하러 간 것은 예를 어긴 사실이지만 그대로 적었다. 그러나 한 번 더 생각하면 이를 적나라하게 기록하는 일은 후세에 교훈은 될 수 있을지언정 이도 역시 궁극적으로는 임금의 상징성을 훼손하는 일이 될 수 있다. 그래서 임금의 과오를 지적하면서 상징성을 훼손하지 않아야 하는 두 가지 이율배반적인 목적을 동시에 수행하는 수사법을 활용한 말이 "우리 임금님께서 당 땅에서 어구들을 진열케 하셨다"이다. 즉 어구를 진열케 해서 구경하고 즐겼다는 사실을 쓴 것은 예에 어긋난 행위를 지적하고 있고, 당 땅까지 행차했다는 부분은 임금이 꼭 고기잡이 구경만을 한 것은 아니고 먼 지방을 순시하는 상징적 행위도 했다는 사실을 적시하고 있다. 『좌전』의 저자가 "이는 예에 어긋난다는 뜻이기도 하고, 또한 [정말로] 도성으로부터 먼 지방[으로 시찰 갔다는 사실]을 말하고자 한 것이기도 하다”(非禮也, 且言遠地也)라고 부연한 것은 이를 구체적으로 해석해주기 위한 것이었다. 이것이 바로 『춘추』필법이 역사 기록에서 구현하고자 한 균형 감각이다. 이러한 균형 감각을 잃은 일부 위정자들은 예가 언제나 실재를 압도하는 힘을 갖도록 강제하기도 했는데, 이는 오히려 예가 경직되어 아예 실재와 괴리되는 위험을 불러오기도 했다.

도식화를 버리고 새로운 대안을 선택하는 일, 그거 그렇게 쉽지 않다

이처럼 예는 두 개의 아버지가 어느 쪽이 지배하느냐에 따라 경직되기도 하고 변형되기도 한다. 즉 첫 번째 아버지의 지배가 잔여를 압도하면 예는 유지되거나 경직화의 길로 가지만, 압도하지 못하면 초자아가 잔여의 힘을 부추겨 예의 테두리를 벗어나게 함으로써 예의 형식에 변화가 일어나게 되는 것이다. 공자가 살았던 춘추 말이 후자의 시기였으므로 예를 벗어난 주체들의 방황을 걱정했던 것이 공자 사상의 핵심이라고 볼 수 있다. 즉 초자아의 유혹을 따라 테두리를 벗어나봤자 거기에 행복이 보장돼 있는 것이 아니므로, 인이라는 감응을 생성함으로써 적극적인 힘을 얻을 수 있는 첫 번째 아버지의 세계, 즉 예에 머물러 있으라는 권고가 바로 앞에서 인용한 「안연편」(顔淵篇)의 “예가 아니면 보지 말고, 예가 아니면 듣지 말며, 예가 아니면 말하지 말고, 예가 아니면 움직이지 말라"라는 구절인 것이다.

변화의 본질이 이러한 것임에도 불구하고 변화를 최고의 선이라고 믿는 시장 이데올로기는 기존의 상징체계를 벗어나는 행위가 마치 무슨 신세계를 열어젖혀주는 것처럼 호도하지만 이는 기실 초자아의 유혹을 선동하는 일에 지나지 않는다. 테리 이글턴은 그의 『이론 이후』에서 "이제 사물들을 자연화하는 태도는 사물들을 문화화하는 태도에 자리를 내주고 있다"[2]라고 썼다. 쉽게 말해서 옛날에는 사물의 토대가 자연이었듯이 이제는 문화가 그 토대의 자리에 들어와 있다는 말이다. 따라서 우리가 자연을 벗어날 수도 없고 마음대로 바꿀 수도 없듯이, 문화를 벗어날 수도 없고 또 마음대로 바꿀 수도 없다. 이글턴의 이 관법은 따지고 보면 오늘의 현상이 아니라 옛날부터 이미 이렇게 살아온 게 현실일 것이다. 이를테면, 노자는 유가 사상이 인위적이라고 비판하면서 무위자연으로 돌아갈 것을 주창했지만 그것은 이미 자연을 대리 보충하는 유위(有爲)임을 부정할 수 없다. 이것은 앞에서 설명한 『장자』 「산목편」(山木篇)의 '재목됨과 재목이 되지 않음의 사이'(材與不材之間)만 봐도 입증이 된다. 그러므로 초자아의 유혹대로 문화의 토대를 벗어나 변화를 추구해봤자 근본적으로 별다른 세계를 만들어낼 재간은 없는 것이다.

2 이글턴(2010), 89쪽.

젊은 부모들은 아이를 판박이 교육으로부터 탈출시켜 색다르게 키워보겠다고 대안학교 등에 보내보지만 대학입시에 닥쳐서는 이게 정말로 잘한 건지 하는 회의를 품게 된다. 남들과는 다른 특별한 삶을 살기 위해서라면 판박이 교육을 거부하는 게 옳을 수도 있겠지만, 이러한 삶은 소외를 견뎌야 하므로 정신적으로 힘든 삶을 살아야 하는 부담이 있다. 따라서 남들처럼 살려면 성장하고 살아가는 과정도 남들 하는 대로 사는 게 낫다는 결론에 도달하는 게 일반적이다. 이것이 바로 문화라는 토대다. 입시 공부가 실속 없는 공부란 걸 알면서도 거기에 매달릴 수밖에 없는 이유는 그나마 그거 잘해서 좋은 대학 들어가는 게 인생을 제일 쉽게 사는 방법이라는 게 이미 문화가 됐기 때문이다.

앞에서 설명했듯이 예는 도식적으로 이루어진 형식체계다. 예의 도식적인 형식체계는 두 가지의 상반된 속성을 갖게 있는데, 첫째가 모든 사람들이 사는 방식대로 살면 삶 자체가 힘들지 않고 사회로부터의 소외가 적다는 사실이다. 도식적 틀은 오랜 세월 조상들의 삶을 통해서 검증된 방식이므로 삶이 실패할 위험성이 적을 뿐 아니라, 이 틀이 하나의 대타자가 되어 삶의 근거가 돼주므로 사회에서 소외될 가능성이 적어진다는 말이다. 도식화된 삶의 방식이 지겹다고 해서 특별한 삶을 지향하기도 하지만 남들과 달리 특별한 삶을 사는 게 기실 쉽지가 않다. 남들과 다른 틀을 형성하고 이를 유지하고 또 그 속에 살아간다는 방식은 말 그대로 소외를 견뎌야 하는데, 여기에는 생각보다 엄청난 정신적 에너지가 소모된다. 그러다보면 자신도 모르게 기존의 문화적 틀 속으로 회귀하게 된다.

일상생활에서도 마찬가지다. 말과 글을 남과는 다르게 표현하고 싶어 일반인들에게 생경한 언어를 사용해보지만 첫째 오해와 왜곡이 빚어지기 쉽고, 둘째 매번 돋보이게 쓰려니 어렵고 지겨워짐을 경험한다. 결국 남들이 쓰는 언어로 표현하는 게 마음엔 좀 안 들어도 쉽고 안전하다는 말이다. 그래서 도식화된 예의 질서로 이루어진 사회가 너무 형식적이어서 꽉 막혀 답답할 것 같지만, 좀 살아보면 대부분의 사람들이 이게 참 편하다는 생각을 하게 된다. 이를테면 직장 내 불편한 관계에 있는 사람들 사이에 "오늘 날씨 참 좋군요"와 같은 도식화된 인사법이라도 없었다면 엘리베이터 안에서 우연히 만났을 때 얼마나 난감하겠는가? 겉으로 이렇게 인사해놓으면(달리 말해서, 안전망을 쳐놓으면) 속으로는 얼마든지 미워할 여유도 생기고 또 미워해도 괜찮다.

또 하나 간과할 수 없는 예(例)가 있다. 상갓집에 문상을 가면 조문객이 망자에게 예를 올릴 동안 상주는 '아이고, 아이고' 하며 틀에 박힌 곡을 무슨 노래를 하듯이 한다. 이것을 본 일부 젊은이들은 부모가 돌아가셨는데 어떻게 눈물도 슬픈 표정도 없이 형식적으로만 우느냐고 비난하기도 한다. 이것은 예의 기능을 몰라서 하는 말이다. 생각해보라. 그 많은 조문객이 올 때마다 눈물을 흘리며 진정으로 통곡을 하면 아마 상주는 하루도 못 넘기고 입원하는 사태가 벌어질 것이다. 잘못하다간 줄초상을 치를 위험도 있다. 예가 정착되지 않은 옛날에는 상주가 통곡을 하다가 피를 토하고 쓰러지면 주위 사람들이 참 효자가 났다고 칭찬을 하니까 이게 일종의 경쟁이 되어 피를 한 됫박, 한 말씩 토하는 것이 유행이 되기도 했다고 한다. 그러다보니 상주가 쓰러지고 심지어는 죽는 일까지 발생하게 되었으므로 이를 일정한 곡의 형식으로 제한해서 상주를 보호하게 됐다는 것이다.

『논어』「선진편」(先進篇)을 보면 "안연이 죽자 선생님께서 그를 위해 곡을 하셨는데 그것은 [지나칠 정도의] 통곡이었다. 따라갔던 사람이 '선생님께서 통곡을 하시다니요!'라고 묻자, 선생님께서 말씀하셨다. '내가 통곡을 했던가? 저 사람을 위해서 통곡하지 않으면 누굴 위해서 하겠는가?'"(顔淵死, 子哭之慟. 從者曰: 子慟矣. 曰: 有慟乎 非夫人之爲慟而誰爲?) 이 구절로 미루어보건대 공자는 평소에 제자들에게 슬프다고 통곡하지 말고 예법에 따라 곡을 하라고 가르쳤으므로, 이를 의아하게 여긴 제자가 반문하였을 것이다. 이로써 당시에도 통곡은 예를 벗어난 행위였음을 알 수 있다. 이처럼 예는 근본적으로 산 사람을 위한 것이다. 아무튼 슬픈 마음과 행위를 곡으로 대체해놓으면, 환언하면 상징적인 틀로써 받쳐놓으면, 그 밑에서 상주가 치러야 할 장례 절차, 즉 실재의 일들을 차질 없이 진행시킬 수가 있다. 슬픔에 젖어 있다고 해서 장례도 안 하고 시신을 방 안에 그대로 유기할 수는 없지 않은가?

둘째, 예에는 삶을 편리하게 해주는 기능도 있지만, 이것이 도식적인 반복 행위다보니 감응에 무뎌지고 삶을 권태롭게 만드는 역설적인 속성도 병존한다. 이때 등장하는 것이 초자아의 유혹이다. 그래서 감수성이 예민한 젊은이들은 예를 거부하고 다른 삶의 형식을 시도하기도 한다. 그러나 앞서 설명했듯이 다른 형식의 삶이란 게 쉬운 게 아니다. 공자가 자신의 일생을 개괄한 「위정편」의 말, "나는 열다섯에 배움에 뜻을 두고, 서른에 홀로 서게 되었고, 마흔에 의혹을 갖지 않게 되었고, 쉰에 천명이 무엇인지를 알게 되었고, 예순에 귀로써 순종하게 되었으며, 일흔에는 마음이 하고자 하는 대로 따라가도 규범을 벗어나지 않았다"에서 알 수 있듯이 젊은 시절에는 예에 대하여 회의도 가져보지만 나이가 들면서 이렇게 검증된 방식으로 사는 게 낫다는 결론에 이르게 된다. 공자는 10년 터울로 회의와 복귀가 반복되었지만 개성이 강하거나, 반대로 고루한 사람이라면 이 반복 주기에 약간의 변형이 있을 수 있겠다.

주체는 아버지를 떠났다가 다시 돌아오는 과정에서 죄의식이 생긴다. 『신약성서』에 나오는 '돌아온 탕자'처럼 말이다. 예에서 제사를 지내는 목적 중의 하나가 바로 이 속죄를 받기 위한 것이다. 『예기』 「중니연거」를 보면 "하느님께 올리는 교(郊)제사와 사직에 올리는 제사의 의의는 귀신에게 [예를 베풀어서] 그들을 인자하게 하는 방도이고, 가을에 지내는 상(嘗)제사와 여름에 지내는 체(?)제사의 예는 소(昭)와 목(穆)에 속한 모든 조상신들에게 [예를 베풀어서] 그들을 인자하게 하는 방도이며, 정성스런 음식으로써 초상(初喪)의 예를 지내는 것은 죽은 자에게 [예를 베풀어서] 그들을 인자하게 하는 방도이다"라는 구절이 있다. 여기서 '인자하게 하다'라는 말은 귀신들로 하여금 긍휼을 베풀어 죄를 용서해주기를 바란다는 의미가 내포돼 있다. 즉 앞에서 '제'(際)자의 의미를 풀이하면서 "제사란 산 사람과 죽은 사람 사이의 틈을 메우기 위한 의식"이라고 설명한 바 있는데, '틈을 메우기'가 바로 속죄인 것이다. 이런 배경으로 인하여 앞에서 예는 도식적임에도 불구하고 속성상 반복적으로 지속될 수밖에 없다고 말했던 것이다.

제11장

중국(동아시아)에도 오이디푸스가 있는가

‘방어운전’에 익숙한 사람들과 낯선 사람들

계속 반복해서 상기시키고 있듯이, 예는 근본적으로 자의적인 상징체계이므로 기실 허공에 세운 허구에 지나지 않는다. 그러나 라캉이 일찍이 “진실은 허구의 구조를 지닌다”고 말했듯이, 이 허구가 없이는 우리는 존재를 알 길이 없다. 이를테면, 언어라는 체계가 있어야 시를 지을 수 있고, 시가 있어야 감응이 생기고, 감응이라는 환영(시뮬라크르)을 통해서 존재를 느낄 수 있는 것이 아닌가? 예도 마찬가지다. 예의(禮儀)라는 형식체계가 생성하는 감응의 진실을 설명하려는 노력이 바로 예의(禮義)다. 앞의 「자장편」에서 “자하의 제자들은 물을 뿌리고 마당을 쓰는 일, 누가 부르면 ‘예’ 하고 대답하는 일, [어른 앞으로] 나아가고 물러나는 일 등을 할 때는 그런대로 잘 한다. 그런데 이런 일들은 지엽적인 것이다. 그들을 근본적인 것으로 돌아가게 해보면 아무것도 없으니 이를 어쩔 셈인가?"라는 자유(子游)의 비판은 바로 예가 진실을 지향하고 있다고 믿는 마음에서 나온 말이다. 그래서 예의(禮儀)는 언제나 예의(禮義)로 발전하게 마련이다. 물론 진리 자체가 무(無)에 기초한 환영이므로 무엇이 진정한 의(義)인지가 분명하지 않아 여러 갈래로 분기될 것이지만 말이다.

진실을 어떻게 볼 것인가에 대한 관법은 동서양이 약간 다른 차이를 보인다. 진실은 무에 기초한 것이므로 그 모습이 모호할 수밖에 없다. 서양의 경우는 진실은 법이라는 상징을 통해서 형식화했을 때 접근이 가능한 것으로 보는 것이 일반적이다. 가장 비근한 예가 2000년 미국 대통령 선거에서 있었던 플로리다 주 개표 결과에 대한 대법원의 판결이다. 당시 출구조사에서는 앨 고어 후보가 승리하는 걸로 나왔는데 실제 개표는 오히려 조지 W. 부시 후보가 몇 백 표 차이로 이겼다. 그러나 개표 과정에서 1만 4천 표가 무효표로 처리된 사실이 밝혀지면서 수작업으로 재개표를 해야 한다는 주장이 제기됐다. 재개표를 하면 승패가 뒤바뀔 가능성도 있었지만 대법원은 5대 4로 재개표를 위헌으로 결정했고 앨 고어 후보도 이를 받아들여 결국 부시가 대통령에 당선되었다. 우리의 관점에서 봤을 때 진실은 수작업으로 재개표를 해야 확실히 드러날 것으로 여기지만, 그들은 상징인 법에 규정된 형식에 우선을 두었기 때문에 실재를 건드리지 않고 상징으로써만 진실을 선언했던 것이다.

또 하나의 예가 있다. 2010년 미국 메이저 리그에서 투수인 아르망도 갈라라가 메이저 리그사상 21번째 퍼펙트게임을 달성하려는 찰나 심판의 오심으로 물거품이 된 사건이 있었다. 9회 2아웃 때 투수가 땅볼로 유도해서 타자를 잡았으나 1루심의 오심으로 세이프가 되었기 때문이다. 감독의 항의로 비디오 판독을 했더니 역시 오심임이 밝혀졌고 1루심도 사과를 했지만 이미 선언한 아웃은 번복하지 못한 채 유효로 결정 났다. 진실의 모습은 실재보다는 상징(형식)에 의해 결정된다는 그들의 관법을 그대로 보여준 사건이라고 하겠다.

1990년대 초반에 나는 한미 문화교류 프로그램의 일환으로 한국에 파견된 미군 장교 한 사람을 우리 집에 초청하여 보름간 함께 살면서 한국어 적응훈련을 도와준 적이 있었다. 한번은 그와 함께 미군 티브이 방송인 에이에프케이엔(AFKN)을 보고 있었는데, 프로그램 중간에 한국에서 운전할 때에는 반드시 '방어운전'(drive defensively)을 하라는 공익광고가 나오자 그는 비아냥대며 말했다. "내 앞의 신호등 잘 보고, 내 차선 잘 지키고, 내 순서 잘 지키면서 가면 되지 왜 다른 차의 상황까지 내가 주시하면서 가야 하느냐?"는 거다. 내가 "그러다가 옆에서 차가 불쑥 튀어나오기라도 하면 어떻게 하냐?"고 반문하자, 그는 "옆에서 합류하거나 횡단하는 차는 우선권이 없으므로 진입하기 전에 먼저 도로가 비었는지를 확인하고 들어와야 할 의무가 있다. 그건 그의 의무지 내 의무가 아니다"라고 대답하였다. 그러고 보니 우리는 내가 당당히 지나갈 수 있는 분명한 청신호 앞에서도 옆에서 어떤 정신 나간 차량이 뛰어들지나 않을까 의심하면서 좌우 눈치를 보며 통과하는 버릇이 있다는 것을 발견하였다. 우리 앞에 드러난 신호라는 상징을 믿지 못하고 어떤 일이 발생할지 모르는 실재를 직접 주시하고 있는 것이다. 그도 그럴 것이 모든 차량 운전자가 신호라는 상징에 충실하다면 나는 실재를 주시할 필요가 없는데, 이를 지키지 않는 사람이 간혹 있기 때문에 어쩔 수 없이 언제 터질지 모르는 실재에 주의하지 않을 수 없는 것이다. 이처럼 불확실한 실재를 주시하는 방법으로는 사고를 미연에 방지할 수 없다. 상징이 아니고서는 실재를 통제할 방법이 없기 때문이다.

서양인들이 이렇게 법과 규칙이라는 상징에 집착하는 것은 이른바 오이디푸스 때문이다. 거칠게 설명하자면, 어린아이는 엄마와의 양자 관계 속에 영원히 머물고 싶어 하지만, 아버지의 개입으로 인하여 싫지만 어쩔 수 없이 엄마의 품으로부터 떨어져 나온다. 이때 어린아이에게 아버지는 싫어도 복종해야 하는 대상이므로, 아버지는 어린아이가 경험하는 최초의 법이 된다. 오이디푸스란 어린아이가 울든 말든 상관하지 않고 가차 없이 어머니로부터 떼어놓는 것이므로 서양의 법 정신은 개인의 사정과 같은 실재적 상황을 고려하지 않는 것을 특징으로 한다. 서양은 이러한 오이디푸스의 기초 위에서 법이 세워졌으므로 법은 강력한 아버지의 권위로서 사람들에게 부과되었다. 그래서 앞서의 예들에서 보는 바와 같이 실재의 모습을 보기보다는 법이 상징적으로 규정하는 형식에 의존하려는 경향을 보였던 것이다. 실재를 직접 보는 것이 객관적이고 과학적일 것 같지만, 문제는 실재의 모습이 생각처럼 쉽게 객관화되지 않는다는 데에 있다.

찬성/반대의 숫자만 알면 되지, 꼭 회의를 해야 하나?: 꿩 잡는 게 매

이에 비해서 예 문화권에 속하는 중국을 비롯한 동아시아에서 진실에 접근하는 관법은 서양과 다른 특성을 보인다. 내가 직접 경험한 다음의 사례가 이를 잘 대변한다. 우리나라에는 학교나 공익시설을 운영하기 위한 많은 공익재단이 있다. 재단 이사회의 운영 실태를 보면 겉으로는 공적인 모양새를 갖춘 것 같지만 기실은 가족이나 친지 등 연고자들을 끼고 독단적으로 운영되는 경우가 상당히 많다. A라는 재단도 이와 같은 경우여서 재단의 실세인 자가 이사회를 열지도 않고 재단의 재산을 매각해버렸다. 물론 감독기관에는 마치 이사회를 연 것처럼 가짜 회의록을 만들어 제출하였다. 이사들이 맡겨놓은 이른바 막도장을 갖고서 말이다. 나중에 이 사실을 알게 된 재단의 관련자가 이 비리를 경찰에 고발하였다. 경찰은 곧바로 조사에 착수했고 이사들도 참고인으로 불러 이야기도 들어보고 하였다. 그러더니 고소인을 불러 이렇게 말하는 것이었다. 즉 이사들의 이야기를 들어보니 이사회를 열지도 않고 또 자신이 참석하지 않은 것도 사실이지만, 자신(이사)들은 모두 매각 결정에는 찬성한다는 것이다. 따라서 실제적으로 찬성자가 과반수를 넘겼으니까 설사 이사회를 열지 않았다고 하더라도 꼭 불법은 아니질 않는가라는 논리였다.

서양적인 관법에서 보자면 위의 경우는 명백한 불법이다. 왜냐하면 위의 경우 진실은 재단 정관에 근거해야 하는데, 정관에는 모든 결정은 이사회 회의에서 해야 하고, 모든 이사는 반드시 정해진 장소와 시간에 이 회의에 직접 참석해서 정해진 절차에 따라 의안을 결정해야 한다고 명백히 정해놓았기 때문이다. 그러나 우리는 부지불식간에 상징인 법과 규정을 무시하고 실재를 보려는 경향이 있기 때문에, 조사관도 문제의 초점을 형식적인 조건이 합법적인가의 여부에 두지 않고 이사들이 매각행위를 찬성하는가라는 실재성의 여부에 두었던 것이다. 아니면 고소인의 초점을 흐리게 할 의도가 있었을지도 모르고. 아무튼 이러한 관법은 비근한 예로, 대통령 선거에 투표하지 않은 사람이 나중에 자신이 원하지 않은 B후보가 당선됐을 때, '나는 개인적 사정으로 투표에 참여하지는 못했지만 본심은 C후보를 지지한다. 따라서 내 표도 계산에 넣어 달라'고 주장하는 것과 크게 다르지 않으리라.

1980년 신군부는 대학입시와 사교육을 개혁한다는 명분하에 졸업정원제라는 것을 도입했다. 즉 대학을 누구나 쉽게 들어가게 하는 대신 졸업자의 수를 엄격히 통제하여 무조건 30%에 해당하는 학생은 중도에 도태시킨다는 제도였다. 이렇게 하면 대입을 위한 사교육이 줄어듦과 동시에 대학교육이 강화되는 효과를 볼 수 있다는 계산이었다. 더불어 대학생들의 반정부 시위도 막을 수 있는 부수적 효과도 짭짤하고 말이다. 그런데 이것이 현실에서는 예상 외로 그다지 효과를 보지 못하였다. 왜냐하면 등록금 잘 내고 열심히 공부한 학생들을 직접 목도해온 교수들이 30%를 도태시키려니 난감해진 것이다. 게다가 이런저런 딱한 사정을 갖고 와서 울고불고 하는 학생들과 학부모를 모른 체하기가 보통 어려운 일이 아니라는 것은 당해본 사람이 아니면 모른다. 결국 온정주의에 굴복하여 이런저런 핑계를 대가며 편법을 쓰고 규정을 바꾸기도 하면서 유야무야하더니 급기야 입학생 거의가 졸업하게 되는 형국에 이르렀다. 따라서 졸업정원제의 취지는 사라지고 대학 정원만 30% 증원된 후과만 낳아서 오늘날의 사학재단들이 비대해지는 계기가 되었던 것이다.

졸업정원제도가 실패한 것은 취지 자체가 나빠서 그런 것은 아니었고 무엇보다 이 정책이 성공하기 위한 전제조건인 법에 대한 복종 관념이 애초부터 희박했기 때문이었다. 개인들의 사정을 듣고 나면 참으로 딱하지 않은 경우는 거의 없다고 봐야 한다. 핑계 없는 무덤이 없다고 하지 않던가? 이렇게 실재의 사정을 듣고 있노라면 어느덧 상징에 대한 애초의 확고한 관념은 느슨해지게 된다. 그래서 이런저런 편법을 써서 실재를 이리저리 주무르다보면 모두 졸업하게 되고 법은 유명무실하게 돼버리는 것이다. 대학에 꼭 들어가야 한다고 호소하는 사람도 실재에 속하고 졸업을 꼭 해야 한다고 호소하는 사람도 실재에 속한다. 실재에 속한 과제를 풀기 위해서는 상징에 의존해야 하는데, 상징을 만들어놓고 이처럼 실재의 침범을 자꾸 용인해주다보면 상징은 무너지게 돼 있다.

상징을 중시하는 준법정신이라는 것은 절대적인 권력이 법을 강력하게 시행한다고 해서 생겨나는 것이 아니다. 중국을 비롯한 동아시아 지역의 나라들은 전통적으로 역사상 가장 엄격하고 무서운 형법을 가져본 경험이 있지만, 그렇다고 해서 이것이 준법정신을 보편적으로 앙양시키는 데 도움이 됐다고 믿는 사람은 없다. 이것은 아무래도 앞서 말한 오이디푸스가 서양에 비해서 상대적으로 약하게 형성됐다고 보는 편이 옳을 것이다. 그렇다면 이것은 무엇 때문인가? 여기서 우리는 중국의 예 가운데서 소목(昭穆) 제도에 주목할 필요가 있다.

미셸 위(Michelle Wie)가 왜 태극낭자야?

『좌전』「정공(定公)4년」을 보면 다음과 같은 구절이 있다.

> 조(曹)나라는 문왕(文王)의 소(昭) 계열 후손이고, 진(晉)나라는 무왕(武王)의 목(穆) 계열 후손이다.
>
> (曹, 文之昭也. 晉, 武之穆也.)

주나라 문왕과 무왕은 부자 관계이므로 문왕의 후손이나 무왕의 후손이나 마찬가지일 텐데 굳이 소 계열과 목 계열로 나누고 있는데, 이와 같이 같은 조상의 후손들을 항렬별로 소와 목이라는 두 계열로 나누어 순서를 정하는 것을 일컬어 소목제도라고 한다. 『예기』「제통」(祭統)에서는 이를 다음과 같이 설명하고 있다.

> 무릇 종묘 제사 후에 제사를 도운 사람들에게 술잔을 내릴 때에는 소 계열로 한 줄을 서고 목 계열로 한 줄을 선다. 소 계열은 자기 계열 사람들과 더불어 서열을 세우고, 목 계열은 자기 계열과 더불어 서열을 세운다. 제사에 참여한 다른 담당 관리들도 모두 [직급이나 연공] 서열대로 줄을 선다. 이것을 일컬어 장유유서, 즉 '나이에는 순서가 있다'고 말한다.
>
> (凡賜爵, 昭爲一, 穆爲一, 昭與昭齒, 穆與穆齒. 凡?有司皆以齒. 此之謂長幼有序.)

> 무릇 제사에는 소목의 서열이 있다. 소목이라는 것은 아버지와 아들, 멀고 가까움, 연장자와 연소자, 가까운 가족과 먼 가족 사이의 서열을 구별해서 질서를 어지럽게 하지 않게 하기 위한 방도이다. 이 때문에 태묘에서 큰 제사를 지낼 때에 모든 소 계열 사람들과 목 계열 사람들이 한 장소에 자리해도 그 질서를 잃지 않게 되는 것이다. 이것을 일컬어 가족 친소 관계의 차순(次順)이라고 부른다.
>
> (夫祭有昭穆. 昭穆者, 所以別父子遠近長幼親疏之序, 而無亂也. 是故, 有事於

大廟, 則羣昭羣穆咸在, 而不失其倫. 此之謂親疏之殺也.)

제사를 지낼 때 제사에 참여하는 후손들은 소와 목의 계열에 따라 차례로 줄을 설 뿐만 아니라, 5대 이상의 모든 조상들을 한데 모아서 지내는 협(祫)제사에서도 제사를 받는 조상들 역시 소와 목의 계열로 분류해서 모시는데, 이것을 좌소우목(左昭右穆)이라고 부른다. 소목의 목적은 간단히 말해서 장유유서와 (혈육관계가 멀고 가까움을 따지는) 친소(親疎) 관계의 질서를 세우기 위한 것인데, 위아래의 질서를 세울 때 가장 중요한 핵심은 부자 관계를 떼어놓는 일이다. 왜냐하면 부자 관계는 직접적인 혈육 관계라는 점에서 위아래가 모호하여 속된 말로 '어영부영'할 수도 있기 때문이다. 실제로 아비에게 버릇없이 함부로 대하는 이른바 '후레자식'들을 주위에 심심찮게 볼 수 있는 것 또한 현실이 아니던가? 그러므로 이러한 부자 관계에 확실한 경계를 그어놓는 것에서 질서는 시작되는 것이므로 아비와 아들은 같은 계열에 두지 않고 다른 계열에 속하게 한 것이다. 음운학적으로 비유해서 설명하자면, 모음끼리 충돌할 때 모음들이 뒤섞여 불분명해지는 현상을 막기 위해 한쪽의 모음이 반자음으로 변해서 변별성을 높이는 일종의 이화(異化) 현상[1]이

1 아주 간단한 예를 들자면, 철수라는 아이를 부를 때, '철수아!'로 발음하면 모음인 'ㅜ'와 'ㅏ'가 충돌하여 음절이 불분명해져서 발음도 힘들어지고 변별력도 떨어진다. 이를 보완하기 위해 뒤의 'ㅏ'를 반자음화해서 'ㅑ'로 바꾸면 음절이 분명히 나누어지면서 발음도 쉬워지고 형태소의 의미도 잘 드러난다.

라고도 부를 수 있을 것이리라.

소목제도는 모계사회의 흔적으로서 그 근원은 군혼제(群婚制)에서 시작된 것으로 추측된다. 군혼제란 동일 씨족 내부에서의 혼인이 금지된 상태에서 다른 씨족과 집단적으로 혼인을 맺는 제도를 말한다. 즉 어느 한 씨족의 동일한 연배의 남자들은 다른 씨족의 동일한 연배의 여자들과 집단적으로 결혼을 한다는 말이다. 두 씨족의 같은 연배의 남녀 각자는 자신이 속한 마을에 살다가 밤에만 다른 씨족 마을의 남녀와 잠을 자고는 다음날이면 각자의 마을로 돌아간다. 따라서 두 집단의 같은 연배들 사이에는 공부(公夫)와 공처(公妻)의 관계가 발생하게 되므로, 자녀들은 어미만 알고 아비는 모르는 현상이 생긴다. 이런 방식으로 결혼한 남녀는 각기 다른 마을에서 산다는 점에서 두 개의 씨족에 속한다고 볼 수 있다. 따라서 이로부터 소목이 나왔다면 이(소목)는 혈연이 다른 두 개의 씨족을 뜻하게 된다. 다시 말해서 소와 목 두 개의 씨족이 군혼관계를 맺었으므로 아비와 아들은 각기 서로 다른 소와 목에 속하게 된다는 말이다. 나아가 아들 연배가 다시 결혼할 즈음에 그들이 짝해야 하는 여자들은 자연히 아비가 속한 씨족 중에서 아비 연배의 자매들이 낳은 딸들이 될 것이다. 따라서 아들 연배의 자녀들, 즉 손자뻘들은 아비와 같은 씨족 내에 있게 된다. 그래서 할아버지와 손자는 같은 소나 목에 속하는 것이니, 「곡례」 상의 "군자는 손자는 안아줘도 아들은 안아주지 않는다"(君子抱孫不抱子)는 말이나 할아버지를 모시는 제사의 시동(尸童)은 손자를 앉혀야 한다는 규범 등이 생긴 것은 이 때문이다.

어머니는 어린아이의 모든 것을 일일이 챙겨주는 양육자라는 의미에서 모계사회가 실재성의 사회라면, 아버지의 법을 권위로 삼는 부계사회는 상징성의 사회가 된다. 이런 관점에서 보면 소목제란 부계사회로 넘어오면서 모계사회의 현실을 종법제의 상징체계 속에 반영한 결과라고 볼 수 있다. 이렇게 모계사회와 부계사회가 타협을 하면 각 사회가 갖는 장점을 즐길 수 있는 이점이 있다. 이를테면, 부계사회에서는 상징성을 유지해야 하기 때문에 혈육간에 거리를 두어야 한다. 따라서 정서적인 결핍이 생길 수 있는데 이를 보완하는 것이 모계사회의 실재성이다. 앞서의 "군자는 손자는 안아줘도 아들은 안아주지 않는다"에서 알 수 있듯이, 장유유서의 질서 유지 때문에 아들은 안아주지 못하지만 대신에 손자는 안아줘도 되도록 허락함으로써 정서적 결핍을 보완한다는 말이다. 요즘 강남의 젊은 부부들 사이에서는 아이들의 유치원 등록금은 으레 할아버지가 부담하는 것이 상식처럼 돼 있다고 한다. 심지어는 원아의 가정환경조사에 할아버지의 이름과 주소를 적는 난이 있는 경우도 있다고 한다. 이러한 현상은 우연적인 것이 아니고 할아버지와 손자를 같은 계열로 보는 소목제가 우리의 의식에 영향을 끼친 결과로 보는 것이 옳다.

이와 같이 예의제도 하에서는 어린아이는 아버지와 떨어져 있긴 했지만 언제나 어머니와 함께 있을 수 있었다는 사실 때문에 동아시아의 예 문화권에서의 오이디푸스는 약할 수밖에 없었다. 즉 아버지의 법이 상징적 권위로서 세워져 있긴 하지만 그와 동시에 모든 실재를 챙겨주는 어머니가 더 가까이 있다는 말이다. 『논어』 「팔일편」을 보면 위(衛)나라의 일개 대부가 우쭐대며 공자를 넌지시 시험하는 말이 보인다.

> "안방 귀신에게 잘 보이기보다는 부엌 귀신에게 잘 보이는 게 낫다"는 말이 있는데, 이게 무슨 뜻입니까?
>
> (與其媚於奧, 寧媚於竈, 何謂也?)

여기서 대부가 안방귀신 · 부엌귀신 운운하며 인용한 말은 당시의 속담인데, 이 말은 당시의 중국인들뿐만 아니라 오늘날 우리의 사고 양식을 잘 보여준다. 즉 안방귀신이란 주인을 뜻하는 말로서 명령하는 자를, 부엌귀신이란 주인의 명령을 받아 수행하는 하급 관리를 각각 상징한다. 이를테면, 밥을 퍼주라고 명령하는 것은 주인이지만 실제로 밥을 퍼주는 일은 하급 관리가 맡는다. 기실 부엌데기는 신분은 비록 낮지만 밥을 푹푹 많이 퍼줄 것인지 아니면 퍼주는 시늉이나 할 것인지는 전적으로 그의 손에 달렸으니, 어찌 보면 주인이 갖는 상징적인 권력보다 실제 권력은 오히려 더 클 수도 있다. 이러한 현실을 등에 업고 아랫것인 대부는 자기에게 잘 보여 보라고 공자를 유혹했던 것이다.

속담이 말하는 안방귀신과 부엌귀신의 관계는 곧 아버지와 어머니의 관계로 그대로 치환할 수 있다. 즉 아버지는 집안을 다스리고 명령하는 주인(또는 법)으로서 상징계에 속하고, 명령에 따라 밥을 퍼주는 어머니는 실재계에 속한다고 볼 수 있다는 말이다. 아버지의 허락을 얻으려면 상징(또는 법)적으로 제시된 필요한 조건을 모두 갖춰야 하므로 번거롭고 또 어렵지만, 어머니는 법(또는 규정)보다는 현실에 근거해서 행동할 뿐만 아니라 아버지의 명령 이면에서 은밀하게 처리할 수 있으므로 아버지의 법을 거치지 않고도 일을 성사시킬 수 있다. 이처럼 실재계를 통해서 일을 도모하면 개별적인 일은 쉽게 성취할 수 있을지 모르나, 일의 처리에 원칙이 없으므로 모든 일이 일회성에 그치게 된다. 이것은 곧 무원칙한 불공정한 사회로 이어지는데, 이러한 사회에서의 삶은 궁극적으로 비용이 많이 들게 된다. 이것이 부정부패의 본질이자 이러한 사회가 멸망할 수밖에 없는 것은 이 때문이다. 공자는 일찍이 『논어』 「자로편」(子路篇)에서 다음과 같이 말했다.

> 이름이 바르지 않으면 말이 순조롭지 않고, 말이 순조롭지 않으면 일이 성사되지 않는다. 일이 성사되지 않으면 예악이 일어나지 않고, 예악이 일어나지 않으면 형벌이 공정하지 않게 된다. 형벌이 공정하지 않으면 백성들이 손과 발을 어떻게 두어야 할지를 모르게 된다.
>
> (名不正, 則言不順, 言不順, 則事不成, 事不成, 則禮樂不興, 禮樂不興, 則刑罰不中, 刑罰不中, 則民無所錯手足.)

백성들이 손과 발을 어떻게 두어야 할지 모르는 것은 형벌이 일정하지 않고 고무줄처럼 변하기 때문인데, 이것이 바로 실재계의 상황이다. 이러한 상황은 궁극적으로 이름(名)이 바르지 못한 상징이 무너진 상태에서 비롯된다. 위나라에 가서 정치를 하신다면 무엇부터 하시겠느냐는 자로의 질문에 공자가 "반드시 이름을 바로잡겠다"(必也正名乎)고 대답한 것은 상징체계부터 바로 세움으로써 무너진 실재를 장악하겠다는 의지에 다름 아니었다.

공자는 앞의 대부의 유혹을 단호히 뿌리치면서 "하늘에 죄를 얻으면 기도할 데가 없어진다"(獲罪於天, 無所禱也)고 대답하였다. 공자가 말하는 '이름'(名), 즉 명분이라는 상징은 기실 허구적인 것으로서 이것이 힘을 발휘하려면 그 정통성의 근거를 담보해줄 수 있는 대타자(Other)가 필요하다. 공자의 말에서 하늘(天)은 곧 이 대타자의 기능을 하기 위한 것이다. 따라서 공자가 대부의 유혹에 넘어갔다면 조그만 권력은 손에 쥐었을지 몰라도 상징체계를 세워 나라 전체를 장악하는 일은 절대로 불가능했을 것이다. 왜냐하면 실재와 타협한 사람이 명분을 담보해줄 대타자인 하늘을 입에 올릴 수 없기 때문이다.

이처럼 공자는 공정한 사회를 이루는 일에 상징의 기능을 파악하고 있었지만, 소목제로 인하여 실재계가 개입된 사회 속에서 갈등하였다. 앞에서 이야기한 바 있는 '아버지의 무관심'이 미덕이 될 수밖에 없는 구조적 요인이 바로 여기에 있는 것이다.

세계적인 골프 스타 중에 피지에이(PGA)의 앤서니 킴과 엘피지에이(LPGA)의 미셸 위라는 선수들이 있다. 이들은 한국계이긴 하지만 국적은 엄연히 미국이다. 그런데도 티브이 중계방송에서 캐스터와 해설자들은 이들을 아예 한국인으로 간주하고 한국 선수를 응원하듯 열을 올리고 시청자들도 이를 당연하게 받아들인다. 이와는 반대로 한국인과 결혼해서 국적을 취득한 동남아시아 국가 출신 사람들은 국적이 분명히 한국인임에도 불구하고 그들은 사회생활에서 심한 차별로 고통을 받는다. 이러한 사실은 우리에게 국적이라는 상징보다는 그 사람의 실재가 더 중요하게 여겨진다는 문화적 속성을 드러내주고 있는데, 이것도 역시 소목제의 영향인 것으로 짐작된다.

제12장

뉴타운 개발에 숨겨진 역설

예는 어쩌다가 허례허식으로 전락하는가

예는 사회적 공동체의 틀과 질서를 위한 규범으로서 만들어진 것이므로 이것은 근본적으로 개성 또는 개별성을 넘어서 보편성에 가치를 두고 있다. 물론 보편성이라는 것은 개별성을 바탕으로 형성되는 것이긴 하지만, 이 보편성이 규범으로 정해져서 지켜야 하는 압박으로 작용하는 순간부터 개별성은 희생된다. 예를 들어 사마천이 옹호하다가 궁형에 처하게 된 이릉(李陵) 장군의 경우를 보자. 이릉 장군은 실크로드 개척의 명장인 이광(李廣) 장군의 손자로서 할아버지의 명성과 용맹을 이어서 흉노 토벌에 혁혁한 공을 많이 세웠다. 그는 5천 명을 거느리고 마지막 작전에 나갔다가 8만 명의 흉노 병력에 포위되어 8일간이나 버티며 싸우면서 적군 1만여 명이나 죽였으나 화살과 보급품이 없어 지친 나머지 적의 투항

권고에 결국 굴복하고 말았다. 이 사건으로 인해서 그의 가족은 전부 처형되고 말았다.

군인은 목숨을 걸고 적과 싸워야 한다는 보편적 당위성은 군인이 되겠다고 결심한 계기가 되는 개인적인 애국심이나 애족심의 경험 같은 개별성을 바탕으로 해서 형성된다. 이를테면, 그의 아버지가 흉노에게 죽었으니 그 원수를 갚겠다는 경험과 결심 같은 것 말이다. 이러한 보편적 당위성에 근거해서 군대는 군인은 적에게 죽는 한이 있어도 투항하지 말아야 한다는 전투 행동규범 같은 것을 만들어서 이를 반드시 지키도록 훈련시켰을 것이다. 그리고 이러한 전투 규범에 의거해서 이릉 장군도 사력을 다해 싸웠을 테지만, 전투 상황이나 운명이란 개인의 마음대로 되는 것이 아니어서 어쩔 수 없이 포로가 됐던 것이다. 모르긴 몰라도 부상에 신음하는 부하들이 불쌍해서 우선 살리고 보자는 마음이 있었을 수도 있고, 세가 압도적으로 불리하니 일단 투항하고 나서 후일을 기약해보자는 마음도 있었을 수 있다. 그런데 한나라 조정에서 이 사건을 볼 때에는 전투 규범을 어긴 반역 행위일 뿐이지, 그가 어떤 상황에 처해 있어서 투항하게 됐는지 또는 작전상의 어떤 의도가 있어 투항했는지 등의 개별성은 전혀 고려가 되지 않았다. 사마천이 그를 옹호했다고 비난받은 부분도 결국은 이 개별성에 관한 것이었는데, 이것이 희생되고 통하지 않으니까 자신도 궁형에 처해진 것이다.

이와 같이 보편성은 궁극적으로 개별성을 희생하게 되는데, 여기서 개별성은 피안(彼岸)의 주체들에 의해서 이해될 도리가 없이 그대로 무시되는 부분이라는 점에서 타자성이라고 부를 수 있다. 타자성이 무시된다면 남는 것은 실증성(positivity)이다. 실증성이란 사실이나 감각 경험 등과 같이 존재를 과학적으로 입증할 수 있는 가능성이나 그 요소들을 가리킨다. 비유하자면 도장의 존재는 양각으로 파놓은 부분에 의해서 결정되는 것이므로 음각된 부분은 '없음'으로 부인될 수밖에 없는 것과 같다. 여기서 음각 부분은 도장 자체에게는 존재임에 틀림이 없지만 피안의 사람(주체)들에게 드러낼 길이 없다는 점에서 타자성이다. 따라서 양각으로 파놓은 실증적인 부분들만 실체를 대제하게 된다. 이러한 실증성이 실체를 완벽하게 대체하는 것처럼 보이려면 객관적 사실에 부합해서 누가 보더라도 의심 없이 마땅하다고 여기게 만들어야 한다. 그래서 한 왕조의 간신배들은 죄상을 사실적으로 낱낱이 적어 그를 천하의 역적으로 만듦으로써 사람들로 하여금 공분하게 만들었다. 심지어 그가 투항한 이후 한나라를 치려고 흉노의 군사들을 훈련시키고 있다는 정보가 입수됐다는 설까지 그럴싸하게 조작하였다. 이러한 죄상을 읽어본 무제가 분노한 나머지 그의 일가족을 모두 처형하였다. 이처럼 항복할 수밖에 없었던 타자성을 부인하고 항복이라는 실증적인 면만 부각시키면 충신이 역적이 되는 것은 순식간이다.

사관인 사마천의 눈에는 이것이 불합리하게 보였다. 즉 겉으로 드러난 부분만 보면 사실적임에는 틀림이 없지만 타자성을 생각한다면 이는 결코 진실이 아니라는 말이다. 그런데도 현실에서는 진실처럼 보이도록 만든 허위적 사실들이 오히려 진실로 받아들여지고 있다는 역설에 그는 분노하고 붓을 들었던 것이다. 라캉은 일찍이 "진실은 허위의 구조를 갖는다"고 말했다. 이릉을 처형하도록 명한 한 무제의 분노는 속임이 없는 진실한 분노다. 이 분노는 반역행위라는 사실에 기인하고 있는데, 이는 실증적으로는 사실이지만 타자성이 무시됐다는 점에서 보면 허위다. 다시 말해서 허위의 모습 속에 진실한 분노가 들어 있었다는 말이다. 사마천의 유명한 경구이자 『사기』를 통해 풀어보고자 했던 핵심 과제인 "하늘의 도는 옳은 것인가 그른 것인가?"(天道是耶非耶)는 바로 이 역설로부터 비롯되었다.

예는 원래 그 틀이 사회를 구성하는 주체들 속에 들어가 그들의 정체성이 되기를 요구하면서 세워졌다. 즉 규범적인 틀이 주체들의 정체성으로 자리 잡는다면 앞서의 원리대로 주체들의 개별성은 음각 부분처럼 무시된다. 그리고 주체를 대체하는 실증적인 요소, 즉 예의 보편적인 규범들이 주체의 정체성으로 기능하게 되는데, 이것이 바로 이른바 예의 바른 사람인 것이다. 환언하면 주체로부터 드러나 보이는 예의의 실증성이 곧 그의 인격이자 인간적 실체라는 말이다. 여기서도 타자성이 무시되고 있으므로 주체들은 밖으로 보이는 예의범절을 더 잘 드러나 보이도록 수식하는 일에만 관심을 가질 뿐, 무시되고 보이지 않는 부분은 오히려 감추려는 이중적 태도를 갖게 된다. 그러다보면 모든 주체들이 실증성의 부분인 규범만을 실체로 보고 타자성을 무시하는 시각을 보편적으로 갖는다. 이것이 예가 반성 없이 발전할 때 만나게 되는 허례허식의 근본 원인이다.

「그것이 알고 싶다」(SBS)가 보여준 친권의 실재

그러나 예를 실증성의 차원으로만 실천함으로써 그것이 자신의 실체인 양 가장한다면 상징과 실재 사이에서 뒤틀림이 일어난다. 즉 실체를 가장하는 행위는 일종의 상징 행위인데 이 행위의 순간부터 타자성은 부인됨으로써 실재에 속하게 된다. 그런데 실재란 근본적으로 통제가 불가능하므로 은폐가 안 될 뿐만 아니라 은폐할수록 오히려 스스로를 더 드러내려 하기 때문에 위와 같은 허례는 뒤틀릴 수밖에 없는 것이다. 이를테면, 교양은 쌓지 않고 화장만 요란하게 함으로써 요조숙녀가 되려는 여성은 자신도 모르게 껌을 '짝짝' 씹는 천박함은 감추지 못한다. 화장이라는 상징 행위를 통해 실체를 가장할 수는 있지만 이것이 실재계에 속하는 천박함까지 커버할 수는 없기 때문이다. 앞서의 "상징으로부터 배제된 것은 실재로서 귀환한다"는 라캉의 말을 상기하자.

2011년 3월 26일에 방영된 SBS 프로그램 「그것이 알고 싶다」에서는 거의 잊힌 두 사건을 다루었는데, 1998년에 어느 비정한 아버지가 보험금을 노리고 자기 아들의 손가락을 절단한 사건과 1991년에 서커스단에서 온갖 폭력과 학대를 받다가 탈출하여 부모를 만난 심모 양 사건이 그것이다. 전자의 사건은 어린 아들이 아버지를 용서하고 함께 살고 싶다는 티브이 인터뷰가 큰 사회적 반향을 일으켜 많은 성금이 답지하였을 뿐만 아니라, 판사도 집행유예를 허락해서 아버지와 아들을 같이 살 수 있게 해주었다. 그러나 사회적 관심이 사라진 이후에 아버지는 성금을 탕진했고 아들을 정신병자로 만들어 기초생활수급자가 되게 했다고 한다. 후자의 사건에서도 탈출한 심모 양이 엄마를 찾아달라고 호소하였고 몇 년 뒤 어머니와 상봉했을 때 국민들은 티브이를 지켜보며 감동의 눈물을 흘렸다. 역시 사회로부터 많은 성금이 답지함으로써 해피엔딩이 되는 듯했다. 그러나 나중에 어머니는 이를 가로챘을 뿐 아니라 다시 찾은 딸에게 폭력을 가하고 학대했다는 이야기다.

이 두 사건의 공통점은 외부적 환경에 의해서 해체됐던 부모와 자녀 간의 관계가 사회적 관심과 배려에 의해서 복원되었지만, 관심이 멀어진 이면에서는 역설적으로 자녀들이 부모들에 의해서 착취되고 학대받는 일이 벌어졌다는 것이다. 이런 일이 왜 벌어졌을까? 그리고 그렇게 눈물을 흘리면서 감동하던 사람들은 또 왜 그들을 쉽게 잊을 수 있었을까? 아주 간단히 답하자면 가족의 가치와 부모의 친권을 너무 믿었기 때문이다. 우리에게 가족이니 친권이니 하는 말들은 '가족이란 모름지기 이러이러해야 한다'는 당위성에 근거한다. 이것은 기실 겉에 드러나는 실증적인 모습, 다시 말해서 상징적인 행위들에 의해서 표상되는데, 이 표상은 실체가 아님에도 불구하고 실체를 대체한다. 그래서 그렇게 원하던 부자와 모녀가 상봉을 했다면, 그것도 티브이라는 컬러 이미지를 통해 확인했다면 그것으로 대단원의 막은 내린 것이다.

그러나 대단원으로 처리했다고 해서 실증적인 모습 뒤에 무시돼버렸던 실재가 사라져버리는 것은 아니다. 오히려 이것은 상징의 그늘 뒤에서 도둑처럼 귀환한다. 부모도 자녀를 착취할 수 있고 학대할 수 있다는 것은 실재계에서 언제나 열려 있는 가능성이지만, 우리는 시선의 초점을 실증적인 상징에만 맞추고 있는 나머지 실재의 귀환을 전혀 인식하지 못한다. 이 모든 것이 보편성을 강구하는 예의 영향으로 타자성을 무시하는 관습의 후과라고 볼 수 있다. 즉 실재를 없는 것으로 여겼기 때문에 상징적인 행위와 이미지만으로도 대단원이 가능했던 것이고, 따라서 쉽게 잊힐 수 있었던 것이다.

배신한 형을 자랑하는 동생의 모순

요즘 우리나라 대도시들은 뉴타운이니 재개발이니 랜드마크니 하면서 도시 미관을 개선하는 사업에 엄청 투자한다. 그러다보니 자연히 낙후된 주택과 빌딩, 그리고 빈민촌 등이 강제로 밀려나게 됨으로써 새로운 사회적 갈등 요소가 되고 있다. 앞서 예를 들었듯이 화장을 요란하게 한다고 요조숙녀가 되는 것이 아니듯이, 마천루를 화려하게 짓는다고 문화도시가 되는 게 아니다. 요란한 화장이 천박하게 껌 씹는 소리를 감출 수 없듯이 아무리 화려한 건축물이라도 철거민들의 아우성을 잠재울 수 없다. 도시의 낙후된 건물이나 빈민촌은 도시가 아무리 번영해도 없앨 수 없는 실재다. 왜냐하면 저소득층이 도심에 살 수 있는 공간이 허락돼야 싼 가격에 노동력을 공급받을 수 있기 때문이다. 따라서 도시가 경쟁력이 있으려면 부자와 빈민이 같은 지역에서 함께 살 수 있어야 한다. 부자들이 도심을 모두 차지하면 실증적으로 보기에 좋을지는 몰라도 비용은 많이 들 수밖에 없다.

중국도 춘추전국시대까지만 해도 소수민족인 이른바 오랑캐들과 중원 땅 안에서 함께 거주하며 잘 살았다. 그래서 당시에는 소수민족과의 협력이 있으면 있었지 갈등은 별로 없었다. 주나라 정권 수립의 일등 공신으로서 흔히 강태공으로 불리는 여상(呂尙)이 강(羌)이라는 소수민족 사람이라는 것은 잘 알려진 사실이다. 그런데 한나라 때부터 천하의 중심이라는 중국의 정체성을 세우기 위해 이들을 강역 밖으로 몰아내게 되었는데, 이때부터 변방이 불안해지고 이를 해소하기 위하여 국력을 그쪽에 치중하다가 국세가 주기적으로 쇠약해지는 것이 중국 역사의 흐름이었다. 이처럼 상징을 실체처럼 보이게 하려는 과도한 시도 뒤에는 반드시 실재가 귀환함으로써 상징 행위의 허위성을 폭로하고 상징을 무(無)로 만든다.

우리나라를 비롯한 동아시아의 정치가들은 거대한 건축물 공사나 토목공사를 일으켜서 그것을 자신의 치적으로 삼으려는 성향이 강하다. 이러한 성향은 국민들이 위대한 정치가로서의 성공 요인을 눈에 크게 들어오는 그러한 치적에서 찾기 때문에 형성된 것이리라. 이때 이러한 치적은 실증적인 상징에 해당하기 때문에 시간이 지나면 실재는 잊히더라도 눈에 보이는 치적은 남아서 옛날 당시의 실체를 뭔가 훌륭한 것으로 대체하는 효과가 있다.

이러한 성향은 제가(齊家), 즉 '집안 다스림'에서도 그대로 드러났다. 요즘은 자녀가 기껏해야 한두 명에 불과한 핵가족이므로 그럴 일이 별로 없지만, 옛날에는 자녀가 많았으므로 그 많은 아이들을 모두 대학까지 보낼 수는 없었다. 그래서 맏아들이나 똘똘한 아들 하나에게만 집중해서 교육시키는 것이 보통이었다. 그 숨은 의도는 이러하다. 즉 맏아들은 우리 집안의 상징이니까 여기에 집중 투자해서 뭐라도 한 자리하면 동생들이라는 실재를 모두 포섭해서 돌봐주게 하자는 취지다. 그래서 맏형이 출세하면 다른 형제들은 그 덕을 누리는 일이 적지 않았던 게 사실이다. 우리 사회의 여기저기에 만연한 이른바 '족벌체제'니 '족벌경영'이니 하는 것들은 바로 이러한 '집안 다스림'의 형태에서 연유하였다고 보는 것이 옳다. 이런 예는 상징이 실재를 포섭했다는 차원에서 그런대로 성공 사례라고 봐줄 수 있는데, 그나마 이것도 제대로 안 되는 경우가 종종 있다. 즉 성공한 맏형이 나중에 나 몰라라하는 경우다. 이때 대개는 맏형보다는 형수 때문에 이런 일이 벌어진다. 왜냐하면 형수는 맏형에게 몰아주기라는 시댁의 타자성을 이해하지 못하기 때문이다. 그래서 형제간의 갈등이 벌어지기는 하지만, 그럼에도 불구하고 동생들은 밖에 나가서 사람들을 만날 때에는 내가 무엇 무엇으로 출세한 아무개의 동생이라는 자부심만은 여전하다. 즉 동생들에게 있어서 갈등의 실재보다 상징이 더 중요하게 취급된다는 말이다. 나의 희생을 대가로 출세했음에도 도움 하나 안 주려는 얄미운 형이지만 그를 통해 자부심을 느끼는 동생의 생각이나, 내 소유도 아닌데 도심의 화려한 마천루를 보고 '나도 선진국의 국민이구나' 하며 자랑스럽게 생각하는 관법은 완전히 닮은꼴이다. 이런 현상은 모두 보편성을 강조한 나머지 타자성을 무시하는 예의 속성 때문에 형성된 관념이다.

예는 본질적으로 형식을 통해서 의미화한 상징체계이므로 애초의 모습은 예의(禮儀)로 출발하였다. 상징이란 추상적인 형식이긴 하지만 그것이 실재를 대표, 또는 표상하고 있다면 예의의 수행을 통해 나타내고자 하는 의미들이 사람들 사이에 충분히 공유될 수 있다. 『주자어류』(朱子語類)(권84)에서 옛날의 예는 "그 의미가 굳이 설명을 기다리지 않고도 저절로 드러난다"(其義不待說而自明)라고 했는데 이는 예의 형식과 의미가 서로 소외되지 않았다는 뜻이다. 그러나 앞에서 설명한 바와 같이 시간이 오래 지나면 애초의 의미는 잊히고 예의 보편성이 강조되면서 형식 자체만 남음으로써 실재를 소외시키게 된다. 이렇게 되면 실재를 벗어난 예는 형식 자체의 발전 규칙에 따라 엉뚱한 방향으로 변화한다. 이를테면 중국의 민속 가운데 곡가(哭嫁)라는 게 있다. 시집가는 딸을 차마 보내지 못하는 슬픔을 곡, 즉 울음으로써 표현하는 일종의 예였다. 그런데 이것이 시간이 지나면서 어떻게 하면 슬픔을 더 잘 표현할 수 있을까 반복적으로 머리를 짜낸 결과, 곡을 노래처럼 하게 되었고 급기야 전문적으로 시집보내는 집에 불려가서 곡을 행하는 직업인까지 생기게 되었다. 곡을 아름답고 슬프게 하는 전문인이 인기도 많고 돈도 잘 벌었을 것임은 말할 필요도 없다.

이처럼 예의는 형식을 기반으로 하고 있으므로 시간이 지나면 실재를 표상하지 못하게 된다. 그래서 형식만 남은 예의는 실체를 대체함으로써 실재를 완전히 소외시킨다. 곡가의 예에서 보자면, 얼마만큼 인기 있고 비싼 전문인을 불러서 곡을 시켰는가에 따라서 딸에 대한 애틋한 애정이 평가받는다는 말이다. 그것이 실재의 애정이 아님에도 불구하고 말이다. 이러한 예의 속성을 알고 있는 공자는 『논어』「팔일편」에서 "예란 사치하기보다는 차라리 검소한 편이 낫고, 상례는 매끈하게 진행되기보다는 차라리 슬퍼하는 편이 낫다"(禮, 與其奢也, 寧儉, 喪, 與其易也, 寧戚)라고 말했다. 즉 예는 그냥 놔두면 형식적인 측면으로 발전해서 끝내는 실재를 소외시켜 버리게 되는데 이렇게 되면 예는 겉만 화려해질 뿐 본래의 기능은 잃게 된다. 따라서 예가 본래 기능을 유지하려면 늘 실재를 포섭할 수 있어야 한다. 위의 공자의 말에서 '검소함'과 '슬퍼함'은 예라는 상징이 언제나 표상해야 할 실재인 것이다.

춘추시기에 이러한 소외로 인한 부조리 현상은 곳곳에서 드러났고 아울러 이에 대한 반성도 생겨났다. 『좌전』「소공 5년」의 다음 고사를 보자.

임금님(소공)이 진(晋)나라에 가셨을 때, 교외에서 위로하는 일부터 재물을 선물로 드리는 일까지 예에 어긋나는 일이 전혀 없었다. 진나라 임금이 여숙제(女叔齊)에게 일러 말하기를 "노나라 임금은 역시 예에 밝지 않소?"라고 하자, "노나라 임금이 어찌 예를 안다고 하겠습니까?"라고 대답하였다. 임금이 다시 "무슨 말이오? 교외에서 위로하는 일부터 재물을 선물로 드리는 일까지 예에 어긋남이 전혀 없었으니, 무슨 이유로 예를 모른다는 것이오?"라고 물으니, 대답하기를 "그것은 '의'(儀), 즉 의전이지 예가 아닙니다. 예란 나라를 지키고, 정책과 명령을 시행하며, 백성을 잃는 일이 없도록 하는 방도입니다. 이제 정책과 명령이 경(卿)과 대부(大夫)들의 수중에 있으면 다시 찾아올 수 없는 것이니, 설사 대부 자가기(子家羈) 같은 인재가 있더라도 그를 기용할 수 없게 됩니다. 큰 나라와의 맹약을 함부로 어기고 작은 나라를 능멸하며, 다른 사람의 위기를 악용해 이득을 취하면서 자기에게도 위기가 올 것이란 사실을 모릅니다. 왕실은 네 파로 갈라졌고 백성들은 권력 실세인 대부들에 의지해서 겨우 먹고 사는 형편입니다. 백성들의 그리움 중에는 어떤 것도 임금에게 있지 아니하고 임금 또한 종말을 생각해서 도모하지 않습니다. 한 나라의 임금이 된 자가 위기가 장차 자신의 몸에 이르려고 하는데 자신이 처한 바에 대해서 걱정하지도 않습니다. 예의 근본과 지엽이 장차 여기에 있을 것임에도 구구하게 의전이나 익히는 일에 급급하니, 예에 밝다고 말씀하신다면 실제에서 너무 먼 이야기가 아니겠습니까?"라고 하였다. 군자께서 말씀하셨다. "여숙제가 여기서는 예를 [제대로] 안다고 하겠다."

여숙제의 관법에 의하면 소공이 잘 한다고 하는 예는 어디까지나 형식적인 의전 절차로서 이는 앞에서 설명한 바 있는 공자가 마흔 살에 '미혹되지 않았다'(不惑)라고 하는 그 경지를 가리킨다. 그러한 예의는 소공처럼 아무리 잘 하더라도 나라의 기강이 바로 서지 못 하다면 아무런 의미가 없다는 것이다. 예의가 이렇게 비판받는 까닭은 그것이 실재로부터 이탈되어 본래의 기능, 즉 나라의 틀을 바로 세우는 작용을 못하고 있기 때문이었다. 그러나 예의를 잘 수행하면 그것이 실체를 대체하기 때문에 진나라 임금이 소공을 예를 아는 인격자로 오인하듯이 타자에게는 잘 보이는 이점이 있는 것도 사실이다.

제사 음식을 두 가지 양식(樣式)으로 차리는 이유

예의(禮儀)로서의 예가 형식과 내용 사이에 괴리가 발생하자 이에 대한 반성으로 예는 예의(禮義)의 방향으로 발전하기 시작한다. 예의의 방향이란 다름 아닌 실재를 표상할 수 있는 애초의 모습으로 돌아가고자 하는 노력을 말하는데, 이것이 현실적으로는 개혁의 모습으로 드러난다. 앞에서 나는 개혁이란 형식의 순환이 그 실체라고 정의했다. 즉 개혁을 하려면 예가 원래 표상하고자 했던 실재를 회복시켜야 하는데 이는 이미 지나간 과거에 속하므로 원천적으로 불가능할 수밖에 없다. 따라서 과거의 실재를 회복하는 것처럼 보이려면 다른 형식이 필요한데 그것이 바로 바로 옛날에 처음 만들어진 예, 즉 고례(古禮)다. 전국시대에 순자가 그의 저서 『순자』에서 느닷없이 흘러간 옛 물처럼 보이는 예를 강조하면서 「예론」(禮論)을 한 장절로 설정해놓은 것은 결코 우연이 아니다.

순자가 「예론」에서 주장하는 예의 모습은 다음과 같은 고례의 형식이다.

> 태묘에서 조상에 지내는 대향(大饗)은 [술 대신에] 맑은 물을 올리고 활어를 적대에 넣고 간을 하지 않은 맑은 곰국을 맨 앞에 올림으로써 [이러한 담백한 것들이] 먹고 마시는 것의 근본으로 귀중히 여기도록 한다. 계절마다 조상들에게 지내는 향(饗)제사는 [술 대신에] 맑은 물을 담은 잔을 올리고 나서 [나중에 제사에 참여한 사람들이 마실] 단술을 다시 올린다. 기장과 조를 맨 앞에 올리고 나서 쌀과 수수로 지은 밥을 올린다. 매달 조상에게 지내는 제사는 간을 하지 않은 맑은 곰국을 올리고 나서 풍성하고 맛있는 반찬을 다시 올리는데 이것은 음식의 근본을 귀히 여기게 하고 [제사에 참여한 사람들의] 음복의 용도에 맞추기 위한 것이다. 근본을 귀히 여기게 하는 것을 일컬어 '문'(文)이라고 하고 [제사 후] 음복의 용도에 맞추는 것을 일컬어 '이'(理)라고 하는데, 이 두 가지가 합쳐져서 [완전한 예의] 형식을 갖춰야 애초의 예로 돌아갈 수 있는 것이니, 이를 일컬어 대륭(大隆)이라고 한다.

모든 제사에 올리는 제물은 두 가지로 분류되는데, 먼저 올리는 것은 물 · 활어 · 간을 하지 않은 곰국 · 곡물 등과 같은 원료성 음식들이고, 나중에 올리는 것은 밥과 반찬 등 익히고 맛을 낸 요리성 음식들이다. 전자의 형식은 애초의 실재를 상징하는 것으로서 근본적인 취지를 잊지 말라는 경각심이 담겨 있다. 이것이 예의 원형이므로 '문', 즉 '형식적인 수식의 완전함'이라고 부른 것이다.

그렇다고 해서 너무 최초의 실재에 매달리면 변화하는 실재를 반영할 수 없다. 맛있는 것을 추구하는 것은 인간의 욕망이므로 제사 음식이 맛있어야 사람들이 즐거운 마음으로 제사에 참여하게 된다. 이 때문에 변화하는 실재를 반영할 수 있도록 제사 음식도 변화해야 한다. 그래서 음복하는 현실적인 즐거움을 위해 맛있게 조리한 음식도 올리는 것이다. 이것은 무시할 수 없는 인간의 본성이므로 '이', 즉 이치라고 부른 것이다. 그러니까 순자는 본성과 형식을 모두 중시하였는데, 왜냐하면 본성의 욕망을 형식으로 길들여 군자가 되는 힘으로 바꿔주는 것이 예의 기능이라고 여겼기 때문이다. 본성의 욕망이 없다면 그 무엇도 할 수 있는 힘이 없다는 말이다. 그래서 다음에 이어서 "본성과 형식적인 수식이 적절히 합쳐져야 천하가 다스려진다"(性僞合而天下治)라고 말했던 것이다. 순자가 고례를 찾아 본받으려 했던 이유가 바로 이것이다.

이렇게 옛날 예가 처음 만들어졌던 시기를 지향하려는 노력을 『예기』「예기편」(禮器篇)에서는 반본수고(反本修古), 즉 '근본으로 돌아가고 옛것을 배우는 것'이라고 하면서 다음과 같이 기술하였다.

예라는 것은 근본으로 돌아가고 옛것을 배우는 것인데 이는 [예의] 처음을 잊지 않기 위한 것이다. 그러므로 흉사의 경우는 남이 일러주지 않아도 [우는 법이고], 조정의 일은 음악으로써 [즐거움을 드러내야 하는 것이다].

(禮也者, 反本修古, 不忘其初者也. 故凶事不詔, 朝事以樂.)

여기서 '처음을 잊지 않다'라는 말은 예라는 상징이 포섭하고 있는 최초의 실재를 뜻한다. 따라서 부모가 돌아가시면 효자는 굳이 예가 없더라도 슬피 우는 것이고, 조정은 본디 현자들이 들어오면 즐거운 곳이므로 음악으로써 그 즐거움을 드러내게 된다는 것이다. 다시 말하면 예가 의미 있으려면 언제나 실재를 벗어나는 간극이 없어야 한다는 말이다. 그런데 시간이 지나면 처음은 잊힐 수밖에 없으므로 예란 그대로 놔두면 판에 박힌 형식적인 절차로 전락하고 말 위험에 처하게 된다. 따라서 이러한 간극을 방지하거나 또는 보완하는 수단이 있어야 하는데 이것이 바로 음악이다.

음악의 힘은 감응에서 온다. 예도 형식인 이상 수행 중에 감응이 생성되지만 이것이 반복되는 동안 실재와의 간극이 발생하면서 감응이 사라지고 진부하게 변질되는 것이다. 이때 음악을 동반하면 음악의 감응이 예의 진부함을 쇄신하고 애초의 감응을 되살리는 효과가 생긴다. 이를테면 상례의 진부한 절차만을 따르다 보면 슬픈 감정이 사라지게 되는데, 여기에 슬픈 음악의 연주를 곁들이면 연주의 감응이 슬픈 감정을 자극하여 진부한 절차에 슬픈 실재를 되살림으로써 간극을 없애준다는 말이다. 옛날부터 예를 말할 때는 언제나 음악을 붙여서 예악이라고 부른다거나, "예는 음악과 함께 하지 않으면 수행하지 않고, 음악은 예와 함께 하지 않으면 연주하지 않는다"(禮非樂不行, 樂非禮不擧)라고 한 것은 이 때문이다.

「예기편」의 다음 구절은 예와 음악이 상호 어떻게 기능하는지를 잘 설명해주고 있다.

> 예라는 것은 그것이 생겨난 곳으로 돌아가야 하고, 음악이라는 것은 그것이 이루어지는 과정을 즐겨야 한다. 이 때문에 옛날의 임금님들이 예를 제정할 때는 이로써 일을 분명하게 규정지을 수 있게 하였고, 음악을 정비할 때는 이로써 [자신의] 의지로 인도할 수 있게 하였다. 그러므로 예악을 보면 다스림의 정도를 알 수 있었다. 거백옥(蘧伯玉)이 말했다. "군자의 사람됨은 통달하였으므로 그릇을 보면 이를 만든 장인의 기량을 알 수 있고, 표현한 것을 보면 그 사람의 지식 수준을 알 수 있다."
>
> (禮也者, 反其所自生, 樂也者, 樂其所自成. 是故先王之制禮也以節事, 修樂以道志. 故觀其禮樂, 而治亂可知也. 蘧伯玉曰: 君子之人達. 故觀其器而知其工之巧, 觀其發而知其人之知.)

예는 형식적인 표상을 통해서 실재를 장악할 수 있어야 하고, 음악은 표상 과정에서 놓치는 부분을 다시 포섭해주어야 한다. 그래서 음악은 시작부터 완성까지의 세세한 기교를 포함한 전 과정이 중요하게 취급되는 것이다. 실재란 무엇인지, 그리고 어떻게 변할지 전혀 알 수 없는 모호한 상태나 기질을 가리킨다. 그래서 실재는 불안한 것이고 이 때문에 어떻게든 장악을 해서 실체를 명쾌하게 보여줘야 하는 것이다. 실재를 장악하려면 상징이나 기호 같은 형식으로써 분절해서 감각할 수 있는 모양새로 바꿔줘야 한다. 예를 들면, 내가 어렸을 적만 해도 시골에는 가로등 같은 것이 없었으므로 캄캄한 밤길을 가다가 맞은편에서 사람이 걸어오는 소리가 들리면 자연히 긴장하게 된다. 물론 상대방도 마찬가지일 터이다. 이렇게 무엇인지 몰라 불안한 상태가 실재다. 이런 경우의 예의는 먼저 자신이 누구인지를 밝히는 일이다. "아랫마을 김청년입니다!"라고 먼저 소리를 내면, 그때서야 상대방도 안심하고 "나 윗마을 최가일세!"라고 대답하는데, 이렇게 하면 실재가 장악된 것이다. 여기서 불안이라는 실재는 소리로 정적을 깸으로써 명쾌하게 장악되거나 해소되었다. 알아들을 수 있는 소리로 모호한 정적을 깨는 행위가 분절이고 이것을 체계적으로 만든 것이 예다.

왜 음악인가

예악 중에서 음악을 소홀히 하고 예만 강구하면 모호한 관계나 사건이 분명해지는 장점은 있지만 실체가 왜곡되거나 소외될 가능성이 크다. 세상의 어떤 일도 명쾌한 것은 없는 법인데 이것을 분절해서 논리로써 명쾌하게 설명함으로써 사람들은 거기에 몰입하게 만들면 다른 생각을 가질 엄두조차 낼 수 없게 된다. 기실 논리라는 게 완전할 수 없음에도 불구하고 말이다. 예도 마찬가지다. 예의 가장 기초적인 기능은 형식을 통해서 관계를 구분 짓는 것인데, 이 기능을 보완하는 조치가 없으면 관계가 분리되기만 하는 경직성을 면키 어렵다. 이를테면 직장에서 사원들 간에 직급에 의한 위아래의 구분만 있으면 나중에는 윗사람에게 복종하는 시늉만 낼 뿐 마음은 떠나 있는 상명하복의 경직된 체제에 이르게 된다. 그러나 일과 후 동아리 조직을 통하여 음악 · 미술 · 연극 등 문화 활동을 병행하면 감응의 경험을 공유하면서 위아래의 질서 외에 다른 세계와 질서가 있음을 터득하게 된다. 이처럼 사회구성원들로 하여금 다양한 생각과 관법을 갖게 하면서 하나가 되게 해주는 가장 중요한 수단이 음악이다. 위 인용문 중의 "음악을 정비할 때는 이로써 [자신의] 의지로 인도할 수 있게 하였다"는 말이 곧 이를 가리킨다. 옛날에는 감응이란 개념이 없어서 '의지'로 표현했지만, 기실 이는 음악의 감응이 각자에게 해석되는 다양한 욕망들을 가리킨다.

반면에 예악을 음악의 측면만으로 강구하면 백성들의 감성이 발달해서 순박하고 인간적이라는 칭찬을 들을 수 있다. 감성이 풍부한 것은 일상을 넉넉하게 영위시켜주는 장점은 있으나 중대사를 감성적 판단에 의지하면 일을 크게 그르칠 위험이 있다. 감성이란 감각적 데이터를 근거로 사물을 판단하기 때문에 분절이 어려워 맺고 끊지 못하는 속성을 갖는다. 따라서 위아래는 물론 너와 나의 구분도 모호한 미분화의 상태에 머물러 있게 될 수 있다는 말이다. 예와 음악의 조화 상태를 보면 다스림의 정도를 알 수 있다는 말은 여기에 근거한다.

위 인용문에서 거백옥이 지적했듯이, 예와 음악은 모두 '발'(發)을 통해서 존재한다. '발'이란 감각적으로 표현함으로써 다른 사람들로 하여금 존재를 인식하게 하는 행위다. 감각을 통한 인식은 예악의 전 과정을 통해서 실현되는 것이므로 예술적 정교함이 중시된다. 따라서 본심이니 진정한 마음이니 하는 관념적인 대상을 상정하면 예의 본질은 무너지게 돼 있다. 이를테면, 성리학이 이(理)와 기(氣) 같은 관념적 대상을 추구했을 때, 『장자』에서 "의미를 터득했으면 말은 잊는다"(得意忘言)라고 했듯이 대상 이외의 것들(이를테면, 말 같은 것들)은 지엽적인 것으로 홀시하게 된다. 그래서 예를 정교하게 꾸미는 일을 버리게 되거나, 또는 그 대상에 도달했다는 신념이나 거기에 도달할 수 있는 방도 자체가 중심적인 것으로 떠받들어져서 일종의 권력으로 작용한다. 실제로 깐깐한 도학자들은 맛있는 음식과 아름다운 옷 등은 말할 것도 없고, 정교하게 다듬고 수식한 문장까지도 도에 이르는 데에 방해가 된다하여 멀리하지 않았던가. 이들은 관념적인 도에 대한 믿음이 투철하고 아울러 이 믿음에 의해 형성된 자아가 강하기 때문에 이들과 가까이 해보면 이들로부터 엄청난 카리스마와 시쳇말로 '포스'가 느껴진다. 이러한 위압감은 곧 주위 사람들에게 일종의 권력으로 인식이 되기 때문에, 이를 유지하기 위해서 그들은 스스로가 지엽적인 것으로 치부하는 예의를 오히려 더 엄격하고 깐깐하게 지킴으로써 도학자적으로 보이게 하는 역설에 빠진다. 왜냐하면 '의미를 터득함'(得意)의 상태를 유지하려면 유위와 무위의 사이에 있어야 하는데, 형식의 도움이 필요한 유위의 단계에만 머물러 있기 때문이다. 예가 경직될 수밖에 없는 이유다. 따라서 밖으로 표현되는 예악의 감응 정도를 보면 장악된 실재를 알 수 있고, 아울러 이로써 예악이 얼마만큼 제대로 기능하는지를 알 수 있는 것이다.

제13장

예와 법, 두 개의 도끼 자루

남녀유별 : 결혼 촉진을 위한 전략?

앞에서 설명했듯이 예의 기능 중에서 가장 중요한 것은 사람과 사람 사이를 구별 지음으로써 사이를 떼어놓는 것이다. '떼어놓는다'는 말은 앞서의 '분절'과 같은 뜻인데, 모호한 상태는 일단 분절을 해야 그것으로써 무엇이든 만들 수 있기 때문이다. 통나무 자체로는 아무것도 만들 수 없지만 적당한 크기로 잘라놓으면 그것을 이리저리 연결해서 집이든 가구든 만들 수 있는 이치와 같다. 『예기』「교특생편」(郊特牲篇)에 다음과 같은 구절이 있다.

> 남자와 여자 사이에 구별이 있은 다음에 아버지와 아들이 가까워진다. 아버지와 아들이 가까워진 다음에 의로움이 생긴다. 의로움이 생긴 다음에 예가 만들어진다.

(男女有別, 然後父子親, 父子親, 然後義生, 義生, 然後禮作.)

예가 궁극적으로 추구하는 것은 윤리적 질서의 틀을 형성하는 것이다. 이 틀은 아버지와 아들의 올바른 관계에 기초하는데 이것을 위 인용문에서는 의(義), 즉 '의로움'이라고 표현했다. 그리고 이 의로움의 시작은 남녀의 분절에서 시작한다는 것이다. 왜냐하면 남녀를 떼어놓아야 결혼을 원활히 할 수 있기 때문이다. 금지가 욕망을 불러일으킨다고 하지 않던가? 거의 모든 금지가 해제된 오늘날은 젊은 남녀들이 누구의 간섭도 없이 자유롭게 결혼할 것 같지만 역설적이게도 결혼을 잘 하지 않아서 세계 각국의 정부들이 인구 감소를 걱정하고 있는 실정이다. 금지의 해제는 예상치도 않게 동성애와 동성 간의 결혼을 정당한 권리로 인정해야 한다는 주장으로 발전하였고, 뿐만 아니라 이러한 주장이 날로 세를 얻어가고 있다. 지금은 난자 제공이니 시험관 아기니 입양이니 하는 의료 및 사회보장 제도가 발달해서 동성 결혼을 인정한다고 해서 국가의 인구가 감소할 염려가 없지만, 옛날에 그랬다면 인구 관리에 큰 지장이 있었을 것이다. 이것이 같은 「교특생편」에서 "혼례는 영원히 이어질 미래의 시작이다"(夫婚禮, 萬世之始也)라고 말한 이유다. 윗글에서는 남녀의 구별을 시작으로 해서 마지막에 예가 만들어진다고 서술하고 있지만, 이것은 어디까지나 수사법일 뿐이고 기실은 예를 수단으로 해서 남녀를 분절한다. 그래서 우리의 일상생활에서도 내 주위의 어떤 사람이 하도 피곤하게 굴어서 떼어놓고 싶을 때는 새삼스레 그에게 깍듯이 예의를 지키게 되는 것을 경험할 수 있다. 이를테면 자꾸 한번 만나자고 치근대는 사람에게 거절의 말을 할 때는 이른바 'polite but firm'(정중하지만 단호하게)하게 하라는 영어 표현이 바로 이 예가 아닌가?

예를 작동시키는 힘

앞서의 '의로움'이란 옳고 그름의 판단 기준을 가리키므로 나라의 대사로부터 일상에 이르기까지 예는 삶의 틀이자 나침반이 되었다. 앞에서 인용한 바 있는 "예가 아니면 보지 말고, 예가 아니면 듣지 말며, 예가 아니면 말하지 말고, 예가 아니면 움직이지 말라"는 「안연편」의 구절은 이러한 배경에서 나온 말이다. 그렇다면 예가 시행될 수 있었던 근본적인 동력은 무엇인가? 가장 근본적인 힘은 '부끄러움을 아는 것'이다. 부끄러움을 안다는 것은 타자의 시선을 의식해서 자아 이상(Ego Ideal)에 충실해진다는 말이다. 자아 이상이란 다른 사람들의 눈을 기준으로 해서 만들어진 인격이므로 사회가 공유하는 대타자라고 말할 수 있다. 즉 이러한 대타자를 벗어난 인격체는 주위로부터 눈총을 받게 됨으로써, 달리 말하면 부끄러움을 당함으로써 집단으로부터 배척될 위험이 있다. 오늘날 집단 따돌림의 병폐는 여기서 비롯된 것이다. 사회로부터 배척을 당하지 않으려면 예를 지켜야 한다. 이것이 가능하려면 부끄러움을 알아야 한다는 전제가 있어야 한다. 부끄러움을 모른다면 당연히 예는 작동하지 않는다. 『논어』「위정편」에 "덕으로써 사람들을 인도하고 예로써 사람들을 바르게 만들면, [사람들에게] 부끄러워하는 마음이 생길 뿐 아니라 올바른 삶에 이르게 된다"(道之以德, 齊之以禮, 有恥且格)라는 구절이 있다. 여기서 공자가 말하고자 하는 궁극적인 의도는 백성들이 부끄러워하는 마음을 가지도록 해야 한다는 것인데, 왜냐하면 이것이 예가 작동하기 위한 조건이기 때문이다.

그런데 앞에서 설명했듯이 사람에게는 잔여(lalangue)라는 게 있다. 이것은 개인에게 주체성으로서 작동하는데, 이것이 사회적으로 드러난 것은 역사 기록의 등장과 관계가 깊다. 즉 역사의 기록은 사회의 보이지 않는 변화 규칙을 알려주는데, 여기서 사람들은 예로써 구성되는 질서의 틀이 유일한 것이 아니며 아울러 변화의 주체는 인간이라는 사실을 터득하면서 주체성의 존재를 어렴풋이 알게 되었다는 말이다. 이를테면 고례(古禮)는 종법제와 분봉제라는 두 가지 틀을 유지하는 기능을 갖고 있다. 종법제에서는 소수의 대종(大宗)이 지배세력이 되어 권력을 행사하는 구조로 만들어놓았지만, 실제 역사의 현장은 소종(小宗)에 속한 다수의 사람들이 이끌어가는 것이 현실이었다. 따라서 사회가 발전함에 따라 소종이 대종을 인정하지 않는 풍토가 점차 번지면서 분봉에서도 대종에게 물려주던 관습에 변화가 생기게 되었다. 종법제와 분봉제가 무너지면 예는 더 이상 유지될 수 없는 것은 당연하다. 진(晉)나라의 경우는 아예 분봉을 하지 않음으로써 나라가 한(韓)·조(趙)·위(魏) 삼진(三晋)으로 분열되었는데, 이들은 모두 중앙집권제를 시행함으로써 기원전 4세기경에는 제후의 반열에 올랐다. 삼진의 군주들이 모두 옛날 진나라 공실의 가신 출신이었다는 사실은 그전에 이미 종법제가 무너지면서 예가 통제 못하는 주체성이 상당한 정도로 인식되고 있었음을 명확하게 입증해준다.

이처럼 잔여가 통제를 벗어날 때 예는 도전을 받는다. 이러한 도전은 정도의 차이만 있을 뿐 고례의 초기부터 있어왔다. 그래서 예를 보호하기 위해서 예에도 처벌 규정을 두었다. 『주례』「태사편」(大史篇)을 보면 "법을 판단하는 사람은 이에 대해서 잘 고찰하고서, 사리에 맞지 않는 자에게 형벌을 준다"(凡辨法者攷焉, 不信者, 刑之)라는 구절이 있다. 여기서의 법은 태사가 관리하는 전(典)·칙(則)·법(法) 세 가지를 뭉뚱그려 가리키는 것으로서 말은 다르지만 기실 모두 예에 속하는 것이었다. 이 법이 진(秦)나라 이후의 법과는 개념이 다소 다르긴 하지만 어쨌든 강제성을 부여했다는 사실에서 보면 예의 두 번째 동력은 법이 되는 셈이다.

『순자』「권학편」(勸學篇)에서도 "『예경』(禮經)은 법과 규정의 큰 틀이다"(禮者, 法之大分, 類之綱紀也)라고 하여 예의 강제적 성격을 피력하였다. 『주례』「대사도」(大司徒)의 팔형(八刑)이라는 형벌을 보면 예의 강제적 성격을 잘 알 수 있다.

[대사도는] 마을에서 여덟 가지 죄목을 찾아내서 죄지은 자를 처벌한

> 다. 첫째, 효도하지 않은 자를 처벌한다(不孝之刑). 둘째, 화목하지 않은 자를 처벌한다(不睦之刑). 셋째, 여자 쪽 친속에게 소홀히 한 자를 처벌한다(不姻之刑). 넷째, 스승과 윗사람에게 불경한 자를 처벌한다(不弟之刑). 다섯째, 친구들에게 신뢰를 받지 못한 자를 처벌한다(不任之刑). 여섯째, 재난을 보고도 긍휼히 여기지 않는 자를 처벌한다(不恤之刑). 일곱째, 허황된 말을 만들어 사람들을 미혹케 하는 자를 처벌한다(造言之刑). 여덟째, 백성들에게 삐딱한 말을 함으로써 정치를 어지럽히는 자를 처벌한다(亂民之刑).

일반적으로 규정된 법에 의해서 죄가 구성되는 이른바 죄형법정(罪刑法定)과는 달리 위에서 처벌하고자 하는 죄목은 대부분 윤리도덕적인 측면의 범법 행위여서 죄를 구성하기가 매우 모호하다. 이것은 처벌을 통하여 범법자를 윤리적으로 교화해서 예에 통합시키는 것이 목적이기 때문이다. 『예기』「왕제편」(王制篇)의 "무릇 다섯 가지 형법에 속한 송사를 들을 때에는 반드시 아버지와 아들 사이의 윤리성을 추구하고, 임금과 신하 사이의 의리를 세운다는 취지로써 형량의 저울추를 움직여야 한다"(凡聽五刑之訟, 必原父子之親, 立君臣之義, 以權之)는 말은 곧 이를 가리킨다. 앞서의 「자로편」(子路篇)에 "예악이 일어나지 않으면 형벌이 공정해지지 않는다"(禮樂不興, 則刑罰不中)는 구절이 있었다. 요즘 사람들은 형벌이 왜 예악의 영향을 받는지에 대해서 그 논리적 관계를 잘 이해하지 못하고 있는 것이 사실인데, 이러한 배경을 안다면 공자의 이 말이 이해가 갈 것이다.

이와 같이 예를 수행시키는 동력을 '부끄러워할 줄 아는 마음'의 자발성과 '형벌을 두려워하는 마음'의 강제성이라는 두 가지 힘으로 본다면, 당시에 있어서 예는 정치의 근본이었다고 말할 수 있다. 그래서 예를 예제(禮制)라고도 불렀던 것이며, 『예기』 「애공문편」(哀公問篇)에서 공자가 "정치를 할 때는 예를 앞에 두어야 할지니, 예란 정치의 근본이기 때문이다"(爲政先禮, 禮者政之本與)라고 말했던 것이다.

예를 자발성에만 의존할 수 없는 것은 질서의 틀로 기능하게 하려면 겉으로 보이는 상징적인 허울을 형성해야 하기 때문이다. 관념으로만 존재하는 질서에 사람들이 복종하는 것은 불가능하기 때문에 틀이 감각적으로 느껴지게 하려면 법이라고 하는 강제적 틀을 동원하게 된다. 강제성에 의존하는 것이 자발성에 의존하는 것보다 더 효율적인 것은 말할 필요도 없으니, 권력자들의 입장에서 전자는 매우 매력적일 수밖에 없다. 따라서 시간이 지날수록 예의 강제적 속성인 법의 기능은 더욱 강화되는 쪽으로 흐를 수밖에 없다. 예제에서 법제로 가는 이러한 흐름 가운데서 법가의 등장은 매우 자연스러운 것이었다. 법가가 유가에서 분기돼 나온 것에는 이런 배경이 있었던 것이니, 그 과도기적 작품이 전국시대에 나온 『주례』(周禮)다.

'자유민주주의'의 진상

이보다 앞서 춘추시대인 노나라 소공 29년(기원전 513)에 예제에서 법제로 과도하는 획기적인 사건이 있었는데 주형정(鑄刑鼎) 사건이 그것이다. 이 사건을 『좌전』「소공 29년」은 다음과 같이 기록하였다.

> 진(晉)나라 조앙(趙鞅)과 순인(荀寅)이 여빈(汝濱)으로 군대를 이끌고 가서 성을 쌓았다. 그리고는 백성들로부터 480근의 철을 징발하여 세발솥을 주조하였는데, 그 솥 위에 범선자(范宣子)가 제정한 형법을 새겨 넣었다. 공자가 이 사건에 대하여 다음과 같이 비판하였다. "진나라는 아마도 멸망할 것인즉, 나라의 법도를 잃었기 때문이다. 무릇 진나라는 장차 당숙(唐叔)이 전수받은 법도[예제]를 지킴으로써 백성들의 행동강령으로 삼았어야 했고, 경대부들은 자신의 위상에 근거하여 이를 지켰어야 했다. 그래야 백성들은 이에 근거하여 신분 높은 자들을 존중하고, 신분 높은 자들은 이에 근거하여 자신들의 의무를 지켜나갈 수 있다. 귀한 자와 천한 자들 사이에 모순이 없는 것, 이것이 이른바 법도이다. [……] [진 문공은 이 법도로써 천하의 맹주가 되었다.] [……] 이제 이 법도를 버리고서 형법을 새긴 세발솥을 만들었으니, 백성들은 세발솥만 잘 살펴보면 된다. 그러니 무엇으로써 존귀한 자들을 존중하게 할 것이며, 존귀한 자들은 어떻게 자신들의 의무를 지킬 수 있을 것인가? 귀천에 순서가 없으니 무엇으로써 나라를 다스릴 것인가?"

'주형정'이란 앞의 인용문에서 밝혔듯이 형법을 새겨 넣은 세발솥을 주조했다는 뜻이다. 세발솥은 원래 질그릇이었는데 솥이란 삶의 근원을 상징하는 것이므로, 고대 중국의 정권들은 이것을 값비싼 청동으로 주조해서 권력의 상징으로 삼아왔다. 솥을 주조할 때 그 표면에 영원히 변치 않을 교훈적인 내용의 글이나 유훈 같은 것을 새겨 넣어서 자손들에게 대대로 귀감이 되게 하였다. 이러한 전통을 가진 세발솥을 만들면서 거기에 형법을 새겨 넣었다는 것은 당시로서는 그야말로 깜짝 놀랄 만한 사건이었던 것이다. 형법을 선왕들의 유훈처럼 귀감으로 삼으라는 뜻이니 말이다.

형법을 세발솥에 새겨 넣었다는 사실도 놀랄 일이지만 공자가 심각하게 본 것은 아직은 예제로서의 법으로 남아 있는 것을 문자로 적음으로써 성문법으로 만들었다는 사실이다. 성문법은 문자로 씌어졌기 때문에 판단하는 사람에 따라서 얼마든지 다양한 해석이 가능하다. 따라서 현실에서 어느 해석이 옳은 것이냐 하는 것은 힘이 좌우하게 된다. 즉 힘이 곧 법이라는 말이다. 오늘날 저자에서도 힘없는 서민들이 '유전무죄, 무전유죄'라고 자조하지 않던가? 예도 규범이기 때문에 해석의 여지가 없는 것은 아니지만 예의 감응은 '힘에의 의지'라는 자발성을 불러일으킬 뿐만 아니라 상호간에 보편성을 공유할 수 있기 때문에 이런저런 구구한 해석들이 힘을 쓰지 못한다. 예는 근본적으로 해석할 만한 내용으로써 작동하는 게 아니라 상호 교감으로써 기능하는 게 아니던가?

이에 비해 성문법은 구구한 핑계거리와 빠져나갈 구멍만을 만들어줄 뿐이므로, 법망에서 빠져나간 사람들은 부끄러워하기는커녕 오히려 자랑스럽게 여기는 것이 사실이다. 따라서 앞의 "백성들은 세발솥만 잘 살펴보면 된다"는 구절은 『논어』 「위정편」의 "제도와 명령으로 백성을 인도하고 형벌로써 백성을 법을 어기지 않게 한다면, 백성들은 형벌을 빠져나가려만 하고 부끄러워하는 마음이 없어진다"(道之以政, 齊之以刑, 民免而無恥)라는 공자의 말을 다시 쓴 셈이 되는 것이다.

이와 같이 법은 수행의 과정이 없이 해석만 있으므로 개별성이 중시될 수밖에 없다. 따라서 높은 지위에 있는 사람들이 개별성을 내세우면 책임감과 위엄이 없어지고, 이에 따라 아랫사람들은 그들에 대한 존경심이 사라지면서 원한만 남게 된다. 위에서 "무엇으로써 존귀한 자들을 존중하게 할 것이며, 존귀한 자들은 어떻게 자신들의 의무를 지킬 수 있을 것인가? 귀천에 순서가 없으니 무엇으로써 나라를 다스릴 것인가?"라는 비판은 이런 이유로 제기된 것이다. 요즈음 일부 언론들이 민주주의를 자유민주주의로 고쳐 부르려는 의도를 드러내고 있는데, 여기서 '자유'는 가진 자들이 개별성을 중시 받음으로써 자신들의 재산과 기득권을 세금과 기회 균등의 제도에 의해 빼앗기지 않으려는 욕망을 포장한 말에 다름 아니다. 이들이 개별성을 보장받는다면 이익은 보전할 수 있을지 몰라도 위엄과 존경은 사라지고 사람들로부터의 원한만 남게 될 것이다.

예제가 법제로 전환되면 단기적인 효율은 높아지지만 감응적인 부분, 즉 사람들 사이의 교감은 사라지게 돼 있다. 교감이 없는 상태에서 강제성에 의해 억지로 형성된 법적 질서의 틀이 유지되려면 두 가지가 전제돼야 하는데, 하나는 법의 합리성이고 다른 하나는 백성들의 준법정신이다. 전자는 다른 말로 법에 대한 믿음이라고도 말할 수 있는데, 아무리 강제적인 것이라고 하더라도 법에 진실성이 있다면 사람들은 따르게 된다. 이 진실성을 확보하려면 법의 실제적인 모습인 형(形)과 그것이 지향하는 목적(명분)인 명(名)이 일치하는지를 따져야 한다. 이것이 이른바 '겉에 드러난 실제 모습과 명분이 합치하는지를 살펴보아야 한다'(審合刑名)는 형명가의 모토이다. 『한비자』「이병편」(二柄篇)에 "형명이란 말과 실제와의 관계를 말한다"(刑名者, 言與事也)라고 했는데, 여기서 '말과 실제와의 관계'란 법조문과 실제적 결과가 합치하는 합리성(또는 진실성)을 뜻한다. 전국시대 때 상앙(商鞅)이 백성들로부터 정책에 대한 신뢰를 얻으려고 성문 밖에 목재를 세워놓고 이를 옮기는 자에게 50금을 주겠다고 약속했고 또 실제로 주었다는 이른바 사목지신(徙木之信)의 고사에서 자칫 결여되기 쉬운 법의 진실성을 담보하려는 법가의 전략적 의도를 읽을 수 있다.

또 하나의 전제가 '악법도 법'이라고 인정할 수 있는 준법정신이다. 악법에도 복종할 수 있을 정도의 준법정신이라면 강력한 오이디푸스로부터 비롯돼야 하는데, 앞에서 이미 살펴보았듯이 중국을 비롯한 동아시아 국가들은 아버지의 법보다 더 가까이에 모든 실재를 챙겨주는 어머니가 있기 때문에 법에의 복종이 약할 수밖에 없다. 그래서 예의 일부 장점을 살려서 법을 보완하였으니, 그것이 바로 법제로 가면서 사라진 감응을 되살려내는 것이었다. 『한비자』「이병편」을 보면 "현명한 군주가 신하를 통솔하고 제어하는 방도는 두 가지 도끼자루만 있으면 된다. 그 두 가지 도끼자루란 형벌과 은덕이다. 형벌과 은덕이란 무엇인가? 죽이는 것을 형벌이라 하고, 상을 베푸는 것을 은덕이라고 한다"라는 구절이 있다. 예의 자발성은 감응에서 오는 것이므로 법에서도 감응을 되살리면 법에의 자발적 복종을 유도할 수 있을 것이다. 그것이 바로 형벌과 함께 제시되는 은덕이라는 것이 한비자의 생각이었다. 즉 형벌이 아버지의 엄한 금령(禁令)이라면 은덕은 따뜻하고 자상한 어머니와 같은 것이리라. 이와 같이 오이디푸스가 아닌 어머니의 은덕으로써 자발적인 준법을 유도한 것이 법제로 넘어온 시기에 법적 질서를 유지하는 방법이었다.

제14장

글을 마치며: 현장을 뛰는 지도자의 모습에 속지 말자

올림픽 효과, 상징의 작용과 그 한계

우리는 청소년 학창시기에 학교생활에서 반장의 역할이 얼마나 중요했는지를 경험을 통해서 알고 있다. 그래서 반장을 선출할 때는 누가 우리 반의 정체성을 모범적으로 잘 드러내줄 수 있는지를 고민하면서 투표를 했던 기억이 있다. 정체성의 모범이라는 의미에서 반장은 그 반의 상징이지만 동시에 그 반의 학생이기도 하다. 남들에게 우리 반의 정체성을 경쟁적으로 내보이기 위해서 모범생을 반장으로 선출하고, 이것도 모자라서 그의 훌륭함을 과도하게 과장하면 우리 반의 우수성을 자랑하기에는 좋을지 몰라도 실제로 그렇지 못한 우리 반의 일반 학우들에게는 소외와 갈등이 생겨날 가능성이 높다. 왜냐하면 능력이 안 되는 학우들이 반장의 훌륭한 모범성에 맞춰야 한다는 압력과 스트레스를 알게 모르게 받을 것이기 때문이다. 다시 말해서 상징인 반장이 자신도 학생임에도 불구하고 실재의 학생을 벗어나서 홀로 우뚝 존재한다면, 그는 이미 학생의 정체성이나 실제를 표상하지 못한다는 말이다. 100점짜리 반장 한 명을 뽑았다고 해서 평균 50점짜리 반 학우들이 일거에 90점으로 급상승할 수는 없지 않은가? 상징이 실재를 변화시키는 데에 어느 정도 기여하는 것은 사실이지만, 그것이 실재를 너무 벗어나면 오히려 실재의 갈등을 야기한다. 이것이 바로 상징과 실재 사이의 모순이다.

이러한 모순을 해결하려면 크게 두 가지 해법이 가능할 것이다. 첫째는 반장(상징)을 실제에 맞도록 수준을 낮춰 뽑는 방법이다. 이렇게 하면 명분과 실질이 비교적 부합하므로 반 구성원들이 위의 모순에 시달리는 스트레스는 없다. 그러나 반장의 능력이 시원치 않으면 우선 외면적으로 보이는 반의 정체성이 낮아져서 남보기에 남우세스러울 뿐 아니라, 무엇보다 불리한 점은 수준 높은 상징에 부합하려는 열정과 노력이 결여됨으로써 반의 내면적인 변화를 기대할 수 없게 된다는 것이다. 이러한 변화의 기대 때문에 반 구성원들은 모범적인 학생을 반장으로 뽑아서 반의 상징으로 내세우는 것인데, 두 번째 대안은 바로 이처럼 상징을 높이 설정하고 실재를 여기에 맞추도록 유도하는 방법이다. 즉 실재는 상징에 부합하려는 속성이 있는 게 사실이므로 이 기능을 강화하면 두 번째 대안이 현실적으로 가능해진다. 이를테면, 반장의 리더십 아래 강도 높은 경쟁과 훈련이 이루어져서 교내의 각종 경시대회나 체육대회에서 우수한 성적을 계속해서 올린다면, 이러한 불연속의 특이점들이 연결되어 연속적인 대타자, 즉 반의 정체성을 형성한다. 이 정체성은 곧 타자(외부)의 시선을 의식한 것이므로 반 구성원의 주체들은 정체성에 걸맞은 외형을 가지려고 열정과 노력을 경주하게 된다. 이것을 실재의 변화라고 부르는 것이다. 실제로 중진국에서 선진국으로 넘어가는 과정 중에 올림픽 경기 등 스포츠 분야에서 먼저 탁월한 성적을 성취한 역사가 도약의 계기가 되는 경우를 많이 볼 수 있는데, 이 역시 상징이 실재를 끌어올려 변화를 유도한 효과라고 볼 수 있다. 이러한 대안은 변화를 기대하는 데는 효과적이지만 반의 구성원들이 경쟁에 시달리는 피로감은 대가로 치러야 한다. 그래서 반 학우들을 연민과 우정으로 대하는 평범한 반장은 반을 표상하는 정체성을 높게 설정하지 않는다. 반 학우들에게 스트레스가 없고 마음이 편한 대신, 이른바 '발전'이 없는 것은 당연하리라.

개혁도 이와 마찬가지다. 개혁이란 실재를 안정시키거나 바꾸고자 하는 노력이라고 할 수 있는데 이는 상징을 통해서만 가능하다. 상징을 무시하고 실재를 바꾸려는 개혁은 언제나 실패할 수밖에 없다는 것은 앞에서 이미 살펴본 바 있다. 중국 역사에서 우리는 끊임없이 반복되는 변법(變法) 사건들을 볼 수 있다. 변법이란 법과 제도를 바꿔서 혁신을 꾀하는 정치적 시도를 뜻한다. 그래서 변법이란 말 뒤에 '유신'(維新)이란 말을 붙여서 '변법유신'이라고 부르기도 한다. 여기서 우리는 유신의 목적을 가진 변법이 성공한 예가 별로 없다는 사실에 주목할 필요가 있다. 변법의 시도는 법이 실제로부터 너무 괴리됨으로써 사람들의 실제 생활이 법에 의해서 심한 제약을 받고 있다고 여길 때 나타난다. 앞서 말한 바대로 상징과 실재 사이에 간극이 크게 벌어져 있다는 말이다. 그래서 실제에 맞도록 법을 바꾸자는 사회적 수요, 또는 일부 세력의 수요가 생기는 것이다. 이러한 수요에 힘입어 정치세력들은 변법을 단행하지만 성공으로 결말을 맺은 경우가 별로 없는 것은 이들이 실제를 중시한 나머지 너무 현실적 요구에 초점을 맞춰서 법과 제도를 바꾸었기 때문이다. 즉 실재란 상징과는 달리 언제나 바뀔 수 있고 또 수시로 바뀌기 때문이란 말이다. 이를테면, 사회에 일자리를 창출해 주는 기업들이 정부의 각종 규제가 기업 활동에 걸림돌이 된다고 해서 이들을 위해 규제를 풀어준다면 실사구시적인 변법 행위를 한 것으로 여겨질 수도 있겠지만, 인구 집중과 환경 파괴, 대기업들의 일감 몰아주기와 같은 예상치 못한 부작용들이 또 다른 실재로 등장하는 것을 막을 수 없다. 법이란 상징은 그 고정성을 이용하여 수시로 변하는 실재를 장악하고 통제하는 것이지, 실재에 맞추는 것이 아니다. 아니, 근본적으로 맞출 수가 없다.

따라서 변법을 시도하려면 세상을 균형적으로 바라보는 시각에서 상징적인 틀을 먼저 바로세우는 게 중요하다. 법도 상징이기는 하지만 법 이전에 윤리적인 상징이 먼저 바로 세워져야 하는데, 이를테면, 종교개혁 같은 것이 그 대표적인 예다. “종교를 그대로 둔 채 부패한 윤리 체계와 그 국가 체제 및 법률 체제를 바꾸는 것은 미친 짓이다. 개혁 없는 혁명은 미친 짓이다."[1]라는 헤겔의 말에는 이러한 이런 배경이 깔려 있다. 이것이 법을 제정할 때에는 반드시 철학적 고민이 먼저 있어야 하는 이유다.

춘추시대에 사회의 안정을 위하여 공자는 예의 회복을 강조했다. 말하자면 어떠한 질서보다도 윤리적인 상징을 먼저 세워야 한다는 사실을 공자가 알았다는 뜻이 된다. 데카르트의 코기토(cogito)라는 근대적 주체는 기실 페르키피오(percipio)라고 한다. 이 말의 동사 원형은 페르키페레(percipere)인데, 형태소로 분석하자면 '자기-앞에로-세움'으로서 '얻다'·'장악하다' 등의 의미를 갖는다. 즉 자신의 앞에 세워진 것을 세계로 알고 사는 근대의 주관적 주체를 가리키는 말이리라. 코기토가 나옴으로써 근대가 시작됐다고 해서 그동안 없던 주관적 주체가 갑자기 생겨났다는 뜻은 아니고 인간의 한 속성으로서 발견됐다는 말이다. 바로 이 주관적 주체라는 속성 때문에 무엇을 하든 윤리적 질서의 상징을 먼저 세워야 한다는 뜻이니, 공자가 주장한 예의 회복은 여기에서 의미를 찾을 수 있다.

---

1 지젝(2007), 9쪽에서 재인용.

닥치고 상징

공자의 이러한 주장을 순자가 다시 설파하였고, 한비 · 상앙 · 이사(李斯) 같은 법가의 사상가들이 예제를 구체화함으로써 진나라는 짧은 기간 내에 강국이 될 수 있었다. 어떻게 법이 예와 같을 수 있으며, 윤리적 상징이 될 수 있느냐고 반문할 수도 있겠지만, 앞서 살펴보았듯이 예와 법은 기실 같은 것이다. 단지 법은 자발성보다는 강제성을 강화한 면이 약간 다를 뿐이다. 이 부분의 논리성에 대하여 고민했던 것이 법가의 철학이었다.

당시의 법가 사상가들은 질서의 틀을 바로세우는 데에 예라는 상징이 필요하긴 하지만 주나라의 예로서는 변화된 당시 사회를 장악하지 못한다고 판단하고는 새로운 형태의 예를 상상했는데, 그것이 강제성이 강화된 법적인 예였다. 이 새로운 형태의 예를 당시의 육국(六國)에 시행해보려고 돌아다니며 설득해보았지만 기존의 예제에 의지해서 권력을 키워온 기득권층은 이를 쉽사리 받아들이지 못하였다. 이에 비하여 서쪽의 진나라는 그간 너무 낙후되어서 중원의 예제와 그 문화가 제대로 자리를 잡지 못한 불모지였다. 진나라의 낙후성은 오히려 새로운 형태의 예인 법제를 시행하기가 용이하였다. 법제를 적극적으로 받아들인 진나라는 과연 얼마 안 있어 부국강병에 성공하였다.

그렇다면 왜 법제가 부국강병의 성공 요인이 됐을까? 여기에는 여러 가지 요인이 있었겠지만, 무엇보다 법치의 강력한 강제성에 의해서 오이디푸스 효과가 발생했기 때문이라고 보는 것이 옳으리라. 앞서 설명한 바와 같이 오이디푸스는 최초의 법을 경험하게 함으로써 아이를 거세시킨다. 오이디푸스가 완성되면 상징이 제 기능을 발휘함으로써 실재를 장악할 수 있는 이점이 있다. 앞에서 예를 든 2000년 미국 대통령 선거에서 있었던 플로리다 주 개표 결과에 대한 대법원의 판결이나, 2010년 미국 메이저 리그에서 아르망도 갈라라의 퍼펙트게임이 심판의 오심으로 물거품이 된 사건을 상기하자.

다른 예를 들어보자. 권투나 레슬링, 또는 종합격투기 같은 스포츠 게임들은 관중들의 흥을 돋우기 위해서 개막의식을 성대히 거행한다. 이 의식의 중요한 순서 중의 하나가 기존 챔프의 챔피언 벨트 반납이다. 이 벨트는 누구에게 속한 것이 아니라 오로지 실력으로 이긴 자가 빼앗아가는 것이라는 메시지를 이 반납의 의식은 상징한다. 따라서 이 의식이 있어야 관중들은 과연 누가 저 벨트의 새로운 주인이 될지를 긴장된 마음으로 보게 된다. 그러나 내막을 보면 대개의 경우 챔피언 벨트는 챔프가 우승 기념으로 소유하는 것이고, 반납하는 벨트는 이벤트 때마다 새로 만드는 복제품이라고 한다. 벨트는 어디까지나 상징일 뿐, 선수들에게 정작 중요한 것은 파이트머니가 아니던가? 이처럼 챔피언 벨트는 실재에 해당하는 돈은 감추면서 흥과 재미는 최대한 돋우는 상징 기능을 수행한다.

수시로 변화하는 무정형의 실재계를 장악하려면 최종적인 진실을 담보하는 자(또는 상징)가 있어야 한다. 그래야 우리가 그의 심판을 믿고 복종할 수 있는 것인데, 그러려면 그는 모든 것을 알고 있다고 믿어야 한다. 우리는 흔히 억울하다고 생각할 때에 "나가서 길을 막고 물어보자"라고 말한다. 여기서 '길을 막고 물어보자는 것'은 상식을 가진 사람들을 최종적인 진실의 심판자로 믿는다는 말이다. 길을 가는 무작위의 사람들이 뒤에 가서 무슨 나쁜 짓을 하는지 우리는 전혀 알 수 없지만 그들의 판단을 믿고 의지하기 때문에 이런 말을 하는 것이다. 즉 중요한 것은 상식이라는 상징이지 그들의 실재인 사생활이 아니라는 말이다.

법치의 속성이 바로 이와 같다. 진나라에서의 최종 심판자는 법이라는 상징이었다. 그래서 주체들의 실재인 인격적인 수양 같은 것을 심판의 전제로 삼지 않았다. 다시 말해서 법이란 예에 비하여 모호하지 않고 명쾌한 것이므로 상징이 비교적 고정적이어서 움직이지 않았다는 뜻이 된다. 사회가 아무리 부패해도 법만 흔들리지 않으면 그 사회는 망하지 않고 유지된다. 우리 현대사에서 4 · 19 혁명이 성공하게 된 근본적인 요인은 당시의 법관들이 제자리를 굳건히 지켰기 때문이라고 보는 사람이 많은 것은 바로 이런 이유에서다.

언제나 그렇듯이 요즘 대기업들이 중소기업을 말살하는 횡포를 부리는 등 윤리 경영을 하지 않는다고 언론에서 집중 포화를 맞고 급기야 경제단체의 총수들이 국회 청문회에 불려나가 국회의원들에게 호된 질타를 당하는 모양이다. 일부 언론에서는 이 사실을 보도하면서 재계 총수가 사과는 하지 않고 책임만 회피한다고 비판하기도 한다. 기업들 간에 일어나는 저간의 복잡한 사정을 백면서생인 내가 알 리가 만무하지만, 확실한 것은 대기업들이 아무려면 법을 함부로 어기거나 무시하면서까지 그런 짓을 했겠느냐는 것이다. 모르긴 몰라도 그들이 한 짓이 비윤리적이라고 비난받을 수 있을지는 몰라도 불법은 아닐 것이라는 것이 개인적인 짐작이다. 경제단체 지도자들이 끝내 사과하지 않은 것은 그들의 행위가 불법은 아니라는 확신 때문이리라. 이렇게 말하면 내가 대기업의 횡포를 옹호하는 사람처럼 보일는지 모르지만, 문제의 핵심은 윤리가 아니라 법에 있다는 사실을 말하려고 하는 것이다. 우리 사회는 더 이상 예치가 아닌 법치의 사회다. 따라서 사회적 개혁이나 개선은 법이라는 상징으로부터 시작해야 한다. 대기업의 횡포는 법이 이미 그런 짓을 허락했기 때문에 일어난 일이거나, 아니면 법이 허락하지 않았어도 횡포에 대한 처벌을 하지 않았기 때문에 일어난 일이라고 봐야 한다. 법 자체를 손대지 않고 윤리에 호소하는 것은 옛날 예치의 사회에서 권력자에게 은혜를 바라는 일이나 마찬가지다. 비유컨대 맹수를 우리에 가두거나 재갈을 물리지 않은 채 나는 불쌍한 사람이니 제발 물지 말아달라고 빌어봤자 그게 통하겠는가.

여기서 우리는 세계 역사에서 개혁적인 조치와 발전은 진취적인 세력보다는 역설적으로 보수적인 세력에서 더 많았다는 사실을 상기할 필요가 있다. 이것은 진취적인 세력은 주로 현실의 실재를 보고 정책을 결정하는 반면에 보수적인 세력은 상징에 충실해서 실재를 장악했기 때문이리라. 물론 실재에서 현실적인 모순을 인식하고 풀어야 할 과제로 드러내는 일은 진취적인 세력들이 해냈지만, 이것을 정책으로 수용하고 실현하는 일은 상징에 익숙한 보수적인 세력들이 했다는 말이다. 비유하자면, 진취적인 세력은 서민들의 어려운 삶의 현장을 보고 가슴 아파하면서 자신이 직접 자신의 수레로 물을 건너게 해주는 자상한 정나라 재상 자산(子産)에 해당한다면, 보수적인 세력은 백성들의 개별적인 사정은 고려하지 않은 채 과감하게 인력과 세금을 동원하여 다리를 놓는 강력한 전제군주에 해당한다고 하겠다. 물론 이것이 대부분의 경우 진취적 세력의 문제제기와 여론 압력에 밀려 마지못해 하는 조치이기는 하지만 말이다.[2] 아무튼 보수 세력들은 기득권을 갖고 있음으로 인해서 권력 유지에 상징이 얼마나 중요한지를 몸으로 느껴 알고 있다. 앞에서 권력은 관습에서 비롯된다는 파스칼의 말을 인용한 적이 있다. 비근한 예로 부자들의 호화 인테리어나 특정 명품의 소유가 알려지면, 중산층들은 즉시 무리를 해서라도 똑같이 장만하려고 하고 서민들은 이른바 '짝퉁'으로라도 따라하려는 소비 행태만 보더라도 권력이 어떻게 형성되고 유지되는지 간단히 알 수 있다. 그래서 앞에서 보수적인 세력이 '상징에 익숙하다'고 말한 것이다.

진나라의 법치는 부국강병에 크게 기여하는 등 긍정적으로 작

2 이 비유에 관해서는 이 책 제10장을 참조하기 바람.

용했지만, 강력한 중앙집권제로 야기된 권력투쟁으로 인하여 정권이 오래 가지 못하고 멸망하고 말았다. 그 뒤를 이은 한나라 정권은 자신들의 정통성을 세우기 위해서 진나라 정권의 실정을 호되게 비판했는데, 그 비판의 타깃이 바로 법치였다. 그러면서 자신들은 진나라와는 달리 예치를 회복하여 인정(仁政)을 베풀겠다고 표방하였다. 예치 사회란 궁극적으로 성군이 다스리는 사회인데 성군은 상징적인 면에서는 말할 것도 없고 이면의 실재적인 면에서도 흠결이 없는 완벽한 지도자가 돼야 한다. 공자가 그 모델이 될 만한 인물이기는 하나 현실적인 권력이 결핍돼 있기 때문에 성군으로서는 부족하다. 따라서 공자의 도(道)에다가 현실적인 권력을 결합하면 가장 이상적인 성군이 되는데, 이것이 바로 한대 정권이 추구한 제왕의 상이었다. 도와 권(權)을 두루 갖췄다고 믿는 한대 제왕의 형상이 오늘날까지 이어져 중국을 비롯한 동아시아 국가들의 국민들은 자신들의 정치 지도자들이 상징의 차원에서는 물론 실재의 차원에서도 성숙한 인격자이기를 기대하고 있는 것이다. 그래서 국민들이 어려울 때 지도자들이 생활의 현장을 찾아가서 위로해주기를 바라고, 또 그렇게 하는 지도자를 존경한다. 그렇지만 앞서 맹자의 말을 통해서 이미 알아본 바 있듯이, 한없이 크고 다양하고 변화무쌍한 실재를 한 사람의 지도자가 어떻게 다 돌아볼 수 있단 말인가? 상징(또는 법)을 바로잡는 일에 충실하다면 지도자는 굳이 밖에 나가 돌아다니지 않고도 현장을 장악할 수 있다. 이것이 이른바 도가에서 말하는 당상지치(堂上之治), 즉 대청마루 위에서의 정치이자 무위(無爲)정치인 것이다. 지도자도 인간이기 때문에 이면의 실재는 바람직하지 않은 모습을 가질 수가 있다. 지도자의 가치는 실재에서 찾는 것이 아니라 상징에서 찾아야 한다.

라캉은 일찍이 "속지 않는 자가 속는다"고 설파하였다. 자기는 절대로 속지 않는다고 하면서 자신이 직접 본 실재에만 근거해서 판단할 때, 그 사람은 틀림없이 속게 돼 있다. 왜냐하면 대청마루를 내려와 현장에 나온 지도자가 연출하는 측은한 표정 속에 과연 진실성이 있는지의 여부를 그는 알 길이 없기 때문이다.

찾아보기

ㄷ

ㄹ

ㅁ